西藏特色产业高质量发展系列研究报告

西藏现代服务业
高质量发展研究报告

2021

秦国华 刁力 何妍 ◎ 编著

XZCB 西藏人民出版社

图书在版编目（CIP）数据

西藏现代服务业高质量发展研究报告（2021） / 秦国华， 刁力，
何妍编著. -- 拉萨 ： 西藏人民出版社，2022.8
ISBN 978-7-223-07144-4

Ⅰ. ①西… Ⅱ. ①秦… ②刁… ③何… Ⅲ. ①服务业－经济发展－
研究报告－西藏－2021Ⅳ. ①F726.9

中国版本图书馆CIP数据核字(2022)第080951号

西藏现代服务业高质量发展研究报告（2021）

编　　著　秦国华　刁力　何妍
责任编辑　黄　霞
封面设计　格　次
出版发行　西藏人民出版社（拉萨市林廓北路 20 号）
印　　刷　西藏福利印刷厂
开　　本　787×960　1/16
印　　张　15.125
字　　数　201 千
版　　次　2022 年 12 月第 1 版
印　　次　2022 年 12 月第 1 次印刷
印　　数　01-1,500
书　　号　ISBN 978-7-223-07144-4
定　　价　42.00 元

《西藏特色产业高质量发展系列研究报告》
编 委 会

总　序

建设团结富裕文明和谐美丽社会主义现代化新西藏的题中应有之义

一

党的十八大提出："要适应国内外经济形势新变化，加快形成新的经济发展方式，把推动发展的立足点转到提高质量和效益上来，着力激发各类市场主体发展新活力，着力增强创新驱动发展新动力，着力构建现代产业发展新体系，着力培育开放型经济发展新优势，使经济发展更多依靠内需特别是消费需求拉动，更多依靠现代服务业和战略性新兴产业带动，更多依靠科技进步、劳动者素质提高、管理创新驱动，更多依靠节约资源和循环经济推动，更多依靠城乡区域发展协调互动，不断增强长期发展后劲。"这一战略举措标志我国经济发展全面转向以提高质量和效益上来。党的十九大作出"中国特色社会主义进入了新时代"的重大论断，新时代"我国经济已由高速增长阶段转向以高质量发展阶段，正处在转变发展方式、优化经济结构、转换增长动力的攻关期"。高质量发展意味着高质量的供给、高质量的需求、高质量的配置、高质量的投入产出、高质量的收入分配和高质量的经济循环。"建设现代化经济体系是跨越关口的迫切要求和我国发展的战略目标"，"必须坚持质量第一、效益优先，以供给侧结构性改革为主线，推动经济发展质量变革、效率变革、动力变革，提高全要素生产率，着力加快建设实体经济、科技创新、现代金融、人力资源协同发展的产业体系"。新时代实现"两个一百年”奋斗目标、实现中华民族伟大复兴的中国梦，不断提高人民生活水平，必须坚持社会主义市场经济改革方向，推动经济持续健康发展。

面对新形势、新要求，西藏自治区党委团结带领全区各族人民，坚持习近平新时代中国特色社会主义思想，肩负国家重要使命，科学谋划雪域高原特色产业高质量发展布局，精心凝炼特色产业发展重点，全面推进西藏经济高质量发展，为祖国西南边疆富裕文明和谐美丽奠定坚实的产业高质量发展基础。

西藏聚力发展特色产业具有重大现实意义。第一，西藏聚力发展特色产业，是构建具有区域特色现代产业体系的重大举措。加快发展高原生物产业，有助于进一步优化特色农牧业产业结构；有利于建成一批特色农产品生产基地，带动西藏地区经济高质量发展，提高特色农产品市场竞争力与占有率；有助于加快西藏藏医药科技创新和标准化体系建设。加快发展文化旅游产业，有利于提升西藏旅游的便利度、友好度、知名度和可进入性，进一步凝练具有西藏特色的旅游品牌形象。加快发展清洁能源产业，有利于充分利用西藏极为丰富的特色能源资源，打造我国重要的清洁能源供应基地，为国家实施“双碳”战略做出贡献。加快发展绿色工业，有助于提升优质矿产资源开发效益，推进建材资源开发和促进西藏特色手工业高质量发展，以实际举措延长产业链、供应链和价值链。加快发展现代服务业，能够进一步推进具有中国特色的现代教育、养老、卫生、健康等体制机制创新，促使生产性服务业、管理性服务业和新兴服务业体系更加完善、机制更加灵活、服务质量进一步提升。加快发展高新数字产业，制定和落实好促进信息产业高质量发展优惠措施，有助于进一步构建网络化协同创新体系。加快发展边贸物流产业，完善商贸流通体系，加大交通干线、口岸要镇仓储物流培育力度，完善城乡商业网点和物流配送体系，能够降低成本以及提升西藏自产商品市场占有率和综合竞争力，促进西藏经济高质量发展。

第二，西藏聚力发展特色产业，是推进产业富民工程的主要体现。西藏聚力推动高原生物产业快速发展，积极发展高原特色农畜产品加工、绿色农牧业、藏药和生物医药产业，有利于生产更多高原健康绿色产品，提高市场化竞争力，使生产者和经营者获得更多收益。推动特色文化旅游产业全域发展，提高文化旅游产业的综合效益，有助于实现旅游富民。推动绿色工业规模发展，重点推动天然饮用水产业加快发展，布局好绿色矿产业，推进装配式绿色建筑应用等产业，在有效解决建材市场供需矛盾的同时，促进西藏消费者获得物美价廉的相关产品。积极发展清洁能源产业，构建以水电为主、多能并举的清洁、经济、稳定、可持续发展综合能源体系，进一步夯实国家重要“西电东送”接续基地战略地位，为西藏各族人民走向更加美好的生活提供能源保障。推动现代服务业整体发展，积极发展城市服务业、金融服务业、工业服务业、农业服务业，助力产业高质量发展、扩大社会就业，满足群众对美好生活需要。推动高新数字产业创新发展，有利于加快高新数字产业自身培育发展，赋能其他产业升级换代，为加快建设团结富裕文明和谐美丽新西藏培育更具活力和更有富民内涵的特色产业集群。推动边贸物流产业跨越发展，发展口岸经济，促进“双循环新格局”构建，带动边境地带群众增收致富，促进西藏各族人民在南亚大通道建设中收获不断增长的物质财富。

第三，西藏聚力发展特色产业，是支撑就业优先战略的重要举措。实施就业优先战略，就是要把促进就业放在经济共享发展的优先位置，作为经济高质量发展的优先目标，强化政府责任，加大资金投入和支持，积极培育发展能够容纳吸引更多从业者就业的朝阳产业和新业态，使就业优先成为思想共识、决策导向、行动自觉。西藏聚力发展特色产业，加大就业资金安排和整合力度，推动重大项目、高新技术项目和就业容量大的中小微企业加快发展，拓宽就业渠道，提升就业服务精准度、覆盖面、实效性。壮大产业带动就业，进一步改善困难群体就业，动态消除零就业家庭，使调结构与促就业形成良性互动态势。西藏聚力发展特色产业，完善就业政策，使更多就业、创业机遇涌现出来；实施重点产业优先发展战略，有助于加快推进统一、规范、灵活的人力资源市场建设，更好发挥市场在人力资源配置中的基础作用，使市场就业、区外就业取得新突破。

第四，西藏聚力发展特色产业，是形成“两屏”战略布局的重要支撑。“两屏”，即党中央在召开第五次、第六次西藏工作座谈会上提出，西藏是重要的国家安全屏障，也是重要的生态安全屏障。这是党中央根据西藏特殊区位条件和地理环境做出的科学定位，是对西藏各族人民的充分信赖，寄托了殷切期望。西藏自治区党委、政府在深入贯彻落实习近平新时代中国特色社会主义思想，贯彻落实习近平总书记关于总体国家安全观和治边稳藏重要论述，牢固树立总体国家安全观，全面提升维护国家安全能力和水平基础上，提出聚力发展特色产业，就是要通过加快发展特色产业为筑牢“两屏”提供坚实的物质基础。

第五，西藏聚力发展特色产业，是实现新型工业化、城镇化和全面实施乡村振兴战略等重大任务的现实路径。工业化与城镇化是欠发达地区实现经济高质量发展的必由之路。新型工业化与城镇化是现代化进程的一对孪生子，以城镇化推进工业化，以工业化促进城镇化，是新型工业化道路的重要内容，也是促进城镇化发展的有效途径。聚力加快发展特色产业，能够激发西藏经济活力，培育创新科技，加快西藏新型工业化和城镇化发展。积极推进特色产业高质量发展，进一步加快培育农业现代化的市场主体，推进农村产业现代化、市场化、信息化，以实际行动推进乡村振兴战略深入实施。

二

“十三五”时期是西藏与全国一道全面建成小康社会的决胜阶段，是发挥资源和区位优势，加快提升产业发展质量和效益的关键时期。按照中共西藏自治区第九次党代会和区党委九届三次全会部署，统筹推进“五位一体”总体布局和协调推进“四个全面”战略布局，贯彻落实新发展理念，坚持市场作用和政府作用协同发力，坚持产业发展和生态保护和谐共生，以提高发展质量和效益为中心，以推进供给侧结构性改革为主线，以创新驱动为引领，以改革开放为抓手，着力聚焦四条发展路径，大力推动高原生物产业快速发展、特色文化旅游产业全域发展、绿色工业规模发展、清洁能源产业壮大发展、现代服务业整体发展、高新数字产业创新发展、边贸物流产业开放发展，形成绿色环保、特色鲜明、优势突出、可持续发展的高原现代产业体系，加快实现从资源优势向经济优势、市场优势、竞争优势转化，为决胜全面建成小康社会提供坚实支撑。

2018 年，西藏自治区党委提出大力发展特色产业重大战略部署，强调以提高经济社会发展质量和效益为中心，大力培育具有西藏优势和市场竞争力的产业集群，重点发展高原生物产业、文化旅游产业、清洁能源产业、绿色工业、现代服务业、高新数字产业和边贸物流业等特色产业。西藏特色产业的发展重点包括：第一，加快发展高原生物产业。积极发展绿色农牧业，加强绿色农牧业基础设施建设，提高绿色农畜产品供给能力和产品品质，打造休闲农业；加快发展高原特色农畜产品加工，提升特色农畜产品加工技术研发和转化，打造高原特色绿色品牌，培育农畜产品加工龙头企业，构建新型农业经营体系；加快发展藏药和生物医药产业，加大高原作物深加工，全力打造藏成药知名品牌，加快生物制药和大健康产业创新发展。第二，加快发展特色文化旅游产业。构建“特色、全域、可持续、惠民”文化旅游产业体系。结合西藏优秀文化底蕴与核心要素，着眼打造重要的中华民族特色文化保护地和世界旅游目的地，开发特色精品旅游产品和线路，全面提高西藏旅游文化综合效益，扩大对外开放，全力塑造“游神圣第三极·享幸福新西藏”旅游品牌形象。第三，加快发展绿色工业。推动天然饮用水产业加快发展；布局好绿色优势矿产业，引进绿色开采技术，有计划地利用以锂为主盐湖矿产，铜、铅、锌等优势资源；积极发展绿色建材业，推进装配式绿色建材应用，合理布局建材业新增产能，有效解决建材市场供需矛盾；支持民族手工业创新发展，促进民族手工业上档次、上水平；加快发展节能环保产业，推动再生资源综合利用产业化。第四，加快发展清洁能源产业。重点发展水能、太阳能、风能、地热能。充分利用资源优势，加快能源基础设施建设，优化能源生产消费结构，改善民生用能条件，构建以水电为主、多能并举、互联互通的稳定、清洁、经济、可持续发展综合能源体系，积极推进重要的“西电东送”接续基地建设，把西藏打造成为国家清洁能源基地。第五，加快发展现代服务业。做大做强金融产业，坚持普惠金融和绿色金融，完善金融机构和市场体系；培育壮大新兴服务业，积极发展农业服务业、工业服务业、城市服务业，促进新兴服务业与现代农牧业、绿色工业、信息化、城镇化有机融合，提升新兴服务业高质量发展层次。第六，加快发展高新数字产业。重点发展大数据、互联网等信息技术应用、行业信息化解决方案、数字内容行业。深耕区内信息化市场，推动互联网、云计算、大数据、物联网等信息技术在经济高质量发展和社会政务管理等方面的广泛应用和深度融合，为西藏加快发展智慧旅游、平安城市、精准扶贫、维稳管控等提供有力支撑，打造智慧旅游试点城市和高原大数据中心试点城市。第七，加快发展边贸物流产业。完善边贸内贸流通体系，建设分级物流体系。建设出口商品生产基地。以共享共用为原则，完善商贸流通体系，加快发展口岸经济，加快推动内外贸易融合发展，加大交通干线、口岸要镇仓储物流培育力度，积极构建环喜马拉雅经济合作带，将西藏打造成为面向南亚开放的重要通道。

在中央特殊关怀下，在兄弟省市无私援助下，西藏自治区党委、政府团结带领西藏各族干部群众，扎实推进，西藏特色产业发展取得显著成效：第一，培育壮大高原生物产业。“十三五”期间西藏实施青稞增产、牦牛出栏行动，青稞产量、牦牛出栏头数比“十二五”末分别增长 12.2%、

25.2%，连续五年粮食产量稳定在100万吨以上，连续3年粮食安全省长责任制考核“良好”。农牧业产业化龙头企业162家，主要农作物综合机械化率达到65%。农畜产品加工业总产值57亿元，比“十二五”末翻一番。第二，培育壮大文化旅游产业。“十三五”期间西藏创新推出了“冬游西藏”，旅游人次和收入提前两年完成“十三五”目标，分别是“十二五”时期的2.3倍、2.4倍。农牧民参与乡村旅游就业8.6万人，年人均增收4300元。文化产业示范基地（园区）234家，产值超过60亿元，年均增长15%。第三，培育壮大清洁能源产业。“十三五”期间西藏澜沧江和金沙江上游清洁能源基地建设顺利推进，瓦托、金桥、加查等重要水电站投产发电。24个扶贫光伏能源项目实现并网。累计外送电力63亿千瓦时，实现了西藏电力从紧缺限电到富余输出的历史性转变。第四，培育发展绿色工业。“十三五”末西藏规模以上工业企业152家，比“十二五”末增长46.2%。天然饮用水销量年均增长10%以上，中成药年产量3586吨。绿色矿业稳定发展，铜锂等优势资源得到保护性利用。水泥年产量从468万吨增加到1085万吨，基础建材保障基本实现区内为主、区内外相互循环。第五，培育发展现代服务业。“十三五”期间西藏的市县乡村四级电商服务全面推开，网络零售额累计突破200亿元、增长20倍。社会消费品零售总额年均增长9.3%。上市公司达20家、增长81.8%，直接融资103亿元，金融业增加值占GDP比重提高1个百分点。第六，培育发展高新数字产业。“十三五”末西藏信息化指数从“十二五”末的63.3增长到75.8。首个云计算中心获评国家绿色数据中心。首条计算机整机生产线落地建成，填补了西藏电子信息制造业的空白。软件和信息技术服务企业超过300家，数字经济规模突破330亿元。第七，培育发展边贸物流产业。“十三五”期间西藏城乡流通体系逐步完善，货运总量和周转量分别达4093万吨和157亿吨公里。19家大型全国性电商和物流快递企业陆续落户，冷链仓储面积达到11.3万平方米。进出口贸易额累计约230亿元。总体来看，经过五年的产业培育与调整，产业链、供应链持续补齐建强，三次产业比例由“十二五”末的9:32.8:58.2调整为7.9:42:50.1，结构进一步优化，区位经济特色和优势产业的引领作用进一步彰显。

三

习近平总书记在中央第七次西藏工作座谈会上强调指出，当今世界正经历百年未有之大变局，当今中国正处在中华民族伟大复兴的关键时期。西藏是重要的国家安全屏障和生态安全屏障，是抵御美国等西方反华势力遏制分化中国图谋的前沿阵地，是维护祖国统一、反对民族分裂的重点地区。当前西藏工作呈现出新的阶段性特征，反分裂斗争进入关键期，社会大局进入实现长治久安的推进期，经济社会进入高质量发展的转型期，生态保护进入生态文明建设的深化期，边境建设进入富民强边的攻坚期。总书记概括的“五期叠加”的阶段性特征，反映出进一步做好西藏工作任务更重、难度更大、要求更高、使命更加光荣。我们必须保持清醒头脑、增强忧患意识，把形势估计得复杂一些，把风险挑战看得严峻一些，把各项工作做得更扎实一些，这样才能不断推进西藏长治久安，确保国家安全。面对新形势新任务，党中央确定新时代西藏工作指导思想为：坚持以习近平新时代中国特色社会主义思想为指导，全面贯彻习近平总书记关于西藏工作的重要论述和新时代党的治藏方略，增强“四个意识”、坚定“四个自信”、做到“两个维护”，坚持统筹推进“五位一体”总体布局、协调推进“四个全面”战略布局，坚持稳中求进工作总基调，深化反分裂斗争，铸牢中华民族共同体意识，推进藏传佛教中国化，提升发展质量，保障和改善民生，推进生态文明建设，加强边境地区建设，加强党的组织和政权建设，抓好稳定、发展、生态、强边四件大事，确保国家安全和长治久安，确保人民生活水平不断提高，确保生态环境良好，确保边防巩固和边境安全，凝心聚力建设团结富裕文明和谐美丽社会主义现代化新西藏。

“十四五”期间，西藏特色产业高质量发展的总体思路是：加快发展现代产业体系，推动经济体系优化升级，夯实产业基础，推进产业链现代化，提高经济质量效益和核心竞争力。第一，优化产业空间布局。根据城镇空间、生态空间、农业空间总体布局，综合资源优势、区位条件和产业发展基础，立足不同区域发展定位，发挥比较优势，因地制宜发展特色产业，推动清洁能源、文化旅游、高原生物、绿色工业、现代服务业、高新数字、边贸物流产业成为经济增长的重要引擎、转型发展的重要动力、人民幸福生活的重要指标、国民经济的重要支柱性产业、高质量发展的亮点和标志，产业增加值年均增长 10% 以上；第二，巩固提升传统产业。推动高原生物产业快速发展。推动特色文化旅游产业全域发展。推动绿色工业规模发展。推动边贸物流产业跨越发展。第三，发展壮大新兴产业。推动高新数字产业创新发展。加快信息技术与经济社会发展深度融合，促进互联网深度广泛应用，带动生产模式和组织方式变革，推动新一代信息技术与传统产业融合发展，实施互联网 +、人工智能、5G+ 赋能行动，形成网络化、智能化、服务化、协同化产业发展新形态。推动清洁能源产业壮大发展。加快流域综合规划编制，加快发展以水电、太阳能为主的清洁能源产业，全力推进清洁能源基地开发建设，打造国家清洁能源接续基地。推动现代服务业整体发展。加快生产性服务业向专业化和价值链高端延伸，大力发展研发设计、金融保险、节能环保、法律服务等服务业，加快推进服务业数字化；推动生活性服务业向高品质和多样化升级，加快发展健康、养老、育幼、体育、家政、物业等服务业。第四，完善高原特色产业综合扶持政策，坚持权利平等、机会平等、规则平等，坚决破除各种隐性壁垒，支持非公经济和中小微企业加快发展。落实西部地区鼓励类产业目录和国家各项财政、税收、金融优惠政策，完善高原特色产业综合扶持政策。加强银行信贷扶持，积极争取开发性、政策性金融支持，鼓励商业银行加大信贷投放力度，开发具有西藏特色的金融产品和服务，增强服务实体经济能力。积极推进地产产品研发推广应用，对本土资源加工类产品出藏运输费用给予财政补贴，增强保持产业链供应链稳定能力，加强供需动态匹配。构建有利于新技术、新产品、新业态、新模式赋能特色产业发展的政策环境。

四

2021 年 7 月在庆祝西藏和平解放 70 周年之际，中共中央总书记、国家主席、中央军委主席习近平来到西藏，祝贺西藏和平解放 70 周年，看望慰问西藏各族干部群众，给各族干部群众送去党中央的关怀。习近平总书记指出，西藏和平解放 70 年来，在党中央坚强领导下，在全国人民大力支持下，西藏各族干部群众艰苦奋斗、顽强拼搏，社会制度实现历史性跨越，经济社会实现全面发展，人民生活极大改善，城乡面貌今非昔比。实践证明，没有中国共产党就没有新中国，也就没有新西藏。毋庸置疑，党中央关于西藏工作的方针政策是完全正确的。习近平总书记强调，要全面贯彻新时代党的治藏方略，坚持稳中求进工作总基调，立足新发展阶段，完整、准确、全面贯彻新发展理念，服务和融入新发展格局，推动高质量发展，加强边境地区建设，抓好稳定、发展、生态、强边四件大事，在推动青藏高原生态保护和可持续发展上不断取得新成就，奋力谱写雪域高原长治久安和高质量发展新篇章。习近平总书记指出，推动西藏高质量发展，要坚持所有发展都要赋予民族团结进步的意义，都要赋予改善民生、凝聚人心的意义，都要有利于提升各族群众获得感、幸福感、安全感。要扬长避短，因地制宜，深化改革开放，加快铁路、公路及其他重大基础设施建设，加快发展特色产业，加快建设国家清洁能源基地，统筹发展和安全，走出一条符合西藏实际的高质量发展之路。

2021 年 12 月，中共西藏自治区第十次党代会提出，产业是高质量发展的根基。立足西藏经济社会发展实际，优化一产、壮大二产、提升三产，努力把资源优势转化为发展优势，积极培育战略性新兴产业，加快构建现代产业体系。加快发展文化旅游产业，坚持特色、高端、精品，丰富文化旅游产品，完善旅游基础设施，优化旅游业发展环境，创新旅游营销模式，促进文旅融合、提质增效。推动文化旅游产业全域全时高质量发展，实现文化产业产值翻一番；加快发展清洁能源产业，坚持水光风热互补、源网荷储一体，全力构建清洁能源“一基地、两示范”发展新格局。加快电力外送通道建设，着力建设国家清洁能源基地，打造新型电力系统示范区、清洁可再生能源利用示范区；加快发展绿色工业，重点推动绿色矿业、天然饮用水和民族手工业加快发展，开展战略性矿产资源和羌塘油气资源评估，推进扎布耶现代盐湖等产业开发，加快建筑业、建材业转型升级；加快发展现代服务业，着力发展研发设计、金融保险、节能环保等生产性服务业，重点发展健康、养老、育幼、体育、家政、物业等生活性服务业，更好服务实体经济和满足人民多样化需求。培育壮大消费市场，大力发展夜间经济。加快发展高原生物产业，坚持稳粮、兴牧、强特色，深化农牧业供给侧结构性改革，高标准建设一批青稞、牦牛等特色农畜产品生产基地和产业带。大力支持龙头企业加快发展，建强农牧民专业合作组织。加快发展藏药产业。加快发展高新数字产业，积极推动互联网、大数据、云计算、人工智能、卫星技术等新一代信息技术同经济社会发展深度融合，建设面向南亚数字港，推动产业数字化、数字产业化。加快发展边贸物流业，加强吉隆、樟木、普兰口岸基础设施和功能建设，实施边民互市进口商品落地加工。强化商贸流通体系支撑作用，推进城乡物流配送网络一体化，推动商贸流通体系向偏远乡村延伸。

2022 年 1 月，西藏自治区政府工作报告提出，抓根基支柱，培育壮大高原特色产业。第一，大力发展高原特色农牧产业，高标准建设一批特色农畜产品生产基地和产业带，有条件的县区打造 1—2 个特色产业园区。引进和培育若干农牧业产业化龙头企业。第二，大力发展清洁能源产业。建设金沙江上游和雅鲁藏布江中游水风光储多能互补基地，加快雅江水电龙头工程前期工作，积极推进百万千瓦级光伏基地和高海拔风电建设，有序推进“新能源+储能”试点示范，力争建成和在建装机1600万千瓦；第三，大力发展绿色工业。开展战略性矿产资源勘查，开工建设扎布耶万吨电池级碳酸锂项目，推进铜矿开发扩能提质。加快建筑业、建材业转型升级，引导绿色健康发展。天然饮用水产销量增长20%。支持民族手工业发展，推动藏医药产业扩量提质增效。实现规模以上工业增加值增长10%。第四，大力发展文化旅游产业。提升“冬游西藏”“文创西藏”影响力。优化旅游线路布局，打造G219、G318精品线路，推进文化旅游与乡村振兴、兴边富民深度融合，实现3A级以上景区智慧旅游覆盖面50%以上；第五，加快发展高新数字产业。积极融入“东数西算”布局，打造拉萨绿色数据中心集群和核心节点。加快工业互联网公共服务平台建设，在教育、医疗、交通、物流、矿山等领域培育15个5G应用示范，加速西藏数字“蝶变”。第六，加快发展边贸物流产业。建设两个以上冷链物流集散中心，构建城乡商贸流通一体化网络。推进边民互市贸易区、边贸市场和边贸点建设，实施边民互市进口商品落地加工，实现边境贸易和进出口贸易双增长。第七，加快发展现代服务业。积极发展研发设计、金融保险、节能环保等生产性服务业，支持发展健康医疗、养老育幼、家政物业等生活性服务业。培育新型消费热点，打造“西藏味道”美食街，发展假日经济、夜间经济。

习近平总书记指出，要走出一条符合西藏实际的高质量发展之路。西藏推进高原经济高质量发展具有良好的物质基础和巨大的资源优势。在“两个一百年”奋斗目标交汇的战略节点上，西藏特色产业高质量发展站在了新起点上，要围绕建成国家重要的战略资源储备基地、高原特色农产品基地、世界旅游目的地、清洁能源基地和面向南亚开放重要通道，打高原牌、绿色牌、特色牌，用好外力、增强内力、凝聚合力，切实把政策资源优势转化为经济高质量发展优势，让各族人民共享经济社会发展成果、奔向共同富裕，努力做到高原经济高质量发展走在全国前列！

五

2021 年是中国共产党成立 100 周年，是西藏和平解放 70 周年，是“十四五”开局之年，站在实现“两个一百年”奋斗目标交汇新起点上，为全面总结和平解放 70 年来西藏特色产业发展取得的经验，为新时代西藏特色产业高质量发展做出绵薄之力。西藏民族大学“西藏文化传承发展协同创新中心”组织校内外多学科专家与西藏涉及特色产业发展的厅局协同开展研究，在西藏产业 70 年与新时代高质量发展研究、西藏高原生物产业高质量发展研究报告、西藏文化旅游产业高质量发展研究报告、西藏绿色工业高质量发展研究报告、西藏清洁能源产业高质量发展研究报告、西藏边贸物流产业高质量发展研究报告、西藏高新数字产业高质量发展研究报告、西藏现代服务业高质量发展研究报告基础上，编纂了包括《西藏高原生物产业高质量发展研究报告（2021）》《西藏文化旅游产业高质量发展研究报告（2021）》《西藏绿色工业高质量发展研究报告（2021）》《西藏清洁能源产业高质量发展研究报告（2021）》《西藏边贸物流产业高质量发展研究报告（2021）》《西藏高新数字产业高质量发展研究报告（2021）》《西藏现代服务业高质量发展研究报告（2021）》共七册“西藏特色产业高质量发展系列研究报告”。其中：

1.《西藏高原生物产业高质量发展研究报告（2021）》

高原生物产业是西藏经济社会高质量发展的基础产业、优势产业、民生产业，是西藏经济稳定之基、发展之本、稳定之要。加快推进西藏农牧业高质量发展，是促进农牧民就业增收、全面建成小康社会、维护国家生态安全、确保长治久安的必然要求，具有特殊战略地位和现实意义。本书在详细梳理西藏高原生物产业发展区域特征、发展历程、发展环境、资源禀赋基础上，找出存在的问题和制约因素，总结发展成就及经验，提出高质量发展思路与目标任务、发展路径与对策建议。期望本书能对西藏高原生物产业高质量发展提供借鉴。

2.《西藏文化旅游产业高质量发展研究报告（2021）》

文化旅游产业是西藏传统优势特色产业，在西藏经济社会发展、生态文明建设、文化交流交融等方面具有重要作用。本书在梳理文化旅游产业概念界定及西藏文化旅游产业发展条件的基础上，重点总结西藏文化旅游产业取得的成就和特征，同时结合新发展阶段的发展环境与政策，提出西藏文化旅游产业发展面临的困境与挑战，并提出未来促进其高质量发展的对策建议。期望本书能对西藏文化旅游产业高质量发展提供借鉴。

3.《西藏绿色工业高质量发展研究报告（2021）》

绿色工业是实现西藏经济社会高质量发展的需要。本书结合国家统计局相关产业分类标准，从诠释工业产业集群内涵和行业入手，在阐述西藏加快发展绿色工业的必要性和重要意义的基础上，着重分析了西藏绿色工业发展现状与存在问题，按照西藏优势矿产业高质量发展专题、西藏绿色建材业高质量发展专题、西藏民族手工业高质量发展专题、西藏节能环保产业高质量发展专题，探讨了西藏绿色工业高质量发展面临的困境与挑战，提出了相应的对策建议。期待本书能对西藏绿色工业高质量发展提供借鉴。

4.《西藏清洁能源产业高质量发展研究报告（2021）》

西藏作为我国战略资源储备基地和“西电东送”接续地，以“坚持开发利用当地能源资源和外地输入优质能源并举，形成以水电为主，油、气和可再生能源互补的可持续发展综合能源体系”为主线，在增强区内能源供应保障能力的同时，为国家调整能源结构和顺利实现“双碳”目标做出重要贡献。本书通过梳理西藏清洁能源产业发展历程、取得的成就，归纳西藏清洁能源产业发展面临的问题与前景，集中对西藏太阳能、风能、地热能、水能等四大清洁能源产业进行较为翔实、系统分析，探讨了西藏清洁能源产业发展的优势与短板，提出了未来促进其高质量发展的思路与目标任务、发展路径与对策建议。期待本书能对西藏清洁能源产业高质量发展提供借鉴。

5.《西藏边贸物流产业高质量发展研究报告（2021）》

西藏作为连接东亚与南亚极其重要的陆路枢纽，有着不可替代的战略地位。在国家新一轮对外开放背景下，西藏肩负着时代重任，必须加快推进“环喜马拉雅经济合作带”和南亚大通道建设步伐。2021 年是“十四五”开局之年。本书着眼于建设面向南亚开放的国际物流枢纽，以共享共用完善商贸流通体系、发展口岸经济，加快推动内外贸易融合发展和“双循环”发展新格局，加大交通干线、口岸要镇仓储物流培育力度，优化重点产业布局为发展要务。期待本书能对西藏边贸物流产业高质量发展提供借鉴。

6.《西藏高新数字产业高质量发展研究报告（2021）》

推动互联网、大数据、云计算、人工智能、卫星技术等新一代信息技术同经济社会发展深度融合，建设面向南亚数字港，推动产业数字化、数字产业化，加速西藏数字“蝶变”是西藏高质量发展的重要支撑。本书以西藏高新数字产业为研究对象，重点研究了西藏高新数字产业发展规模、发展特点、数字化水平和政策支撑体系。结合理论模型使用定量分析、案例分析、对比分析等方法，探索了西藏高新数字产业发展存在的问题和制约因素，提出了未来促进其高质量发展的战略与目标任务、路径与对策建议。期待本书能对西藏高新数字产业高质量发展提供参考。

7.《西藏现代服务业高质量发展研究报告（2021）》

提升西藏现代服务业的发展水平，对西藏优化产业结构、提升服务业层次和加快经济发展有重要意义。本书在梳理西藏现代服务业基本概况，以金融服务业、城市服务业为重点，分析了西藏现代服务业的发展历程、发展环境、资源禀赋，探索了西藏现代服务业高质量发展存在的问题和制约因素，总结了发展成就与成功经验，提出了未来促进其高质量发展的思路与目标任务、发展路径与对策建议。期待本书能对西藏现代服务业高质量发展提供借鉴。

以上七种书在研究内容上全面涵盖了西藏特色产业高质量发展的理论与实践问题。本系列研究报告的编纂，汇聚了西藏民族大学和西藏自治区内外相关领域的专家学者，历时一年多时间完成初稿，并经专家委员会论证、修改完善，最后由西藏人民出版社审定出版。在本系列研究报告的编纂过程中，我们牢牢把握本系列研究报告主要是为西藏区内各级管理干部和相关研究人员服务的宗旨，内容力求通俗易懂。本系列研究报告以西藏特色产业发展历程为基础，重在构建推动西藏特色产业高质量发展的框架体系，为读者提供具有实践意义的研究性借鉴。在具体结构上，上述七种书在文字叙述中穿插了一定的模块化图文。可以说，这套书对于全面了解西藏特色产业高质量发展具有很好的借鉴和参考价值。

在本系列研究报告即将出版之际，作为西藏高校的教育工作者，编写组成员为西藏特色产业发展取得的历史性成就感到无比自豪。作为本系列研究报告的主编，对参与本系列研究报告策划、撰稿、出版的各位专家表示感谢，感谢他们为此项工作贡献的智慧和力量。同时，由于时间紧，本系列研究报告对于西藏特色产业高质量发展的理论研究和现实问题探索有待进一步深入，典型经验有待进一步凝练，所提出的高质量发展路径与对策建议有待实践检验。今后我们一定会再接再厉，持续关注西藏经济社会高质量发展中所遇到的重大现实和理论问题，力争为助推西藏特色产业高质量发展做出更大贡献。

编　者

二〇二二年三月

前　言

一、研究背景及意义

2018 年西藏自治区人民政府工作报告提出：“必须以提高经济社会发展质量和效益为中心，大力培育具有地方优势和市场竞争力的产业集群，重点发展七大产业。”2019 年西藏自治区人民政府工作报告提出：“推进现代服务业整体发展，积极推进教育、养老、卫生等市场开放，引导扶持文化创意、医疗健康、科技服务等生产性服务业和新兴服务业，全力构建现代化产业体系。”2020 年西藏自治区人民政府工作报告提出：“着力优化产业结构和资源配置布局，继续发展好‘七大产业’。”

2022 年，西藏自治区要聚焦“四个创建”全面做好各项工作，努力推动高原经济高质量发展，抓根基支柱，培育壮大高原特色产业。2022 年西藏自治区政府工作报告中明确指出：“加快发展现代服务业。积极发展研发设计、金融保险、节能环保等生产性服务业，支持发展健康医疗、养老育幼、家政物业等生活性服务业。培育新型消费热点，打造‘西藏味道’美食街，发展假日经济、夜间经济。实现社会消费品零售总额增长 10% 左右。”

现代服务业是自治区重点发展的重点任务。现代服务业的兴旺发达程度标志着我区城市经济发展的水平，这为我们做大经济总量指明了方向。我们要把现代服务业作为促进我区经济发展的重中之重，以电商等信息网络技术为支撑，从政策法规扶持、项目招商引资、产业培育开发等多方面发力，推动信息经济与传统产业深度融合，主动抓住“新时代”的发展机遇，助力传统服务业改造升级，打造新的商业模式、服务和管理运营方式，以数字经济打造现代服务业新高地。

随着信息技术的蓬勃发展，在人类社会进入知识经济时代时期，特别是近年来，在移动互联网、物联网、区块链、云计算等信息技术发展中，日益产生和兴起了科技与服务业融合发展愈发显著的现代服务业。现代服务业以科技为支撑，同时现代服务业又促进技术的发展创新。相比于传统服务业而言，现代服务业具有高技术和高文化的时代特征。其以信息网络技术为支撑，吸收了先进的管理和服务理念，以满足现代人对文化、知识、娱乐等高品位、高技术的需求。现代服务业还具有高素质、高智力的人力资源结构，训练有素的技术和服务团队，为提高服务质量，提升客户的消费体验储备了人力资源。现代服务业从生活服务领域之中不断扩展开来，形成了新的服务领域。包括为农业、工业提供支撑服务的生产服务业，以知识经济为核心的诸如金融、教育、法律咨询、会计、审计等知识服务业和由政府为主导提供面向社会公众的公共设施建设、基础教育、公共卫生等公共服务业。

自西藏自治区和平解放以来，在党中央的正确领导和各级省、自治区、直辖市的帮助下，西藏的现代服务业经历了一个从无到有、逐步完善的过程，发生了巨大的变化。从西藏自治区政府工作报告可以看出，自治区政府对“西藏现代服务业”的界定是一个不断探索、逐步细化、逐步完善的过程。从 2018 年的金融服务业、农业服务业、工业服务业、城市服务业四大板块，到 2020 年重点提出金融业，特别是普惠金融、绿色金融、金融服务便利化，大力拓展科技研发、仓储物流、家政养老、文化娱乐、健康餐饮等产业，鼓励发展网约车、城际快递、夜间经济等多种新业态。

2022 年政府工作报告对于现代服务业发展思路重点更加聚焦、层次更加清楚：第一是积极发展研发设计、金融保险、节能环保等生产性服务业。第二是支持发展健康医疗、养老育幼、家政物业等生活性服务业。第三是培育新型消费热点，打造“西藏味道”美食街，发展假日经济、夜间经济。从政府工作报告的表述上看，重点更加突出，层次更加鲜明，从生产投资、保障民生、刺激消费三个层次赋予不同发展思路，突出“积极发展”“支持发展”“培育消费热点”三方面内容。并选取三个层次中有代表的几个方面，分别从“金融服务业”“养老服务业”“餐饮服务业”以及“文化服务业”等方面进行研究，以管窥豹，提出西藏发展现代服务业的思路。

二、研究内容及方法

西藏现代服务产业范畴既考虑了西藏自治区自身实际发展的要求，又与其他七大产业范畴有机结合。其中农业服务业可纳入高原生物产业研究，工业服务业可纳入绿色工业研究。本研究拟在金融服务业及城市服务业开展重点研究。

金融服务业。金融业是现代服务业的重要组成部分，在现在及未来较长的时间内，金融业将是促进自治区经济社会发展、服务工业农业及其他特色产业的基础和重点，也是我们课题论证的重心所在。

城市服务业。随着城镇化进程不断推进，现代城市服务业对区域经济增长的拉动作用越来越强，发展城市服务业可以推动产业结构不断优化升级，使城市产生极强的聚集和辐射效应，提升城市功能。结合实际情况，本研究将从文化娱乐、餐饮、家政养老三个领域进行研究。

研究方法及思路：文章从现代服务业的概念入手，深入分析了西藏政策制定及区域产业特色，依照自治区的政策制定，重点研究了现代金融服务业、文化服务业、餐饮服务业以及养老服务业，结合文献收集、案例分析等手段，提出了自治区现代服务业发展的经验及对策。

三、主要结论

回顾西藏现代服务业的发展历史，总结了西藏发展现代服务业的历史经验：一是坚持中国共产党的正确领导是经济社会发展的基本政治保障。二是坚决维护祖国统一和民族团结是西藏经济社会发展的基本前提。三是党中央特殊关心和全国对口支援是西藏经济社会发展的重要支撑。四是坚持发展经济和改善民生是西藏经济社会发展的凝心聚力之策。五是坚持科教兴藏和人才强区是西藏经济社会发展的长久之计。

提出相关建议：一是促进现代服务业，除了重点发展自治区提出来的现代金融、文化娱乐、养老服务、餐饮服务等，还要大力发展潜力巨大的产业，如：物流、旅游、社区和信息服务等。由于西藏特有的地理人文环境，要进一步提高科技和生产性服务水平，这有助于进一步提升现代服务业的比重和水平。二是调整现代服务业内部结构，确定重点发展领域，统筹投入资金，建设科技生产力促进中心、高新技术创新服务管理中心、咨询创新服务管理中心等各类科技服务机构，为推动全区现有的生产制造行业做好前期准备、技术升级、科学管理和信息支撑。三是构建科学的空间布局，促进现代服务业协调发展，科学谋划西藏全区空间布局，为西藏现代科技服务业的特色化与规模化发展作充分准备。四是着力提升西藏服务业人才标准化服务水平。在行业标准化相关专业人才培养工作方面，我们一方面从高校集中招收标准化相关专业人才，另一方面积极邀请一批标准化行业专家来西藏各地指导和帮助培训标准化专业管理人员。五是从专业人才培养工作方面大力推进西藏标准化工作体系建设，积极引进软件信息服务、金融服务相关专业人才，加强高级管理人才培养。加大科技人才对外引进和专业工作培养力度。六是扩大政策宣传力度，加大政策扶持力度。建议重点设立现代服务业奖，设立服务业专项资金，加大对现代服务业示范单位的扶持力度，扩大试点范围，增加试点数量，推动现代服务业快速发展。

目　录

第一篇　综合篇

第一章　西藏现代服务业发展的必要性和重要性

“现代生产性服务业经济的总体发展水平是反映一个国家经济或社会区域经济发展速度水平高低的重要标志。”[①] 高效有序地推进西藏地区现代生产性服务业发展，对进一步优化调整西藏地区的产业结构、全面提升现代服务业水平、推动整个西藏地区经济的不断发展繁荣与和谐稳定，都具有非常意义。

一、现代服务业产业提出与内涵界定

（一）现代服务业概念的产生

“现代服务业这个概念是在三次产业概念的基础上逐步演化出来的，它的内涵随着现代产业结构的优化和升级而不断地充实，传统意义上旧的三次产业类别已经无法满足当代生活和理论研究的需求，从而促使了现代服务业概念的产生。”[②] 三次产业相关的概念定义虽然由来已久，但在现实的运用过程中，各国政府及一些地方政府对于有关三次产业在具体概念的相关定义问题上也仍存在着些许细微的差异，不过，“我们通常会将第一产业称作广义的农业，第二产业叫做广义的工业，第三产业称为广义的服务业。三次产业的分类依据则是顺应社会生产活动的历史发展，表现了不

① 王光辉，刘峰．我国现代服务业发展的现状、问题及对策建议 [J]. 商业时代，2010(26):122–123.

② 夏青．现代服务业演化机制与效应研究 [D]. 中国矿业大学，2010.

同经济活动的本质特征。”[1] 从早期的农业社会到后来的工业时代，社会生产方式逐渐趋于精炼细化。随着社会生产方式的进一步深化，许多为农业、工业以及人们生活服务的配套辅助行业开始崭露头角，这些行业规模的不断扩大，使之成为国民经济核算体系中一个相对独立的部门，在国民经济中的地位也变得越来越重要，其概念愈来愈被人们所认识并接受。

从产业发展的历史进程和逻辑关系上看，第三产业与服务业的概念是主要产业和次要产业之间的关系。“服务”一词涉及的经济活动很广泛，贸易总协定是从贸易对象——货物与服务之间的区别来谈论服务，将其描述为：“任何在贸易中进行买卖而不会砸到脚面的东西”。

“现代服务业”一词是中国特有的概念。“在世界范围内，很少有正式使用现代服务业的概念，但是从上世纪 90 年代开始，就有过将传统服务业和知识密集服务业区分开来的先例。例如，OECD 国家把信息服务业分类为通信、金融服务业、教育服务业、专业科技服务业、健康服务业等五大类，并称之为信息密集型服务业，也称为战略性服务业，是在知识经济时代背景下发展成熟度最大的行业。”[2]

在经过了农业、工业经济时代两个阶段之后，20 世纪 90 年代开始，人类社会正在进入服务经济时代，由此服务业的发展水平成为一个国家和地区社会经济发展水平的衡量尺度。“21 世纪，世界产业格局发生了巨大的变化，逐步由‘服务经济’主导向‘现代服务业’为主导转变。世界上几个主要发达国家的经济核算体系中，服务业生产增加值均超过了国内生产总值的 70% 以上，而现代服务业比重则超过了 60%。近些年来，我国对现代服务业的发展给予了极大的关注，认为它将会是国民经济部门中一个

① 李悦．产业经济研究 [M]. 北京：中国社会出版社，2004: 153.

② 任博华，李孟涛．现代服务业的界定及其对城市经济发展的作用——以辽宁省大连市为例 [J]. 北方经贸，2007(07):50–53.

新的增长点和推动我国产业结构优化升级的重要力量。”[①]

“在1997年9月党的十五大报告中，‘现代服务业’这一名词最早在我国正式被使用。后来，明确提出要发展现代服务业，对传统服务业进行改组和改造，是在2000年10月中共十五届五中全会关于‘十五’计划建议中。”[②]2002年，中共十六大报告中明确指出：“要加快发展现代服务业，提升第三产业的比重，这使得现代服务业成为我国产业发展政策中的一项重要内容。”[③]但是十六大报告并没有给出清晰的定义，仅仅在十六大有关概念的解读中，将现代服务业界定为“不生产商品和货物的产业，主要有信息、金融、会计、咨询、法律服务等”，认为“现代服务业大体相当于现代第三产业”。在我国国民经济统计体系中，对现代服务业的界定范围也并不明确。2006年，国务院出台《“十一五”期间加快服务业改革和发展的若干意见》，提出了从多方面扶持现代服务业发展的建议。”[④]但是，关于服务业的定义，学术界一直有争议，因为随着科技的发展，新兴产业的兴起，原有的传统概念也在发生变化和更新，人们对服务的理解也在逐步加深。从最初的一般概念泛化，到将更多的服务产品和服务活动归类。按照服务提供的消费对象可以划分为消费性的服务产品与消费生产性的服务，按其内涵特征与服务表现形式分类又把公共服务区分为了现代生产性服务产品和现代传统生产性服务。这样，服务业分类定义体系中就有了对消费性服务业产品与消费生产性服务业、现代服务业与传统服务业的区别。其中，生产性服务业是现代服务业和其他传统服务业区别开来的重点。事实上，现代服务业的兴起与发展是经济市场化、现代工业化的需要。

---

① 周颖.现代服务业的特点和发展趋势[J].中国外资,2012(21):92.

② 邢兰兰.辽宁省现代服务业发展策略研究与设计[D].吉林大学,2010.

③ 任博华,李孟涛.现代服务业的界定及其对城市经济发展的作用——以辽宁省大连市为例[J].北方经贸,2007(07):50-53.

④ 马云泽,杜超.当前我国现代服务业发展现状、特点与趋势[J].环渤海经济瞭望,2011(12):28-30.

在市场经济中，服务的发展依赖于服务供给和需求，当服务的有效供给不能满足多样的服务需求时，对提高服务供给的要求就会出现，从而带动服务业的发展。另外，工业化的发展，科技特别是信息技术的提高为服务业的发展提供了条件和基础，不仅直接推动了服务业经营和管理模式改变，而且完善了市场机制和政府监督。生产性服务业的兴起，正是顺应了这种需求，使服务业的发展进入了一个新的阶段，服务业的发展模式也随之改变，从而丰富了现代产业体系，物流、动漫、信息服务业等新兴服务产业使得服务业的发展突破了行业与部门的界限，又与其他传统产业产生了较强的关联效应。在此过程中，现代服务业的概念得到了清晰地明确与界定。"①

（二）现代服务业的定义

现代服务业是一种现代化、信息化意义上的服务业，是一种与传统服务业相对应的行业。主要是指伴随工业化进程以信息技术为基础、以现代管理理念、经营方式和组织形态为形式，为社会提供附加值、高层次、知识型的生产和生活服务的产业。它涵盖了现代社会中所有新兴的服务，如网络通信、数字影视、网络传媒、IT 信息服务、现代物流、远程教育、电子商务等；也包括对传统服务业运用现代化技术和方式改造和提升的业态，如通信业、信息咨询、金融服务业等。现代服务业的实质就是服务业现代化，其核心则是发展技术、信息和知识相对密集的现代生产性服务业。

现代服务业是随着工业化高度发展而产生的，是以高成长、高增值、高科技含量和强辐射性为产业特征，依托信息技术和现代管理理念而发展起来的服务业。即，现代服务业的范畴应当包含以资讯为基础的新兴服务业，以及部分经转型的传统服务业。现代服务业分为消费性服务业和生产性服务业，但主要是指生产性服务业，它的迅速发展对降低生产成本、提高生产效率具有十分重要的作用。

---

① 夏青．现代服务业演化机制与效应研究 [D]. 中国矿业大学 ,2010.

在我国，对现代服务业的定义尚无统一的认识。总结国内学者所提出的相关概念，可以归纳为以下几点：

一是现代性：现代服务业是工业化发展的结果，具有现代性。其中包含了新兴的服务业和经过改造升级的传统服务业。二是高新技术性：现代服务业的发展是基于信息技术的迅速发展，其过程与活动都需要信息技术贯穿其中，对技术具有依赖性。三是知识密集性：现代服务业是以高新技术手段为基础的高度专业化服务，要求有较高的知识含量，属于知识密集型的服务产业。四是高关联性：现代服务业包括为第一、二产业提供中间服务的生产性服务业，以及为居民提供最终服务的消费性服务业，具有较强的产业效应。①

时下，根据有关学者研究成果来看，“我国目前普遍使用的‘现代服务业’的定义是：在工业化比较发达的时期产生的，由信息技术以及现代管理理念发展而来，信息和知识相对密集的专业性服务部门。”②

从现代服务业的特点出发，“现代服务业的概念为：现代服务业是伴随社会分工的加深和工业化的发展而产生的，生产性服务业为主体，依靠电子信息等高新技术的支撑，以现代管理理念为导向，以知识、技术、信息为核心的新兴密集型产业。”③

（三）现代服务业的范畴

“现代服务业作为一个新兴起的行业，在理论上和实践中尚无明确的概念界定。实际上，现代服务业的现代性，使其在一定程度上随着经济、社会发展、信息科技的进步而产生、变化。从我国现阶段的经济和产业结构现状出发，对现代服务业进行了如下定义：具有知识、技术、信息密集

① 夏青 . 现代服务业演化机制与效应研究 [D]. 中国矿业大学 ,2010.

② 徐国祥 , 常宁 . 现代服务业统计标准的设计 [J]. 统计研究 ,2004(12):10-12.

③ 夏青 . 现代服务业演化机制与效应研究 [D]. 中国矿业大学 ,2010.

型和新兴特征的产业，大致可以分为以下两类：一类是传统服务业中通过新技术、新服务方式改造提升后的行业，比如金融业，房地产业，物流等服务产业。另一类是随着时代发展兴起或者新出现的行业，如信息服务业、技术服务业、研发等。”①

通过对现代服务业的界定与分析，本文提出了以生产性服务业为核心的现代服务业。生产性服务业是指为满足中间需求、向与其相关的外部产业和其他组织的生产活动提供中间性投入服务、为生产活动和政府行政管理而非直接为最终消费提供的服务。对于划分生产性服务，目前存在着诸多的分歧，下面列举了几种主要的分类方法。

在现代服务业中，除生产性服务业之外，还应该包括对国民经济作出重大贡献的消费性服务业和其他能够体现现代服务业特点的服务产业。综合以上学者的观点，按照我国国民经济产业的分类标准，现代服务业包含：传统服务业中的金融业、房地产业和交通运输业，租赁服务业、会计、法律、咨询、广告、设计等商务服务业，信息技术、计算机服务、软件、科学研究和技术开发等高新技术产业，以及公共服务、教育、卫生与医疗保健、文化等新兴社会服务和休闲服务产业。②

按照我国的产业划分标准，对服务业进行了以下分类：

交通运输、仓储和邮政业，除包括各种运输服务业和仓储与邮政业之外，还包括据此演化出来的现代物流业。

信息传输、计算机服务和软件业；金融业，包括银行、证券、保险和其他金融活动；房地产业；租赁和商务服务业。这个产业在我国，是近年才开始兴起并发展起来的行业，从国外的实践经验来看，随着市场机制不断深化和完善，自由度的提升，这个产业的市场前景和影响非常大。

---

① 夏青 . 现代服务业演化机制与效应研究 [D]. 中国矿业大学 ,2010.

② 同上。

科学研究、技术服务和地质勘查业。现代服务业的发展离不开科学技术的进步，因此，现代服务业的重要组成部分同样包含科学研究和技术服务及其相关产业。

教育。教育在国民经济中的影响作用是显而易见的，所以，也应当将教育纳入到现代服务业的范畴之中；文化、体育和娱乐业：这个产业的发展从某种意义上反映了国民经济和人民生活水平的提高，同时也与教育息息相关，是属于现代服务业的产业分类之一。医疗、社会保障和社会福利业。

其他服务业相关产业。以上产业类别名称与我国现行产业分类标准和国民经济产业统计口径基本一致。但是，2004 年后，现行调整过的与原有的产业分类体系存在着很大的不同。例如：现代产业分类目录中的信息传输、计算机服务与软件业等，在以前的产业分类中并非单独的一个产业目录，而是与交通运输相关产业统称为交通运输、仓储和邮电业。在本文的应用中，将以上产业纳入现代服务业的包含内容和统计范围，但在其实际应用过程中，会做出相应的调整，并在实际运用中加以说明解释。

社会进步、经济发展、社会分工的专业化要求与现代服务业发展相匹配，智力要素高度密集、产出高附加值、低资源消耗、低环境污染是现代服务业的主要特征。同时其中包含了新兴服务业，也包括对传统服务业的技术改造和升级。综上所述，其本质是服务产业的现代化。

据此现代服务业主要包括以下行业：

一是信息服务业。主要包括系统集成、软件等信息内容服务业和数字平台、网络等信息工具服务业。在现代服务业中，信息服务业是发展最为迅速的产业，也是最基础性的产业。

二是现代商贸流通服务业。重点包括中央商务区、电子商务、现代物流产业。

三是现代中介服务业。主要包括评估、仲裁、鉴定、认证等公证性中介服务业；会计、法律、保险等代理性中介服务业；设计、咨询、信息服务等服务性中介服务业。

四是现代金融服务业。包括：证券投资、个人理财、财富管理等现代金融产品；网上金融、电话银行、自助银行、电子货币、银行卡等现代金融工具；以信息技术为平台的信用和金融安全体系等。

五是现代休闲服务业。主要包括旅游度假、人居环境建设、文化、体育等服务业。

六是现代社区服务业。主要包括家政、物业等生活服务业；医疗、养老、贫困救济等社会保障服务业和户籍、卫生等社会管理服务业。

（四）现代服务业发展状况及特征

我国对现代服务业的关注，采用了一系列扶持措施，以推动现代服务业的发展。在金融危机出现后，为了推动产业结构的升级和经济发展模式的转变，各国和各个区域特别是经济相对发达的沿海区域和中心区域，都更加注重和采取一系列的政策措施。

加速发展现代服务业已经成为我国国民经济发展的重中之重，在软件，动漫，现代物流等产业的发展政策也随之颁布，北京，上海，浙江，广东，福建等很多省份都将现代服务业视为当地经济发展的重点。

我国发展现代服务业有着得天独厚的优势。一是我国在发展现代服务业方面有着巨大的发展潜力和市场空间。“中国制造”的崛起、全面建成小康社会的战略举措、巨大的人口资源和由此而形成的庞大的消费市场规模，为我国现代服务业发展提供了强有力的市场驱动力，能够培养出一批具备国际竞争力和规模经济的龙头企业。二是随着国家信息化建设的推进，我国信息网络基础设施已经初成规模，网络用户上亿，固网、广电网与移动用户居世界第一，为我国现代服务业发展打下了坚实的基础。三是现代服务业是技术、资本、劳动力密集型行业，发展现代服务业可以充分利用我国劳动力资源丰富的优势，将我国在全球最大的人口资源转化为产业竞争优势。四是全球现代服务业还处在发展的起步期，有关制度还没有完善，而现代服务业中服务模式的特点有鲜明的地域性和文化特色，这就有助于促进我国以我为主的相关国际标准和制度的构建，提高现代服务业的国际竞争力。五是现代服务业技术体系具有应用性、系统性和集成性等特点，使我国有可能通过面向应用的模式创新带动技术的系统集成创新，实现技术体系整体的跨越式发展。”[①] 现代服务业发展特征有：

1. 加快模式创新步伐

近些年来，“科学技术与现代服务业的融合，使科技对现代服务业的影响日益突出，由后台支撑变为前台引导转变。尤其是高科技技术的广泛应用，如移动互联网、物联网、云计算等，已经成为全球科技领域竞争的一个新热点，推动服务新业态和新模式不断涌现，为现代服务业提供了更大的发展空间。在现代服务业中，模式创新已成为技术集成创新的关键，特别是以应用性、系统性、集成性为主要特征的现代服务业为技术发展提供了有利的支持，这已然成为现代服务业科技发展的主流趋势。”[②]

服务模式创新是现代服务业竞争的核心。尤其是基于网络的第三方服务模式，这将成为现代服务业的主流发展模式，信息资源、信息技术及信息网络运行平台逐渐作为现代服务业发展的主导因素，日趋重要。

事实上，在互联网行业中，各大企业都将三种现代服务业模式完美地呈现在消费者面前，并成为企业成功的“底牌”。第一种是主打产品免费、附加增值服务收费的模式。例如，腾讯、奇虎360、谷歌、淘宝、Facebook等。这类企业通过提供免费的产品获取用户，并向少数人提供差异化的附加增值服务，从而形成其主要收入来源。第二种是主推产品收费、增值服务免费的模式。例如，联想、惠普等PC厂商。这些企业从销售软件中获取主营业务利润，但他们会推出一些免费的软件供用户们使用。第三种是主导

① 王典．两江新区现代服务业发展中的政府作用研究[D]. 重庆大学，2019.

② 俞铮．我国将以高新技术推动现代服务业发展[N]. 现代物流报，2006-07-27(009).

产品和附加增值服务同时收费的模式。代表企业有苹果公司，该企业不仅通过销售硬件产品获取利润，同时还吸引用户购买 AppStore 中各种软件来盈利。[①]

虽然服务业提供的产品种类很多，其中大部分可以归纳为以上三种模型。分析一个企业究竟应采用哪种服务模式，是企业在其自身市场环境中长期探索的过程，由此也可以看到，服务模式创新对企业发展具有十分重要的意义。现代服务业与传统产业的融合日益凸显，对传统产业的改造和升级，特别是以互联网为基础的电子商务、内容服务等新兴服务产业，已成为世界经济新的重要增长点，在此背景下，模式创新的重要性不必多言。

2. 新型服务模式不断涌现

许多公司都在尝试着进行模式创新。随着社会保障体系的不断健全和社保覆盖面的不断扩大，目前以社会保险经办机构为主体的集中办理方式，在管理资源有限的情况下，出现了一系列突出问题。

现代服务业以教育服务业为主体，发展互联网教育与公共服务体系，是一种新的业态模式与实践创新。奥鹏中心在远程教育领域进行了一些有益的探索，建立了以政府为主导的第三方服务和运营模式，建立了以互联网为基础的"一站式"教学服务平台，实现了全过程、可量化、产品式的远程教学服务模式，创新了管理体制和运行机制。[②]

传神（中国）网络科技有限公司从科技与文化融合方面提出了语联网的概念，以这种创新的语言信息服务模式，彻底改变了语言服务行业的产业结构，并以新型现代语言信息服务模式带动行业的转型和发展，为现代服务业的模式创新提供了示范。

---

① 范荣 . 浅谈服务业及现代服务业发展趋势 [J]. 市场周刊 (理论研究),2010(01):35-36.

② 周权雄 , 周任重 . 谈现代服务业发展的新特点和趋势 [J]. 商业时代 ,2009(01):20.

3. 密集化的智力资本

“现代服务业的发展，主要是通过科技手段，实现更加细致的专业化分工，将传统内部组织的服务活动剥离出去，让具有专业技术和专业技能的人才和机构，在特定的行业中为用户提供特定的服务，以达到提高服务效率、减少交易费用的目的。其特点是技术化、知识化、专业化，因此高质量的人才是企业的核心竞争力。在发达国家，服务业正由劳动、资金密集型向知识密集型转变，其发展越来越依赖于技术、知识、人力资本，而知识经济是服务业发展的必然趋势。知识密集型服务业的快速发展是服务行业知识转移的重要标志。”① “现代服务业在很大程度上是依赖于专业的知识和技术来为社会和使用者提供基于知识的中间产品或服务。知识和技术是主要的，高附加值的服务，比如法律服务、管理服务、工程设计服务和金融、计算机服务等知识密集型服务业发展十分迅猛。”②

4. 城市化的空间分布

城市发展的一个重要特点是服务业的高度发展。“发展城市经济，必须立足于当地服务业的发展，特别是现代服务业。现代服务业发展所需的主要生产要素为高新科技技术、高素质专业人员，它们将向城市流动，并在城市中进行集散化。大型城市的优良体制也会为发展现代服务业提供有利环境。另外，服务业的生产与消费之间存在着时空上的关联，其规模对地区的市场容量有很强的依赖性，而人口的规模与密度又是决定其比重的主导性因素，因而大型城市也就成了现代服务业发展的主力市场。在现代服务业的发展中，以生产性服务业为中心，其内容涉及生产服务外包、人力资源开发、解决方案、软件服务、咨询调查、金融、保险、专业服务、

① 周颖 . 现代服务业的特点和发展趋势 [J]. 中国外资 ,2012(21):92.

② 山西省人民政府发展研究中心副主任、研究员、博士 张复明 . 现代服务业发展的八大重要转向 [N]. 山西日报 ,2008-09-08(C02).

市场调研、科研等。”生产性服务业是连接企业和市场的重要纽带，它通过信息化和信息化手段服务于企业，在实践中寻找着合适的应用方式吸引着各方学者的关注。

5. 信息化的服务方式

信息技术与服务业深度融合是现代服务业的核心内涵。现代服务业是随着现代信息技术的发展而兴起的，信息技术是其发展的技术驱动力。现代服务业与传统服务业的主要区别就在于信息技术的应用渗透程度。信息技术在服务业的应用经历了从硬件设备到软件服务的转变过程，目前正向服务应用方向发展。现代服务业的高级阶段是信息技术阶段，随着信息网络的推进和信息技术的应用，现代服务业正在快速发展。现代服务业既要有先进的服务设施，又要有符合现代科技的专业设备，还要有服务工作所需的技术能力。现代银行与传统的银行、货币兑换商和票务代理不同，它已经成为计算机、信息和网络技术应用最多的行业。“随着技术特别是信息技术的不断发展，服务业的商业模式不断更新，涉及技术、产业、组织、管理和业务流程等方面，促进了服务业的快速发展和现代化，带来了许多新的服务形式、新的产品、新的方法和新的商业形式，如商店、连锁店和非商店销售已经出现和发展，包括B2B和B2C电子商务 物流和供应链管理、教育和培训、商业咨询、研究和开发、市场营销和许多其他新服务和商业模式已经出现。无线广播、自助服务机和商业智能正在引领商业服务发展的趋势。”①

6. 生态化的服务业态

与第二产业相比，服务业本身就是一个具有“低消耗、低污染、贴近自然、环境友好型的无烟产业。”随着服务业在国民经济中的比重越来越大，

① 山西省人民政府发展研究中心副主任、研究员、博士 张复明 . 现代服务业发展的八大重要转向 [N]. 山西日报 ,2008-09-08(C02).

人们的环保意识越来越强，服务业中的垃圾产生和污染问题也受到了关注。各国政府在服务行业不断发展中推出与其相适应的环境友好型监管政策，消费者也更加倾向于健康、环保的消费。因此，人们对服务业供给提出了更高的要求，生态文明成为现代服务业发展的一个方向。现代服务业的生态环境变化主要体现在两个方面。首先是服务过程的清洁化和绿色化。其次是生态服务企业的创新发展。由于环境法规和消费观念的变化，服务企业逐步把服务过程的清洁化、绿色化作为服务改进的重要目标，从事绿色营销，不断创造清洁化、绿色化服务的新途径，实施绿色服务，注意节约资源和能源，注重清洁生产，注意废物处理，加大对回收利用和环境保护的重视。[①] 同时，随着人民群众生活质量的不断提高，他们的消费行为也在向崇尚自然、追求健康转变。为了满足消费者消费需求，服务业也不断发展创新，形成了生态服务业，为人们提供环保、健康、自然的服务，如氧吧、生态旅游等。

7. 服务化产业结构

20 世纪 70 年代至 90 年代是工业化国家产业结构变革和优化的时期，特点是向服务导向转变。“其特点是主要工业化国家的产业结构在生产和就业构成方面都发生了质和量的变化，以服务为导向的第三产业部门成为发达国家的主要产业部门，形成了所谓‘后工业社会’的产业特征。特别是制造业、生产性服务业是经济中增长幅度最快的行业，越来越多的制造企业正在转变为某种意义上的服务企业，服务化成为制造业的重要发展方向，其生产附加值中有越来越大的比重来源于服务，而不是加工制造。许多优秀的制造企业正在从‘以生产为中心’向‘以服务为中心’转变。”[②]

---

① 山西省人民政府发展研究中心副主任、研究员、博士 张复明 . 现代服务业发展的八大重要转向 [N]. 山西日报 ,2008-09-08(C02).

② 周权雄 , 周任重 . 谈现代服务业发展的新特点和趋势 [J]. 商业时代 ,2009(01):20.

传统意义上的制造业及服务业之间的界限正变得越来越模糊，因为制造业中越来越多的公司不仅关注产品的制造，而且还纳入了整个产品生命周期，包括市场研究、产品开发和改进、制造、分销及售后服务。“制造业向服务的转变也反映在制造业公司越来越多地使用‘服务外包’或‘外包’。许多制造公司已经将其内部服务功能从生产前、生产中和生产后分离出来，将其原有的服务活动（如产品设计、技术研究和开发、物流和分销、招聘和信息管理）交给其他公司代替。这种变化导致了提供生产服务的专业化公司数量的迅速增长。”① 随着新技术革命的发展，第三产业已经成为城市中最重要的经济部门，城市之间的互动不再以物质产品的联系为主导，资本流动、信息交流和知识转移发挥着越来越重要的作用。“国际大都市作为提供专业化服务和生产创新金融产品和市场要素的中心，其地位越来越取决于其金融、信息和其他服务业在城市体系中的地位，而不是取决于具体物质生产部门的影响”。②

8. 集群化的产业集聚

现代服务企业发展成集群是一种全球趋势和现象。集群的概念是指在某一行业部门中，一些相互关联的公司和机构相对集中于一定的地理范围。在中国的许多地方，服务行业的集群特征随处可见。由于经济活动在空间上的相对集中，“集群发展具有很强群体竞争优势和发展集聚性的规模经济。由于共同使用公共设施，现代服务业集群中的公司在便利性和成本方面享有许多优势，这有助于减少分散选址所需的额外投资，并通过利用地理上的接近性减少它们之间的运输和移动材料及信息流的成本，从而降低生产成本。集群内大量的商业信息、人际关系和社区联系网络式的各种信息流动迅速，集群区内的企业可以快速准确地掌握市

① 张复明. 现代服务业发展的八大转向 [N]. 中国经济时报 ,2008-11-07(005).

② 王瑞. 加快山东省现代服务业发展研究 [D]. 中共山东省委党校 ,2011.

场信息，进行有效竞争和合作，大大降低了交易成本。通过地理上的集中，集群的外部规模经济、互联效益、弹性专业化等效应和知识'溢出'效应使产业和区域竞争的效益更加明显。"[①]

二、西藏现代服务业的概念及分类

2018 年西藏自治区人民政府工作报告提出："要着力提高经济社会发展的质量和效益，大力培育具有区域比较优势和市场竞争力的产业集群，着力发展七大产业。"2019 年西藏自治区人民政府工作报告提出："推进现代服务业整体发展，积极推进教育、养老、卫生等市场开放，引导扶持文化创意、医疗健康、科技服务等生产性服务业和新兴服务业……，全力构建现代化产业体系"。2020 年西藏自治区人民政府工作报告提出："着力优化产业结构和资源配置布局，继续发展好'七大产业'。"2022 年，西藏自治区将围绕"四创"做好各方面工作，努力推动高原经济高质量发展，抓好基础支柱，培育和发展高原特色产业。2022 年西藏自治区政府工作报告中明确指出："加快发展现代服务业。积极发展科研设计、金融保险、节能环保等产品和服务，支持发展医疗、护理、托幼、住宅地产等生活性服务业。开发新的消费热点，建立'西藏味道'美食街，发展假日和夜间经济活动。消费品零售总额增长 10% 左右。"

1. 西藏现代服务业基本概念

现代服务业是自治区重点发展的"七大产业"之一。根据 2012 年 2 月 22 日科技部 70 号文件，现代服务业是指以现代科学技术特别是信息网络技术为主要支撑，以新的商业模式、服务方式和管理方法为基础的服务业。它既包括技术发展中出现的新型服务业，也包括用现代技术对传统服

① 张复明 . 现代服务业发展的八大转向 [N]. 中国经济时报 ,2008-11-07(005).

务业的升级改造。它是在信息技术和知识经济发展中诞生的服务业，用现代新技术、新商业模式和新服务方式改造传统服务业，创造需求，引导消费，为社会提供高附加值的知识型生产和生活服务。2022 年现代服务业发展政府工作报告对于现代服务业发展思路重点更加突出、层次更加鲜明，从生产投资、保障民生、刺激消费三个层次赋予不同发展思路，突出“积极发展”“支持发展”“培育消费热点”三方面内容。现代服务业的发展本质上是基于社会进步、经济发展和社会分工专业化的需要。它的特点是智力要素高强度，产出高附加值，低资源消耗，低环境污染。现代服务业包括新兴服务业，以及对传统服务业的技术改造和升级，其最终目的是服务业的现代化。

2. 西藏现代服务业高质量发展的主要领域

现代服务业概念是具有相对性的，主要是相对传统服务业而言的，为满足当代人民群众和城市发展的需要而产生和发展的具有高技术和文化含量的服务行业。主要包括以下四大类：

（1）基础服务（包括通信服务和信息服务）

（2）生产和市场服务（包括金融、物流、批发、电子商务、农业支撑服务以及中介和咨询等专业服务）

（3）个人消费服务（包括教育、医疗保健、住宿、餐饮、文化娱乐、旅游、房地产、商品零售等）

（4）公共服务（包括政府的公共管理服务、基础教育、公共卫生、医疗以及公益性信息服务等）

3. 西藏现代服务业重点发展内容

2018 西藏自治区政府工作报告指出：“西藏自治区要推进现代服务业全面发展。积极发展金融服务业，加快建设敦珠金融园区，发展第三方支付、互联网金融等新兴产业。”积极发展农业服务业，搞好种子、农资、农技、教育、信息和流通服务，促进农业现代化。积极发展工业服务业，研究和发展科学技术，培育仓储物流、信息咨询服务和企业管理服务，改善绿色产业的发展条件。积极发展城市服务业，提高教育、医疗、接待、宾馆、交通、水电供应、快递等方面的服务水平。满足群众需求，扩大社会就业，力争到2022年现代服务业增加值达到500亿元以上。

西藏自治区利用市场机制和现代技术创新，促进服务业的发展。果断拓展绿色普惠金融，促进金融服务便利化。大力发展技术研发、仓储物流、居家养老、文化娱乐、健康餐饮等产业。推动网约车、城际快递、夜间经济等新兴产业发展。积极发展服务贸易。力争服务业增加值至少增长10%。

西藏自治区自和平解放以来，在党中央的正确领导和各级省、自治区、直辖市的帮助下，西藏的现代服务业经历了一个从无到有到逐步完善的过程，发生了巨大的变化。

4. 本文所研究领域

从西藏自治区政府工作报告可以看出，自治区政府对“西藏现代服务业”的界定是有一个不断探索、逐步细化、逐步完善的过程，从2018年的金融服务业、农业服务业、工业服务业、城市服务业四大板块，到2020年重点提出金融业，特别是鼓励积极拓展普惠金融、绿色金融、金融服务便利化、科技研发、仓储物流、居家养老、文化娱乐、健康美食等经济领域，以及网约车、城际快递、夜间经济等新业态发展。西藏现代服务产业范畴既考虑了西藏自治区自身实际发展的要求，又与其他七大产业范畴产生了有机结合。其中农业服务业可纳入高原生物产业研究，工业服务业可纳入绿色工业研究。本研究拟在金融服务业及城市服务业开展重点研究。

金融服务业。金融业是现代服务业的重要组成，在现在及未来较长的时间段内，金融业将是促进自治区经济社会发展、服务工业农业及其他特色产业的基础和重点，也是我们课题论证的重心所在。

城市服务业。随着城镇化进程不断推进，现代城市服务业对区域经济增长的拉动作用越来越强，发展城市服务业可以推动产业结构不断优化升级，使城市产生极强的聚集和辐射效应，提升城市功能。结合实际情况，本研究将从文化娱乐、餐饮、家政养老三个领域进行研究。

根据2022年西藏自治区政府工作从生产投资、保障民生、刺激消费三个层次赋予现代服务业不同发展思路，突出“积极发展”“支持发展”“培育消费热点”三方面内容。本文分别选取三个层次中有代表的几个方面，分别从“金融服务业”“养老服务业”“餐饮服务业”以及“文化服务业”等方面进行研究，以管窥豹，提出西藏发展现代服务业的思路。

三、西藏大力发展现代服务业的必要性

今天，“许多发达国家正在从工业经济向服务经济转型，服务业成为各国经济社会发展的主要推动力。现代服务业是根据现代人的需求和现代城市的发展而创造和发展的具有较高技术含量和文化含量的服务业，主要包括基本服务、个人消费服务、市场和加工服务以及公共服务。近年来，服务业增速持续超过10%，2015年服务业产值占比首次达到50%，2019年达到53.9%。2021年第一季度，我国服务业为145355亿元，同比实际增长15.6%，占比58.30%——占比已经接近60%。”[①]

西藏作为边疆地区、民族地区和全国唯一省级集中的贫困地区，经济发展起点低、起步晚、基础差、底子薄，[②]西藏贫困发生率仍然很高。西藏国土面积位居全国各省区市第二，但常住人口只有300多万，仅靠本地人口规模的消费难以支撑西藏经济发展。[③]由于特殊的地理条件、气候环境和

① 王宁．黑龙江省现代服务业产业竞争力提升对策研究[J]．中国管理信息化，2020,23(14):164–165.

② 潘竞男，王莹，董惠敏．对西藏自治区7地市经济社会公平度的测评及排名[J]．国家治理，2016(40):3–19.

③ 李世宏．明确使命真抓实干 稳步建设重要的世界旅游目的地[N]．西藏日报（汉），2015-09-30(002).

资源限制，西藏经济结构中工业体量很小。因此，西藏发展经济必须依靠旅游业、农牧业、藏医藏药、民族工艺品、文化演出等特色服务产业。[①]并将现代服务产业内容与当地的经济、社会条件相结合，将经济重心逐渐由单纯依托农牧业向现代服务业转变，通过建立现代产业体系，确保西藏地区的经济可持续发展，确保边疆稳定。

（一）现代服务业是西藏区域发展的核心

随着经济发展水平和质量的不断提高，服务业特别是现代服务业在国家和地区的经济发展中发挥着越来越重要和不可替代的作用。现代服务业位于利润链的上游，现代服务业的发展水平和质量直接影响到国家经济发展的水平和质量，体现国家的综合实力。

1. 我国服务业发展的顶层设计

《国务院关于加快发展服务业的若干意见》（国发 [2007] 年 7 号）指出："服务业是国民经济的重要组成部分，服务业的发展水平是衡量现代社会经济发达程度的重要标志。""加快发展服务业，提高其在三产结构中的比重，尽快使服务业成为国民经济的主体，是推进经济结构改革、加快经济增长方式转变的必由之路。切实消除能源、资源短缺的瓶颈制约，提高资源利用效率，是适应对外开放新形势，实现国力全面跃升的有效途径。"[②]"加快发展服务业，形成较为完善的服务体系，提供丰富的产品，满足人们的物质文化需求，成为吸纳城乡新增就业的重要渠道，这也是一个必要条件。"[③]

2. 现代服务业是区域发展的核心

现代服务业是一个广泛的概念，主要是指适应现代社会发展特征和要

① 李世宏 . 明确使命真抓实干 稳步建设重要的世界旅游目的地 [N]. 西藏日报 (汉),2015-09-30(002).

② 王典 . 两江新区现代服务业发展中的政府作用研究 [D]. 重庆大学 ,2019.

③ 李锦舒，徐耀耀，现代服务业理论研究综述 [J]. 时代金融 , 2013(15): 291+328.

求的服务业。它既包括传统服务行业经过现代技术、现代理念与现代管理模式改造后的发展，更强调一些面向生产、面向企业服务的“生产性服务业”。现代服务业分为两种类型：第一类依赖于相当标准的各类硬件设施，如各类市场、购物中心、体育场馆、图书馆、医院、大型仓储等公共服务设施，该类服务业受区位、用地的影响较大，是构建在“有形网络”之上的服务业；第二类主要是基于便捷通畅的信息、情报网络，如金融保险业、信息服务业、绝大多数专业服务等。该类服务业发展受空间制约相对较小，主要依赖信息来源、交流便利性以及同行业间竞争和合作性，是构建在“无形网络”之上的服务业类型。前者可以为一个城市营造活力与气氛，培育消费市场，而后者才更加决定一个城市的实质竞争力。①

随着经济的迅速发展，现代服务业对于发挥城市功能、提升城市竞争力有着十分重要而深远的意义。服务业的发展现状，将从根源上决定城市在未来国际、区域竞争中的成败。尤其以金融、物流、信息等为主的生产性服务业正日益成为现代城市和地区竞争的中心内容，成为城市产业发展的制高点。

3. 西藏未来的竞争力和区域地位取决于现代服务业的发展

在经济全球化时代，现代服务业的发展已不再局限于少数城市，资本、技术、人才等生产要素的流动速度大大加快，空间上也不断扩大。西藏经过多年的经济快速增长，一些产业已经发展到初具规模和水平，具备了发展现代服务业最基本的市场条件和现实需要。特别是农业、畜牧业、旅游业和金融业，在现代服务业的需求中占有很高的份额。现代服务业与物质产品生产过程的密切关系，以及工业的蓬勃发展，是本地区现代服务业发展的自然基础。因为上述工业活动本身就需要投融资、商务咨询、物流、教育和科研等现代服务业的支持，以不断降低成本，提高企业的竞争力。

① 王典．两江新区现代服务业发展中的政府作用研究 [D]. 重庆大学 ,2019.

目前西藏正在形成的工业基础是发展现代服务业的坚实基础。

（二）现代服务业对西藏有良好的知识溢出效应

现代服务业集聚区的知识溢出效应是指集聚区内外的知识和技术的动态积累和扩散过程。根据产业集聚理论，知识以及扩散是经济快速发展的一个重要原因。

1. 现代服务业的聚焦点

比如，现代服务业相对于制造业、传统服务业而言，更注重运用和发展知识和技术。在前一节中，我国的产业聚集可以划分为专业化和多元化。专业化聚集是指在一定区域内，企业要通过集中区域内、外部的知识转移，提高自己的创新和生产效率、提高自身的专业化水平，并在同一产业中完善相关的装备、技术，以达到辐射带动的效果。推动其它行业的多元发展，使整个地区的工业技术水平得到提升，从而推动地区的经济发展。多元化的集聚区则注重各个行业的区域集聚，使各行业间的协作能力得到显著提高，并促使各行业间的合作得以实现，使各行业的技术与创新能力得到最大限度的发挥以及对经济的发展起到一定的推动作用。

2. 中央支持和全国支援为西藏知识溢出提供条件

对于西藏来说，现代服务业的发展受益于来自内地知识溢出的效应，同时拉萨等中心城市的溢出效应也会带动其他地区的产业聚集发展。2011年7月20日，对口支援西藏工作座谈会在拉萨召开。习近平指出：“1994年第三次中央西藏工作座谈会作出的援藏决定，是党中央、国务院从党和国家工作大局出发，从丰富和发展我们党的西藏工作战略出发作出的重要战略决策，充分体现了社会主义制度的优势性，是新时期各民族共同团结奋斗、共同繁荣发展的民族工作主题的生动实践，是实施西部大开发战略，促进区域协调发展的重要举措。这也是实施西部大开发战略、促进区域协调发展的重要举措。承担对口支援任务的各省、市、中央有关部门和重要国有企业，以对党、对国家、对人民高度负责的态度，坚决贯彻政策精神，顾全大局，履行承诺，在人力、物力、财力、技术等方面对口支援，取得了巨大成效，极大地促进了西藏经济、社会、文化等事业的发展和进步，促进了各地区与西藏的交流，坚定了西藏各族人民跟着共产党走中国特色社会主义道路的信心和决心。”[①] 援藏工作具有较强的知识溢出效应，就是援藏干部将内地现代服务业好的思路、方法和经验连同资金、物资引入到西藏，西藏又通过现代服务业的溢出效应，推广到全国各地。

（三）现代服务业是推动西藏产业结构优化的重要路径

产业结构，亦称国民经济的部门结构，是指国民经济各产业部门之间以及各产业部门内部的构成。[②]

1. 产业结构的作用

“随着工业化的进展和社会分工的深化，服务业，特别是现代服务业开始逐步发展。随着工业化的纵深进展，现代服务业逐渐超越了制造业，发展成为一个成熟的、专业化的产业。制造业对现代服务业的依赖性越来越强，先进制造业与现代服务业日益融合，相互支撑，相互配合”[③] 现代服务业以其高水平的知识和技术，将促进制造业和各产业部门的专业化、精细化和现代化，将国民经济各产业部门有机地结合和联系起来，在经济发展中发挥桥梁和纽带作用，促进产业优化和现代化。“现代服务业的出现将降低交易成本，提高市场效率，提供专业化的服务，作为制造业产品差异化和附加值的来源，为制造业提供发展核心业务的能量，使制造业能够更合理地将资源分配到各个环节，从第一产业发展到先进产业，向制造业转型。这将使制造业不同环节的资源配置更加合理，从第一产业向先进产业发展和产业转型。”[④]

---

① 对口支援西藏工作座谈会召开习近平出席并作讲话 [J]. 西藏体育 ,2011(03):8–9.

② 中国服务业发展报告 No. 5 中国服务业体制改革与创新 [M]. 社会科学文献出版社 , 2008.

③ 王典 . 两江新区现代服务业发展中的政府作用研究 [D]. 重庆大学 ,2019.

④ 白重恩 . 法治、政府干预与服务业发展 [M]. 中信出版社 , 2007.

现代服务业通过产业结构调整推动经济增长。这意味着，与现代服务业集聚相关的知识溢出、联盟和竞争机制推动了现代服务业自身的发展，重构了内部产业结构，促进了新产业和新发展形式的产生，影响了经济增长。

2. 多视角理解现代服务业

从微观层面来看，“如果一个公司生产两种或更多的复合产品，它的消费可能比只生产一种产品的消费要少。一方面导致其产品的横向发展，即建立许多公司从一个来源生产多种类型的产品。另一方面导致生产相对同质化产品的公司的纵向发展，即与其他公司密切合作。”① 鉴于生产能力和成本的问题，企业更倾向于企业间的纵向发展，也就是说，出现了产业集聚现象。在现代服务业集聚区，优胜劣汰的法则不断淘汰创新能力不强、发展水平不高的企业和竞争力弱的企业，导致集聚区内企业的发展质量和创新能力提高，内部产业结构更加合理，从而促进经济增长。

从区位层面看，“现代服务业企业在一定区域内的集聚，可以促进企业和产业的专业化和多元化，加强产业间的协作和专业化分工的效果，促进现代服务业企业的发展，为创新能力要求高的企业和产业的发展创造更好的基础，促进现代服务业内部产业结构的调整。随着现代服务业的发展，本地区的三次产业结构可以得到更好的协调，这也会对经济增长产生影响。”② 中国正在加快向后期工业化转型的步伐，大力推进“中国制造2025”战略。要实现这一目标，必须提高制造业的附加值和竞争力，争夺全球产业链的顶端位置，而这一目标的实现离不开现代服务业中的制造服务业的有力支持。

3. 西藏产业结构的发展

自西藏和平解放以来，西藏的经济、社会得到了长久的发展。“在实

① 孙娴 . 安徽省现代服务业集聚对经济增长的影响研究 [D]. 安徽财经大学 ,2020.

② 孙娴 . 安徽省现代服务业集聚对经济增长的影响研究 [D]. 安徽财经大学 ,2020.

施各项重要援藏政策的同时，西藏经济迅速发展，在此过程中，产业结构也发生了适应和变化，西藏的产业结构在不同时期具有不同的特点。”① 改革开放以来，西藏的产业发展取得了巨大成就，人民生活水平和质量日益提升，西藏已逐步从以农牧业为主的产业布局，发展为第三产业作为支柱产业、第二产业进步巨大、第一产业科技化现代化水平不断提高的产业结构。但在西藏自我能力提升战略实施进程中，西藏的三次产业仍有提升的潜力与空间，西藏产业及其结构对经济发展的贡献尚未达到自我发展能力提升的要求。

（四）现代服务业是西藏社会稳定和谐的现实需要

“治国必治边、治边先稳藏”。西藏的稳定关系国家的稳定，西藏的安全关系国家的安全。“现代服务业行业多，领域广，使用资源少。它在劳动就业方面具有天然的优势，可以用相对较少的资源和资本投入提供更多的劳动就业，就像一个巨大的水库，具有非常大的就业容量，有效缓解了就业压力，保证了社会稳定。而现代服务业则在服务、文化、创新、娱乐等方面改善城市的功能。现代服务业越是发达，其服务功能就越强。服务业渗透到城市的各个层面和部门，日益丰富城市居民的生活方式和价值观，提高他们的文化能力和整体生活质量。”②

1. 西藏的稳定是重大民生福祉

维护西藏社会和谐稳定，这是一个重要的基本政治问题，不仅关系到国家安全和祖国统一，而且关系到边疆稳定，是西藏经济社会快速发展和各族人民美好生活的根本保证。“只有西藏社会稳定了，经济才能顺利发展，西藏各族人民才能安居乐业。中央政府历来高度重视西藏的发展和稳定，高度关注西藏各族人民的生产和生活。西藏各族干部群众只有认真贯彻落

① 张剑，江珊，班久次仁．提升西藏自我发展能力的产业结构调整对策 [J]. 西藏发展论坛 ,2015(02):33–35.

② 王典．两江新区现代服务业发展中的政府作用研究 [D]. 重庆大学 ,2019.

实中央关于西藏工作的一系列方针政策和措施，才能抓住历史机遇，大力弘扬‘老西藏精神’，乘势而上，”[①]坚定不移走有中国特色、西藏特点的发展路子，坚持不懈保障和改善民生，厘定巩固和发展民族团结积极构建维护稳定的长效机制，加快推进西藏跨越式发展和长治久安。

2. 西藏的稳定事关国家工作大局

西藏社会的和谐稳定，是党和国家工作的大局，构建和谐社会是各族人民的愿望，是中国特色社会主义事业的长远发展，是全面建成小康社会的重大目标，是广大人民群众的根本利益所在。“改革开放以来，西藏之所以能够快速发展，人民安居乐业，最重要的原因是有一个长期稳定的社会环境。稳定是西藏人民的根本利益所在，是改革发展的基本前提，是西藏现代化建设的基本经验。只有稳定，才能抓住机遇，克服困难，解决矛盾和问题，牢牢掌握发展主动权。切实维护社会和谐稳定，是西藏人民的共同目标，也是全社会的共同责任。”[②]

（五）现代服务业是西藏社会发展的要求

现代服务业发展要求与制造业不同，它对外部环境、制度、产业发展以及城市管理水平的要求都更高。这就意味着现代服务业集群的形成需要城市健全基础设施设备，完善经济基础、社会结构、产业网络、人才积累等条件。此外，现代服务业集群需要汲取知识、信息等要求，也更加依赖全球市场。

1. 现代服务业与制造业的比较

从两个方面看现代服务业同制造业之间的差异性，一方面，制造业偏好水、电、人工、工业用地等低成本生产要素，这也导致制造业从发达国家向

---

① 李虹. 维护社会和谐稳定，促进西藏经济社会跨越式发展[J]. 现代妇女(下旬),2014(01):157-158+170.

② 同上。

发展中国家集聚、从沿海发达地区向内陆地区集聚。现代服务业则不同，它具有高科学技术性、高人力资本性和高创新性属性，使得它会落地于高素质人才集中的城市化程度高、生活品质高、经济发达的国家和地区。另一方面制造业规模较大，初期投资较高，形式较简单，对土地和资本等密集型投入依赖。但现代服务业资金投入少、企业规模小、组织结构灵活、产品形态多样。它依靠现代技术、人力资本等在全球范围内快速流通的高端要素，寻找资源配置的最佳场所。它对一个国家或地区的公共服务水平、政策调整和制定水平、经济开放水平有极高的要求。①

2. 西藏现代服务业与传统服务业比较

对于西藏来说，不能单单依靠市场的力量引进现代服务业要素，政府要发挥培育引导的作用。“通过加大对现代服务业生产要素的投入、扩大市场需求、吸引企业集聚、完善市场外部环境、推动制度创新等措施，来促进产业结构转型和推动现代服务业发展。”② 以新加坡、香港为例，二十世纪以来这些国家和地区准确把握了产业升级和推动服务业发展的国际化大趋势，采取措施助推现代服务业的发展，最终实现了产业的升级，这一政策上的引导提升了国家和地区的国际竞争力。西藏的现代服务业发展历程较短，其运行秩序、环境都存在着诸多不足，“需要政府进行引导、规范、调节和保障，才能既实现速度的飞跃，又能保障有序竞争和良性发展。在推动现代服务业发展上，政府一定要准确理解现代服务业区别于第一、第二产业以及传统服务业的特殊性，着重加大吸引现代服务业集聚的人力、科研、信息、高端配套等要素的投入，提升公共服务、政策创新、对外开放水平。”③

---

① 王典 . 两江新区现代服务业发展中的政府作用研究 [D]. 重庆大学 ,2019.

② 同上。

③ 同上。

（六）西藏高质量发展需要发展现代服务业

1. 现代服务业发展基础弱

西藏自治区位于青藏高原西南部，平均海拔在4000米以上，地理位置相对偏僻，地形地貌复杂，高原气候独特，气温较低而且温差很大，空气稀薄，素有“世界屋脊”之称。

和平解放前的西藏，交通运输极端落后闭塞。过去内地送往拉萨的茶叶、瓷器、丝绸和日用工业品要经由四川雅安、青海西宁和云南大理，走崎岖的山路，依靠牦牛托运，一次物资的运送历经一年之久，严重阻碍了西藏同祖国内地之间的交流。地理地势的严峻以及交通条件的落后，使得西藏经济发展严重受阻。近年来，交通技术的进步、西藏交通基础设施的进步打破了这一阻力。截至2019年底，全区公路通车总里程为103579.2公里，其中农村公路74043.9公里，占比71.5%。2006年7月1日青藏铁路正式通车运营。2021年6月25日，西藏首条电气化铁路——拉林铁路开通运营复兴号飞驰在雪域高原，西藏将形成“两纵两横”铁路网，分别是新藏线、青藏线、川藏线、滇藏线、昌都至玉树铁路通青海。这些铁路建成后将大大减轻青藏公路的运输压力。但与全国其他地区相比，西藏交通运输业仍存在交通网络不足、道路技术水平低等问题。

市场容量小、内需不足也是限制西藏经济发展的一个重要因素。由于青藏高原相对封闭的地理位置，使得西藏与外界的接触不便利，从而加大了地区基础设施建设的难度与费用，同样也加大了招商引资的难度，西藏与外部地区的经济交流收到了严重的限制。另外，西藏是一个地广人稀的地区，常住人口总量较少，且农牧民所占比例较大。尽管近年来西藏农牧民家庭可支配收入有不断上升的趋势，但是由于出行不便利、商品种类不足，造成了内需不足。

2. 主导行业和优势行业带动力有限

与东部沿海城市相比，西藏的服务业发展时间晚、起点低、规模小，产业发展仍处于初级阶段，市场竞争力薄弱，虽然行业总体产量和比重大，“但主导行业和优势企业对其他服务业未形成有效联动，整体辐射有限，主要原因是主导、优势行业的发展，如水利环境、公共文化卫生管理等依赖政府政策支持，缺乏自身行业特性和发展模式。此外，这些行业的市场化程度不高，经营效益不高，行业依赖性高，竞争力不强等都限制了行业进一步发展壮大。”①

3. 现代服务业的人才资源匮乏

人是竞争力中的重要因素之一，城市和行业创新发展离不开人的主观能动性。“21 世纪是激烈争夺人才的时代，近年来我国陆续出台了城市人才引进政策，以为本地区引入高素质人才，如上海、深圳、杭州等，加大了人才落户的奖励力度。”②然而西藏一直面临人才匮乏的困境，地势环境、气候条件、现代化产业的基础设施、配套政策和地区营商环境等方面原因导致外部优秀人才不愿意到西藏来，内部人才资源受到教育程度和观念的影响也不足以提供足量的优秀人才。专业人才的短缺制约了西藏服务业创新发展，使得产业陷入发展瓶颈，西藏经济难以健康发展。

四、西藏大力发展现代服务业的重要意义

“在当代中国，坚持科学发展是持续平稳健康发展这一基本原则的本质要求”，是中国未来经济发展的大势所趋。以转变发展方式为主线，重视第一、第二、第三产业的结构协调合理的调整，实现经济持续协调平稳健康发展，是科学发展的着力点和着眼点。在国民经济运行过程中，要充分发挥现代服务业的润滑剂、离合器和催化作用，带动三大产业结构的合

---

① 王宁．黑龙江省现代服务业产业竞争力提升对策研究 [J]. 中国管理信息化 ,2020,23(14):164–165.

② 同上。

理调整，实现带动一产、深化二产、发展三产的目标。在调整产业结构的过程中带动科技和创新向前发展，推动“资源节约型、环境友好型”社会建设，提高人民生活水平，营造舒适优美的居住环境。本文就现代服务业在西藏经济发展进程中所发挥的重大意义进行了分析探讨，对于西藏来说，现代服务业是一项聚集“基础、强国和富民”的产业，发展现代服务业是商贸体系实施转变发展方式、调整发展方向的一项重大举措。衡量经济社会现代化水平的重要标志是以现代服务业的发展水平为基准，因此，西藏提出新时代发展现代服务业的战略意义，主要表现在以下几个方面：

（一）西藏的基础产业——现代服务业

在全面建成小康社会时期，发展现代服务业就是在持续平稳健康发展国民经济。历史经验验证：当一国国民经济总体水平由中低收入向中上等收入水平转变时，也恰好处于服务业加速发展阶段。如今，我国经济发展也处于类似阶段。

由于服务业的性质和功能，决定了其地位是基础性产业。一是服务业是社会存在的基础。服务业为城市提供活力，为人们带来生活所需的乐趣，丰富人们的文化娱乐生活，帮助人们管理经济和监督机制的确立，帮助建立良好的社会秩序。二是服务业是国民经济运行的基础。产品借助服务行业涌入市场，走向全国乃至全世界，在国家和地区之间架起贸易沟通的桥梁。国民经济各部门也在共同努力、协作分工下促进国民经济的协调持续平稳健康发展。三是服务业是城市生活的基础。城市活力和竞争力的比拼体现在比较服务能力、水平、质量上，竞争不只是考察 GDP 和考察产能。四是服务业是宜居生活的基础。商品和服务的公平均等互换带来和谐的社会关系和生活环境，最终实现保障和改善民生的目标。五是现代服务业是当今生产生活的标志和内容。重要的是服务业发展水平的竞争而不是产品的竞争。它带来产品的创新与更新换代，迎合现代年轻人的需要创造新产品。俗话说：“没有现代服务业，就没有现代生产和生活。”

新兴服务业迅速崛起，如计算机、家政、娱乐等服务业，并迅速切入进人们的日常生活；现代服务业，如批发零售、交通运输、房地产等行业的快速发展。推动现代服务业发展的积极因素主要体现在人均收入不断提高和社会专业化程度不断提高。随着推动服务业发展的积极因素增多，我国国民经济增长引擎将继续加强，现代服务业已成为我国国民经济发展的主要驱动力之一。

一是为了促进国民经济的持续、稳定、健康发展，现代服务业必须刺激生产者的新投资需求。现代服务业持续拉动我国国民经济增长，激发生产者新的投资需求，为生产者带来先进的科技，引领企业进步。改进生产方式和改革销售方式的具体表现有：利用废品转化并创造出新产品；不断改进和完善生产方式；转变销售形式等。降低生产成本，不断开拓新市场，为企业提供稀缺的资金和技术支持。现代服务业拉动生产者新的投资需求，促进国民经济增长，主要表现在：现代服务业降低了企业的生产成本。在现代服务业中，降低企业生产成本最具代表性的行业是物流业。现代物流业的发展，不仅减少了企业建造仓库和配置车间的必要性，而且还减少了企业建厂的麻烦。无论是扩模老企业还是创办新企业，不一定要吸引大量资金。只有如此，企业需要更多的资金启动生产，实现生产的扩模发展。

二是现代服务业提供必要的资金和技术支持，其目的是为了让企业更好地发展。在现代服务业中，随着金融业的不断发展，企业可以拥有更广泛的生产资金来源。例如，目前一些省份“小额信贷”试点项目的建立，使地方小额投资项目取得了不同程度的成功，促进了地方国民经济持续、稳定、健康发展。现代服务业设立各部门，充分发挥职责作用，比如：管理咨询部负责帮助企业提高生产质量和效率；技术服务部负责为企业引进新型技术，帮助企业创造新产品；地勘部门帮助企业探索新能源等。这样，企业就可以在原有的基础上继续扩模生产，可以帮助更多的非专业人士进入不同的部门，从而实现我国经济持续平稳健康增长的目标。

三是现代服务业刺激消费者新需求，拉动国民经济增长。如今，人们不再局限于满足最基本的衣、食、住、行需求，在满足需求的同时，人们往往倾向于对个性和时尚的追求。如：伴随金融业的飞速发展，人们的消费观念也逐步改变。在现代社会中，人们不再有“先赚后消”的传统消费观念，而是更倾向于“先消后赚”的消费观念。分期付款的盛行极大地刺激了消费者购买商品的欲望，使人们可以购买高于自身经济流动性的商品，并在很大程度上促进了汽车、房地产等相关产业的发展，将极大地促进我国国民经济的持续稳定健康增长。此外，更多的企业意识到：只有不断创新研发新产品，才能为客户提供源源不断的供需。如：现代服务业的服装设计师引领时尚潮流，为服装加工厂源源不断创造新的需求。由此可见，现代服务业极大地刺激了消费者的需求，进而拉动我国国民经济的持续平稳健康增长。

四是现代服务业还通过改变人们支付方式来促进国民经济持续平稳健康增长。如今，人们购物或外出游玩时，不再携带大量钞票而是选择随身携带银行卡。随着电商的普及与盛行，仅需一部手机便可以走遍世界，通过支付宝或微信等便捷支付形式完成交易。银行卡、信用卡和网上交易的便捷，促进了各种交易的增加和发展，扩模了交易形式，对我国国民经济的发展起到了持续平稳的促进作用。

五是现代服务业的产业扩散效应，人民收入提高才能促进我国国民经济增长和现代服务业的发展，其他相关产业，特别是制造业也有一定的发展前景。现代服务业与生产性企业的密切关系使得它具有其他企业所不具备的溢出效应，主要体现在以下几个方面：产品之间互相形成的涟漪效应。现代服务业的发展要迎合人们的需求，又会带动其他产业的发展，推动消耗品的发展。各行各业都是如此，其现代服务业也不例外，需求匹配造成的溢出效应是人们精力和时间有限造成的，所以人们有解决问题的心理。如：人们在观看体育赛事时，因为匹配需求，还需满足人们的住宿、购物、饮食等需求。一个城市或国家的需求匹配可以用一届奥运会数十亿甚至数百亿美元的经济效益来衡量。这表明现代服务业受支撑需求影响的涟漪效应非常大。由于产品示范的溢出效应，现代服务产品的魅力带动了一批产业的繁荣，人们对互联网的向往很大程度上推动了软件、计算机等产业的发展。现代服务业不仅发挥了魅力，创造了纷繁的信息，而且促进了信息的互通。在计算机发展时代，它改变了人们通过电视和广播获取信息的局面，极大地提高了信息传播的速度和效率，对人们的思想价值观产生了巨大的影响。可见，现代服务业促进了新的生产、投资、消费需求。同时，现代服务业的扩散效应促进了我国国民经济的持续平稳健康增长，为国民经济做出了不可估量的贡献。

西藏作为我国的边疆生态安全保护屏障和世界旅游胜地，随着现代服务业的发展，西藏第三产业（现代服务业，因在国民经济统计中，第三产业为服务业，现代服务业数据以第三产业数据表示）产值的不断增加，第三产业在西藏经济总量中所占比重逐步提高。第三产业的发展对产业结构升级具有明显的促进作用。现代服务业对西藏的作用日益明显。马肃骦《西藏第三产业与西藏经济总量的实证分析》的实证结果表明：西藏第三产业增加值受西藏生产总值的影响。西藏的现代服务业增加值与经济总量之间存在二阶微分协整关系，且存在格兰杰因果关系，目前西藏的 GDP 占西藏第三产业增加值的 58.31%。在其他条件不变的情况下，西藏经济总量每增加 1 亿元，第三产业产值将增加 6703.52 万元。西藏经济总量与西藏经济相互制约与共同发展。

民主改革 60 多年来，西藏经济结构一直在不断优化。1986 年至 1996 年的 20 年间，西藏三大产业结构比重为“一、三、二”。西藏第一产业经历了一个由 1986 年的 46.9% 提高到 1991 年的 50.7%，1996 年下降到 41.86%，变化趋势是不断升高再稍有下降但依旧维持主导地位的过程。第二产业从 1986 年的 12.86% 增长到 1995 年的 23.6%，之后下降到 1996 年的 17.42%；第三产业 20 年间增长缓慢，从 1986 年的 40.24% 到 1996 年的 40.72%。随着政策的变动，第二次、第三次西藏座谈会的召开，确定的“43”项、“62”项大工程带动第二产业发展，西藏产业结构发展格局由“一、三、二”变为“三、一、二”。从数据来看，从 1997 年开始，三大产业产值比为 37.84：21.85：40.3，第三产业超过第一产业。从趋势来看，第一产业处于下降状态，二三产业在逐步上升。2002 年，三大产业产值比为 24.53：20.19：55.27，由于社会公共服务部门比重逐步提高，第三产业发展较快。2003 年到 2017 年期间，西藏三大产业发展格局演变为“三、二、一”。2003 年后，第一产业比重快速下降，从 2003 年的 21.99% 下降到 2017 年的 9.36%；第二产业向上发展，从 2003 年的 25.74% 上升到 2017 年的 39.18%；第三产业从 2003 年最高时的 55.96% 下降到 2017 年的 51.4%。这是第三产业内部不断优化，增加了生产生活部门服务，降低社会公共服务比重所导致的。

2020 年，西藏全年生产总值（GDP）1902.74 亿元，按可比价计算，比上年增长 7.8%。其中，第一产业增值 150.65 亿元，增长 7.7%；第二产业增值 798.25 亿元，增长 18.3%；第三产业增值 953.84 亿元，增长 1.4%。2013–2020 年，全区生产总值及其增速占一二三产业增值的比重分别达到 7.9%、42.0%、50.1%。同上一年相比，第一产业比重往下降 0.3 个百分点，第二产业比重向上提高 4.6 个百分点，第三产业比重往下降 4.3 个百分点。目前第三产业已在西藏 GDP 占比超过了 50%，处于基础产业地位。

（二）现代服务业是西藏吸纳就业的主渠道

发展现代服务业是缓解就业压力的重要途径。与大部分国家相比，中国服务业吸收就业劳动力的能力依然不高，从长远来看，我国教育、文化产业的发展会改变劳动力的素质结构，使中国由劳动力人口大国变为人力资源强国。

现代服务业规模的扩大（以下简称：扩模）有赖于其产值的增加，从而实现劳动力需求的增加。农业和工业的发展扩大必须遵循柯布——道格拉斯函数，即用资本代替劳动力扩模，但在现代服务业发展中，人力资本取代物质资本成为关键的生产要素。即现代服务业的发展壮大必然会带来劳动力投入的增加，但目前不能用资本替代劳动力来扩模。具体来说，现代服务业生产的产品是直接与人交流的、以人为本的、面对面的、满足消费者更高物质或精神需要的，而不是如农工业产品那样“只识鸡蛋不知鸡”。因此现代服务业的医疗服务不能通过高科技医疗设备来节省人力，现代教育行业也不能因为增长了硬件设施而忽视师资力量，会计咨询服务也不能因为增加计算机数量而减少会计人员。总而言之，现代服务业扩模时，资本的增加并不能取代劳动力。此外，现代服务业产值的提升同现代服务业结构的优化也有关系。其能完善微观市场，减少信息不对称导致的劳动力资源错配，提高市场的劳动力匹配效率。具体来看，在现代服务业中，人才市场、猎头公司、求职中介、劳务网站等纷纷兴起，促进了劳动力市场供求之间的信息流动。它降低了信息不对称导致的资源错配现象的发生率，减少了市场失灵所导致的失业，促进劳动力供求的“匹配”，让高技能人才大显身手，在劳动力市场上迅速找到与其技能相匹配的工作，从而降低失业率。

技术进步对就业既有挤出效应，又有补偿效应。挤出效应就是排挤劳动力，这将造成“创造性破坏”。但补偿效应则是人才引进，会提高就业率，其具体表现有以下三方面：第一，科技的发展可以降低企业成本，使企业有更多的资金投入人力开发，拉动就业。第二，科技的进步会提高居民收入水平，增加居民需求，刺激企业扩大规模，从而增加就业人数。第三，技术进步会带来产品线的更新、新服务的出现。而产品服务的更新换代会带来新的消费市场，扩大对劳动力的需要。研究表明：不同行业的就业率会受技术进步的影响，影响结果也不尽相同。不能因为技术进步对某些行业的负面影响就证明技术进步会减少对劳动力的需要。实际上，在现代服务业中，科技进步对就业的补偿效应远远大于其挤出效应。

从现实的角度出发，伴随科技的飞速发展，现代服务业中的知识和技术密集型服务业将产生“创造性失业”，低素质的劳动力会面临失业，却给高素质劳动力提供了更多的就业岗位。挤出的同时又有补偿效应。从长远发展看，高度灵活、可持续的创造性就业将给知识技术密集型服务业带来持续的“补偿效应”，且“补偿效应”会大于“挤出效应”。具体表现在以下三个方面：第一，新产品的开发营销管理、废品回收等需要更多人才来运作。例如：网购需要人工进行网站的运营维护，提供售前售后服务，物流环节则需要更多的物流人员。第二，激发市场用人需求。技术进步将引进新技术、新产品，为企业开发新的原料来源，产生新的运营组织，降低企业的生产成本，提高企业利润，使得企业凭借新产品占领市场，市场份额的扩大激发生产者的投资意愿，进一步扩大企业规模，为劳动力市场提供更多的就业岗位。第三，提高劳动者进入劳动力市场的积极性。现代服务业技术含量的提高会带动劳动者的工资大幅度增长，高薪资会刺激待业人员主动进入市场寻求就业机会。他们通过参加技术技能的培训，掌握工作所需的技能，为找到新的工作奠定基础。因此，“人才、知识、技术”三位一体的现代服务业可以通过技术进步长期促进就业率稳定增长。

服务业是一项真正惠及民生的大工程。第一，服务业容纳了大量劳动力，第三产业的就业人数远远大于第二产业。仅商业部归口行业，就业人数已超 1 亿人，加上厂矿营销人员的数量，总数超过 1.2 亿，他们的工资收入关系到 4 亿人的民生。第二，尽管中国第三产业只占 GDP 的 43%，但它能创造了 17–18 万亿的财富。由此可见，第三产业蕴含巨大的消费潜力。比如，2010 年，居民休闲消费达到 2.19 万亿元，占社会消费品零售总额的 14.2%，餐饮、旅游消费 1.25 万亿元，占 GDP5.51%。第三，发展服务业城镇化的必然选择，特别是商业服务业在门槛、投入成本和技术上要求不是很高。城镇化要实施乡镇无业人员的就业问题，商业服务业是最佳选项。

第四，服务业提高了居民的生活质量，满足居民对物质文化生活的美好需要。作为一个利民惠民产业，服务业致力于提供令人满意的服务、绝佳的居住环境，以多样化的服务形式丰富居民的现代娱乐生活，既提高居民的素质，也解决了社会福利无法解决的社会问题，包括婚丧嫁娶、育儿养老、顺风车接送、家政、送餐采购等。第五，服务业帮助文化的传承、技能的传授，如市场上的文化、教育、科技、各类培训在内的现代服务业，既宣传传统文化，又吸取现代科学文化，教授待业者就业技能，不断深化文化教育工作，提高人民的文化水平和文化素养。

何燕所撰写的《西藏产业结构与就业结构协调发展研究》着重分析了西藏三大产业的就业结构。与产业结构优化相比，就业结构变化态势相对平稳。1986 年到 2015 年，西藏的三大产业就业结构呈现“一、三、二”的特点。第一产业就业比重呈现下降趋势，由 1986 年的 80.95% 下降到 2015 年的 43.7%。第一产业的劳动生产率逐年提高，由第一产业转移到第二产业、第三产业的人数也越多，但第一产业就业下降速度滞后于产值下降速度，说明第一产业劳动力过剩。

第二产业就业指数由 1986 年的 4.95% 增加到 2015 年的 14.71%，年均增长率仅为 0.33%。第二产业发展慢，层次低，吸纳劳动力能力弱。第三产业就业比重从 1986 年的 14.07% 提高到 2015 年的 41.59%，上述数据说明了第三产业的容纳能力有了明显地进步。伴随全国经济社会的不断发展，加上党中央和援藏省市的外力支持，使得西藏各部门就业政策得以实施，所以西藏三大产业的就业趋势不断发生变化，低韧性的第一产业就业形势催生了大量的富余劳动力，其余的劳动力开始转向二、三产业就业。两年时间里（2016–2017），西藏就业形势呈现“三、一、二”的布局。其中，第一产业就业比重由 41.22% 下降到 37.73%；第二产业就业比重由 13.5% 提高到 16.42%；第三产业就业比重从 45.53% 提高到 45.85%；2016 年第三产业就业比重首次超越第一产业，第三产业由于劳动密集型的优势，吸纳了大量从第一产业转移的富余劳动力。第三产业的发展既能带动区域产业升级，又能吸纳大量无业人员就业。目前，西藏第三产业产值和就业比重明显高于一、二产业。

（三）发展现代服务业是西藏经济高质量发展的战略举措

解决一切问题的根基在于发展，其中西藏也不例外。2020 年召开的中央第七次西藏工作座谈会上，习近平总书记强调："要贯彻落实新发展观念，聚焦发展不平衡不充分问题以优化发展格局为切入点，以要素和设施建设为支撑，以体制和机制为保障，统筹谋划、分类施策、精准工作，加快推动高质量发展。"西藏时刻紧随改革开放的步伐，使得西藏自治区的社会生产力的发展水平与全国逐渐趋于同步，让西藏各族人民继续沐浴着日益丰富的现代文明成果。伴随党中央、各援藏省市和全国人民的关怀和支持下，西藏各族人民共同努力奋斗，把贫穷落后的旧西藏改善成经济富裕、文化繁荣、社会全面进步、生态环境优良、人民生活质量高的新西藏。加快西藏经济社会高质量发展的步伐，必须全面贯彻落实党在新时期的治藏战略，统筹国内外大局，把"改善民生、凝聚人心"作为经济社会发展的出发点和落脚点，确保国家安全和长治久安，确保人民生活不断提高，确保优良的生态环境，确保边境巩固和边防安全，共同努力打造一个具有团结、富裕、文明、和谐、美丽的社会主义现代化新西藏。

服务业不仅是实现产品价值的产业，而且也是创造社会价值的产业。如果一款产品满足了消费者的特定需求，那么可以说是制造商创造了产品的价值；如果服务业创造了社会价值，则创造了一系列公共物品（如：公益、公共产品、公共事业），它惠及每一个公民，造福了社会。传统观念认为：生产与服务都是产品，其中前者是硬产品并可以直接创造价值，后者是软产品而不能直接创造价值。事实证明该观念是迂腐的、过时的和落后的。服务所创造的价值不仅表现在服务的单一性与专业性上，更多的是在社会性、公益性和开放性中显现。它的价值不仅是单一的和现实的，而且还是社会的和未来的。其效应既有显性的也有隐性的，其影响是社会性的和不可预知性的，如文化、教育、医疗、社会福利等。不仅受益的是参与者自己，更是事关未来具有全局性、社会性和长期性的社会健康协调稳定发展的重大问题。我们应该从战略高度看待现代服务业，不能将其充当第一产业与第二产业的附属品或搁置于可有可无的地位。当社会生产力发展到一定阶段时，市场扮演着举足轻重的作用，直接制约着生产扩模、发展和效益，甚至制约着生产水平，使服务业成为生产发展的瓶颈。扩大生产是按数学级的方式扩，主要是供给范围的扩张，产品数量的提高，从而保障社会供需的均衡发展。服务业发展呈现的是几何积型的拉动发展，通过转变观念和提高质量来促进发明，从而产生链条效应和规模效应，其影响是潜在性、前瞻性和长期性的。

发展现代服务业是推动经济高质量发展的重要战略举措。金融、物流、批发等服务业的发展，以及工农业中介机构的各种专业服务，直接影响到国民经济的水平和运行质量。现代服务业的发展，不仅改善了服务业本身和投资环境，而且对提升西藏其他产业的竞争力也起到了很好的促进作用。

投资固定资产对现代服务业就业有以下两方面影响：一方面，当固定资产投资增量足以带动产业扩模时，由于现代服务业技术进步的补偿效应远大于挤出效应，可以增设就业岗位，提高就业率。另一方面，由于现代服务业与其他产业间存在涟漪效应，现代服务业固定投资对相关产业链的乘数效应，其乘数也较大，可以创造更多的就业机会，因而增加就业岗位，提高就业率。例如，增加固定投资的占比会给工业带来更多的中间产品，有利于工厂扩模，增加就业需求，从而提供更多的就业岗位。同时，最值得关注的是投入固定资产对其他行业就业的乘数联动。只有在投资规模足够大，产业链上其他行业规模发生变化时，才能发挥引领作用。随着城镇化的不断推进，可以从以下两个方面带动现代服务业就业：一方面，随着城镇化的不断发展，城镇人口不断聚集，形成对教育、生活、健康、娱乐、房地产等现代服务业的新需求，带动失业人员就近入职。另一方面，城镇化进程带动产业内部结构不断优化，现代服务业吸纳就业能力不断增强，有利于减缓现代服务业的体制性就业障碍，使富余的农村劳动力转向城镇现代服务业发展。

实现经济跨越式发展的行之有效路径是发展现代服务业。服务业的科技专业化问题具有应用性、系统性、整体性等特点。即使国家整体科技水平未赶上世界前列，也可以在应用层面实现先进科技水平的跨越式发展。当前，我国生产力发展的特点是实现生产力的跨越式发展，其必要载体是现代服务业。在现代社会，生产力的发展不是单轨的。在一定条件下，要恰当利用现有生产力的成果，打破生产力发展的单边主义，实现生产和经济的跨越式发展。西藏以科技进步为主要动力，通过大力发展新兴服务业，提高各行业的综合竞争力，缩小与发达地区的差距，甚至赶超发达地区，大力促进落后地区生产力的跨越式发展。发展现代服务业是转变经济发展方式的必由之路。其经济发展具有发展潜力大、需求和收入弹性高、资源和环境压力低、创造和扩大就业途径多等优势。西藏发展现代服务业，不仅可以有效保护生态环境，节约自然资源，而且可以根据要素禀赋和区位优势，运用先进技术和历史发展经验，构建先进的产业体系。使之成为生产力跨越式发展的重要载体和重要途径，加快地方经济和社会的进步。现代服务业的发展为传统产业提供强有力的支撑。总的来说，随着分工的不断细化和传统产业的不断发展，服务业与传统产业会不断分离，这种分离会越来越细致。总之，现代服务业越发达，对传统的支撑就越明显，企业的投资成本和经营成本越低，市场竞争力就越强。因此，服务业的快速发展可以为制造业的发展奠定良好的基础，对提升工业竞争力、转变经济增长模式具有重要作用。

衡量经济社会现代化水平的重要标志是现代服务业发展程度。“十三五”期间，西藏的现代服务业发展水平卓越，成为经济发展的重要支撑。新的发展格局对行业的发展提出了更高要求，同时也带来了新的发展契机。当前，西藏现代服务业的薄弱环节主要集中在生产性服务业领域，该领域的专业能力与高端技术水平需要不断改进，推动西藏服务业朝现代化水平快速发展。发展西藏现代化服务业要顺应新时代潮流，以加快云服务、数字经济等领域的建设步伐。从空间格局看，西藏要大力集中各类资源，迅速开拓扩模发展，为现代服务行业的发展提供宽松、优良的外部环境。

“建立现代化经济体系”是我国未来经济发展的战略要求，也是西藏发展的重要战略举措。现代服务业的发展有利于转变以往的发展模式，有利于经济发展的结构升级，有利于转换推动经济增长的动力源的迫切需求。实现经济高质量发展，需要扎扎实实落实基本要求，坚持质量第一、效益优先，抓好现代服务业发展。从战略层面上讲，我们迫切需要现代化经济体系的有力支撑。

（四）发展现代服务业是西藏生态文明建设的需要

保护青藏高原生态，是对中华民族乃至世界生存与发展作出的最大贡献。“守护好高原的生灵草木、万水千山，把青藏高原打造成为家喻户晓的生态文明高地”“促进生态保护同改善民生相结合……”中央第七次西藏工作座谈会提出要抓好稳定、发展、生态、强边四件大事，其中生态文明建设是重要内容。贯彻党在新时期的治藏战略，必须牢固树立绿水青山就是金山银山的观念，重点打造生态文明建设，着重强调民族团结，推动生态保护与民生改善相结合，全方位调动各方积极性，形成共建良好生态、共享美好生活的良性长效机制，为青藏高原的环境保护注入源动力。

党的十八大以来，“美丽西藏”是党中央为建设社会主义现代化新西藏提出的新要求、新任务。也是西藏生态文明建设的目标追求和形象表达。

在中央第七次西藏工作座谈会上的讲话中，习近平总书记对打造“美丽西藏”寄予厚望。他站在中华民族生存发展的高度，认为“中华民族生存发展的最大贡献——保护青藏高原生态”，时刻铭记“绿水青山就是金山银山”的理念，这不仅是对历史负责，对各族人民和全世界负责，更是对未来负责，把生态文明放置于显著的位置，守护好高原的生灵草木、万水千山，把青藏高原打造成为家喻户晓的生态文明高地”。习近平总书记对新时代西藏生态文明建设的战略定位是“把青藏高原建成全国乃至国际生态文明高地”。会议明确将“美”作为新时代打造“美丽西藏”的目标任务之一，提出了“努力建设团结富裕文明和谐美丽的社会主义现代化新西藏”的新要求，明确了建设社会主义现代化新西藏的核心工作。加强西藏生态文明建设，要灵学活用科学发展观念，着力发展现代服务业，不断提升可持续发展水平。

西藏开展生态文明建设的需要——大力发展现代服务业。当前，环境污染和资源浪费将非常严重。因此，必须加快现代服务业发展的步伐，优化产业结构，减少对自然资源的过度依赖，减轻对环境的损害，是西藏实现可持续发展的必然选择。

可持续发展是一种着眼长远和谋划全局的经济发展方式。该概念是联合国环境与发展委员会 1987 年在《我们的共同未来》报告中正式提及，其系统地阐释了可持续发展的深刻含义——“既满足当代人的所需，又不损害子孙后代满足自身需要的能力的发展”。1992 年，联合国环境与发展会议通过了可持续发展行动纲领——《21 世纪议程》，将“改善城市的社会、经济和环境质量，提高并改善所有人的生活质量和工作环境”作为城市可持续发展战略的总体目标。为全面推进经济社会可持续发展，中国于 2003 年制定了《21 世纪初可持续发展行动纲领》，明确了可持续发展的主要思想，提出了“以人为本”的理念，坚持“人与自然和谐共生为主线，以经济发展为核心，以提高人民生活质量为根本着力点，以科技和体制创新为突破口，持之以恒地全面推进经济、社会、人口、资源、生态环境协调发展，不断提高我国综合国力和竞争力，为实现第三步战略目标奠定坚实基础”。“实施经济可持续发展战略，意味着城市发展方式要向集约化、智能化、绿色化、低碳化转变，产业结构和空间布局也要相应进行战略性调整。

在区域经济可持续发展的进程中，现代服务业起着举足轻重的作用。它不仅可以提高区域经济的整体发展水平，而且可以在产业维度上提升制造业的发展水平，在空间维度上优化区域空间结构。其中各地区往往形成对现代服务业的“路径依赖”，并遵循不同的历史演进轨迹：一是通过发展现代服务业，实现产业结构升级和区域空间优化，提高区域可持续发展能力，区域经济走上良性循环发展之路。二是现代服务业发展滞后，会因周边传统产业转移而出现“产业空心化”，区域经济会因缺乏新的经济增长点而开始下滑。因此，创造有利于区域现代服务业发展的条件，可以有效促进传统产业升级，增强区域经济活动的协调组织能力。引领现代服务业发展是促进现代服务业与传统产业良性互动发展的核心条件。如果一个地区的现代服务业竞争力不足，会阻碍传统产业效率和竞争力的提高，这说明劳动生产率不能通过专业化分工得以提高。传统产业由于缺乏现代服务业的支撑，将被锁定在价值链的低端，从而限制了区域产业结构的优化升级和经济发展水平的提高。正是现代服务业在空间上的集聚和扩散，推动和加快了产业空间布局的合理性和进步性，为区域经济转型和产业重构创造了有利条件。在空间经济中，现代服务业占据主导地位，其作用关系到市场的扩模、企业实力的增强、劳务收入的增加、生产经营的差异化和技术职能的转变等。区域内现代服务业布局失衡对区域体系结构的影响，可以通过区域内专业劳动集聚和功能分工来进行，逐步形成围绕现代服务业发展的竞争新格局。

（五）发展现代服务业是西藏经济、社会全面发展必要条件

促进经济、社会和人的全方位发展与迈向知识社会的必备条件——发展现代服务业。加快发展通信、电商、信息、现代金融、文化娱乐、医疗健康等现代服务业，是坚持“以人为本”、树立全面可协调持续发展理念的集中体现。现代服务业是一项系统工程，既包括社会、生产、公共和低

层次服务，又包括家庭、生活、个人和高层次服务，完整的服务体系可以维持整个社会生产生活的日常运行。一般来说，可以分为以下十类体系，一是购销服务体系，涵盖批发、零售、采购、销售、仓储、中介、信托、拍卖等。二是信息咨询服务体系，囊括信息收集与交换、审计、调查、咨询、设计、营销、策划等，直接用于生产服务，构成生产不可或缺的中间环节。三是金融服务体系，包括金融、保险、投资、典当、融资、股票、期货，其中货币流通是保障生产生活正常运行的主要手段。四是社区服务体系，包含家庭护理，如保姆、护理、搬家、装修、保洁、采购、支付、送餐和管理婚丧等，实现现代家务劳动的专业分工与社会化。五是社会公共服务体系，涵盖供水、电与气、交通运输（空、海、铁、陆）、物流配送等，涉及日常生活等公共基础设施。六是加工维修服务体系，囊括农产品粗细加工，定制与加工日常服务所需物资，甚至是家用电器、家具、房屋等一系列维修保养。七是餐饮和旅游服务体系，包括酒店、餐饮、旅游、度假、户外用品等。八是娱乐健身服务体系，包含休闲、健身、美容、洗浴、按摩、足疗等。九是旅游与田野生活服务体系，涵盖旅游、度假、住宿、田野生活等服务用品的供应。十是以培养高素质和开拓知识面为目标的各类学习、培训、辅导等服务体系。

第二篇　行业篇

第二章　西藏金融服务业高质量发展

一、西藏现代金融服务业发展历程

西藏和平解放以来，在党中央的正确领导和各级省、自治区、直辖市的帮助下，西藏金融业经历了一个从无到有、逐步走向完善的过程，金融业发生了巨大的变化，金融业发展制度逐步完善并正在走向现代金融体系。

从1951年西藏和平解放到2011年，中央政府根据西藏的特殊经济情况，采取了特殊的财政优惠政策，促进了西藏金融业务的正常有序运行。金融业的发展为西藏的政治稳定、经济发展和社会和谐均发挥了非常重要的作用。特别是在党中央的支持下，西藏金融业的规模逐步加大，服务形式逐渐多样，服务质量也在不断提高，管理体制不断完善，金融服务业得到了巨大的发展。

（一）西藏和平解放后金融发展的起步阶段（1951–1959年）

1951年，西藏地方政府与中国共产党中央委员会签署了第十七次全国代表大会协议，标志着西藏和平解放。西藏和平解放后，西藏的政治制度和社会制度也出现了一些变化。

1. 金融机构

1951年，中国人民银行西南军事银行进驻西藏，1952年，中国人民银行西藏办事处成立，1953年在昌都和亚东分别设立支行，一直到1955年，中国人民银行西藏分行才正式成立。

2. 金融政策

（1）无息贷款政策：西藏民主改革前，由于存在政教合一两种政权，农牧民的生产水平比较低，所以，中国人民银行向农牧民发放了大量无息贷款，以期解决农牧民生产生活的困难。1952 年，西藏劳动委员会在拉萨市郊的农村地区首次进行了 30 多万元无息农业贷款的发放。据统计，那一时期共发放银行贷款 340 万元，其中农牧业贷款 271 万元，西藏人民银行对农牧民生活进行了大力的扶持。

（2）外汇供应贷款政策：银行还发放了低息工商业贷款，以期促进西藏工商业的长足发展。商家若向银行申请办理外汇业务，如果自愿接受外汇供应条件，能够返还军民所需的物品，那么就可以享受优惠的外汇贷款。

3. 金融制度

在西藏和平解放初期，为了维护当地货币的流通习惯，保证西藏金融业的正常运行，所以中央政府采用了以袁大头银元为标准货币的货币制度，同时，只使用藏币铜币作为辅助货币，对于藏币和银元既不接收也不支付。

4. 金融绩效

1952 年到 1959 年底，西藏金融机构贷款余额从 155 万元上涨到了 1379 万元，比 1952 年增长近 8 倍，西藏金融业的业务量大幅增长。

（二）民主改革后西藏金融业发展的全新阶段 (1959－1965 年)

随着 1959 年叛乱的平定，西藏也从封建农奴制度进入了民主改革时期，社会生产力得到极大地解放，百万农奴的积极性也得到了提高，民主改革的胜利使得西藏的金融事业进入了新的发展阶段。

1. 金融机构

为扩大金融规模，中国人民银行拉萨分行新设两家分行，并派出 17 个银行工作小组。1965 年西藏自治区成立之前，西藏所有县都设立了县分支机构，共有 72 个分支机构。1960 年，为了大力发展农牧业，人民银行组织农牧民进行财政互助，在农村建立了信用合作社，这也极大的扩大了银行的功能，充分利用社会闲置资金，将银行的存贷业务扩展到需要资金的农牧民，同时也遏制了私人高利贷的产生。

2. 金融政策

（1）统一货币。1912 年，西藏开始印制纸币，到 1959 年结束，历时 47 年。其中，1912 年至 1925 年，采用手工木刻印制单色钞票。1926 年至 1959 年，采用机器印制彩色钞票。1959 年后，旧西藏政权解放以后，西藏纸币就出现了极大地贬值，但是为了维护人民的利益，中央政府决定统一货币。人民币正式在西藏统一使用，从根本上改善了西藏金融活动的混乱现象，实现了西藏与国家货币的统一，确立了人民币在西藏的地位，便利了货物流通和金融业的正常运行。

（2）小额低息贷款政策的实施。人民银行西藏分行在发放无息贷款的同时，对信贷资金进行贷款管理，工程承包、统一调度等手段，同时将重点放在贸易和物资企业，确保所需信贷资金，支持从内地大量进货。到了 1965 年，国务院决定取消 1962 年以前发放的农业贷款，缓解人民群众的实际困难。同时，还起到了打击高利贷、巩固金融地位、发展社会生产力的重要作用。

（3）加大货币投入。1959 年民主改革前，西藏的货币供给政策也发生了变化，从“从严控制、保证供给”的货币政策到实行统一使用人民币的货币政策，收购藏钞。个人工资的增加也极大地扩大了现金结算和发行，货币供应量大幅增加。

3. 金融制度

1959 年，西藏颁布了《关于在全区普遍发行使用人民币的布告》和《关于在全区废除了收兑藏币的布告》。确立了“支持镇压叛乱，进行民主改革，建立人民政权”的工作原则。1962 年，西藏自治区颁布了《西藏自治区金银管理和禁止外币》。确定彻底废除藏币，确立人民币本位币地位，建立了人民币流通体系，促进了货币流通的规范化，加强了金融监管。

通过实施统一的货币和优惠的货币政策，西藏的商业贷款显著增加，贷款余额在 1959 年底达到 1627 万元，1965 年增长逾三倍。政策的调整不仅满足了西藏商品流通的金融需求，同时也极大地促进了西藏当地的经济发展。

（三）西藏自治区成立后金融稳步发展的阶段（1965—1978 年）

西藏自治区自 1965 年成立以来，经历了社会主义改造，也经历了 1966 年的“文化大革命”。虽然遇到了一些问题，但是在中央政府的支持下，西藏金融业并没有停滞不前，也没有受到很大的阻碍，而是处于稳步发展的阶段。

1. 金融机构

1966 年底，中国人民银行西藏分行由中国人民解放军军事指挥小组军事控制。1970 年，中国人民银行西藏分行与西藏财政厅合并，组成西藏革命委员会财政金融局（以下简称财金局），财政与金融合二为一，中国人民银行西藏分行成为财务部出纳，弱化了银行的职能。1972 年，西藏财金局成立了基础设施调配组。1974 年，基建拨款组改组为基建财务处。

2. 金融政策

（1）扩大信贷。1965 年，西藏实行社会主义农牧业改革后，西藏政府一方面继续发展生产互助组，另一方面试点基层生产合作社。中国人民银行西藏分行出台了低息贷款、现金收支和管理等政策积极支持民族手工业的发展。

（2）开放现金管理。在社会主义转型阶段，西藏的金融业财务状况基本稳定，但也遭受到了巨大损失，所以银行逐步开放现金管理。1965 年，都是现金支付地方干部和军人每月的工资，可以在市场上自由购买和邮局汇兑。现金的使用范围和用途被扩大，这一举措也完善了西藏银行和信用合作社的现金收支管理制度。

3. 金融体制

从西藏自治区成立到 1978 年十一届三中全会，实行了“统存统贷”的信贷资金管理体制，贷款大于存款或存款大于贷款之间的差额被承包，前者是无法突破的，而后者则必须完成一套适应当时西藏计划经济管理体制、符合西藏社会生产力发展要求的信用管理体系。

4. 金融绩效

1977 年，全国银行和信用社的年存款余额达到 6.9031 亿元，比 1966 年 3.1801 亿元多了一倍。1977 年的贷款金额为 1.8364 亿元，比 1968 年底贷款金额 1.1181 亿元有了较大的提升。其中，金融机构的存款结构包括企业存款、财政存款、城市储蓄存款和农牧区居民存款。他们的存款大幅增加，贷款也有一定程度的增加。

（四）改革开放后西藏金融业的快速发展阶段（1978 至 2011 年）

十一届三中全会以来，西藏现代金融进入了快速发展阶段。中央召开了五次西藏工作座谈会，实施了一系列特殊的货币信贷优惠政策。西藏金融业以中国人民银行为中心，以中国农业银行、中国银行、中国建设银行为主体，迅速发展，特别是以信托投资公司、证券公司、保险公司等作为金融系统的补充。

1. 金融机构

1978 年，中国人民银行西藏分行与西藏财政部门分设。同年，中国建设银行西藏分行正式成立，成为西藏最早的国有商业银行之一。1985 年，中国银行西藏分行从中国人民银行西藏分行独立出来，开办了各项商业银行业务。1987 年，中国人民保险公司西藏分公司成立，成为西藏第一家非银行金融机构。1993 年，西藏证券交易中心在拉萨成立，成为西藏第一个具有现代金融服务的金融市场。2003 年，中国银行业监督管理委员会西藏分行成立。2008 年，中国邮政储蓄银行西藏分行和中国工商银行西藏分行成立。

2. 金融政策

（1）优惠贷款利率政策。1980 年第一次西藏工作座谈会后，通过“优低免”货币政策。1984 年第二次西藏工作座谈会后，低息无息贷款扩大范围，实施贷款规模指导性规划。1994 年第三次西藏工作座谈会后，继续实行比全国平均水平低两个百分点的优惠贷款利率政策。2001 年第四次西藏工作座谈会后，确定特殊的财政优惠政策和“小额信贷”政策。2010 年，第五次西藏工作座谈会后提出保持西藏金融机构现行优惠贷款利率和利率补贴政策，继续实施外汇管理优惠政策；鼓励加大信贷投入，提高担保机构能力，积极支持企业上市、融资等政策，拓展金融业业务。

（2）逐步拓宽城乡储蓄存款渠道。随着存款渠道的增加，西藏各地的贷款金额也显著增加。同时，也加大了对重点产业项目的支持力度，但由于西藏经济基础较弱，西藏同时还实行多项优惠扶持政策，例如贷款规模不受限制以及贷款条件适度放宽，简化贷款手续等方式。

（3）结算业务改革。为加快资金周转，西藏分行在汇兑支票、异地托收承付等结算方式的基础上，增加了委托收据、商业汇票、区内汇票等结算方式。在国际结算业务方面，从单一的委托承付拓展到长期票据贴现、预付购货单等多种结算服务，并大幅提高结算效率。

（4）农牧业保险试点。2006 年，金融机构向农牧民提供了农业保险，同年 11 月，在日喀则首次开展农业保险试点，主要是种植和农业住房保险。2008 年，农业保险覆盖达到了西藏的 30 个县，覆盖 16 万多户。不得不说，这一金融政策的实施，对提高西藏居民的保险意识以及保险业的发展都起到了非常重要的作用。

3. 金融制度

1979 年，西藏实行外汇保留制度，享受中央政府免予外汇的优惠待遇。1984 年，低差利率政策的实施范围进一步扩大。1989 年以来，鼓励企业和个人进入外汇互换市场。同时，加强外汇管理体制建设，维护西藏金融业外汇市场的有序运行。1994 年，中国人民银行总行印发了《关于提高西藏自治区货币信贷及相关财务问题的通知》和《关于中国农业银行西藏分行利差补贴的通知》，进一步细化了西藏的财政优惠政策。2010 年，西藏在全国率先实现新型农村社会养老保险全覆盖，221 万农牧民受益。

4. 金融体制改革

改革开放以来，西藏信贷管理体制经历了平衡担保、实物贷款和存款管理三个阶段。第一阶段，1978 年至 1984 年，西藏信贷管理制度严格按照计划和合同进行，充分发挥利率的经济杠杆作用，实行利差利率转换，实行农村信用存贷衔接和差额管理，大力支持生产流通，发展商品经济。第二阶段，1984 年至 1994 年，信贷资金实行“实存实贷”的管理制度，并将强制性信贷计划调整为指导性信贷计划。中国人民银行西藏分行开始实现“总量控制、比例管理、分类指导和市场融资”的金融体制，运用间接调控手段，对金融机构的总资产和信贷规模进行调控。第三阶段，截至 2010 年 12 月底，西藏共有金融机构及其分支机构 683 家，金融从业人才 8320 人。西藏金融机构业务覆盖全区城乡，基本形成了与国家框架相一致、与国家体系相联系的金融体系格局。

5. 金融绩效

截至 2011 年底，西藏银行业金融机构总资产 1552.57 亿元，比上年增长 351.54 亿元；总负债 1535.34 亿元，比上年增长 348.55 亿元。截至 2010 年底，农牧民安居工程贷款余额达 8.2 亿元，其中扶贫贴补资金 3.14 亿元。优惠政策的实施，满足了农牧民的资金需求，减轻了农牧民的财税负担，促进了农业基础设施和生产的发展，对改善农牧民的生活条件发挥了重要作用。

二、西藏金融服务业高质量发展现状及成就

（一）西藏金融服务业发展的环境与资源条件

现代服务业的发展水平是衡量一个地区经济社会发展水平的重要标志。其中，金融业在现代服务业中发挥龙头作用。下面，我们从区位环境、资源环境、政策支持环境以及金融自身行业环境来描述西藏发展现代金融服务业的外部条件。

1. 区位环境

西藏位于祖国西南边陲，青藏高原西南部，北临新疆和青海；东部邻四川、云南；南部和西部印度、缅甸、不丹、锡金、克什米尔等国家和地区相邻，是国家在“一带一路”中连接南亚各国的桥梁和纽带，西藏积极参与中国、印度、缅甸和孟加拉国经济走廊建设，积极推进环喜马拉雅经济合作区域、吉隆跨境经济合作区建设。在“一带一路”的机遇下，西藏将加强与世界各国在交通、能源等基础设施方面的互联互通，通过对外开放政策的深入实施，西藏经济发展将在现有水平上进一步提升，促进西藏金融服务业的需求和发展。

2. 资源环境

青藏高原生态条件独特，矿产资源丰富，清洁能源也丰富。在已探明的矿产资源储量中，11 个矿产资源位于中国前 5 位。丰富的太阳能、风能、水能将成为西藏未来经济发展的巨大潜力。随着国家能源结构的调整，清洁能源的地位开始逐渐发生变化。西藏是国家生态安全的重要屏障和资源战略储备基地，加入国家能源发展战略有利于促进经济社会发展和生态环境的保护，使绿色金融的发展前景更为广阔。

3. 政策支持环境

长期以来，中央政府对西藏实行特别的财税、税收、金融等优惠政策，国家对西藏自治区的特殊情况给予一定的政策支持和资金优惠。

20 世纪 50 年代末，西藏金融贷款进入低息、无息、差息、优惠利率阶段。1997 年以来，中国经历了扩张、稳健、从紧、适度宽松、稳健的货币政策。从政策实施的内容来看，它是一种扩张性的货币政策，即利用财政补贴等手段刺激信贷的需求和供应。在财政专项优惠政策的实施和落实上，以扩大货币供应量和信贷总量为主要特征的西藏特殊优惠货币政策，满足了社会各方和利益相关者的期望，这种货币政策的实施总体上达到了令人满意的效果。

2016年，中国人民银行发布《关于金融支持西藏经济社会发展的意见》，支持西藏企业和金融机构通过多层次股权市场发展壮大；在货币和信贷政策上对西藏给予差异化的政策支持；加强对西藏基础设施和“三农”的金融支持和服务。

4. 行业环境

（1）投资拉动效应明显

国家投资是西藏经济的发展主要方式，主要通过参与国家、自治区一系列的工程建设和国家在西藏的特殊政策。区内的银行发展受到国家财政政策的影响非常明显，特别是银行放贷的积极性与中央给予西藏金融机构特殊优惠的货币政策是分不开的。

（2）电子银行市场潜力巨大

随着西藏近年来经济的快速发展，居民生活水平迅速提高，多样化的需求也在不断提升，特别是居民的消费能力和消费市场存在能力不匹配的问题，网络购物也成为主要的消费特征。根据支付宝国民账户数据，2016年，西藏是第一个移动支付占比超过90%的地区。近年来始终位居前列。

（3）区内银行业竞争激烈

截至2018年底，西藏全区共有银行业金融机构15家(不含西藏信托、西藏融资租赁)。随着银行机构的不断增加，竞争越来越激烈。但由于西藏实体本身经济较薄弱，市场主体发展还存在不充分的情况，且目标行业和客户又相对集中，导致出现金融服务同质化较严重。

（二）西藏金融服务业发展现状及主要成就

党的十八大以来，西藏现代金融已进入高质量发展阶段。随着中央先后召开第六次、第七次西藏工作座谈会，一系列金融领域的货币信贷优惠政策继续实施，进一步增强了西藏金融业发展，势头正猛，金融服务体系更加完善，金融发展更加稳定。

1. 金融发展态势更加良好

截至2019年底，西藏社会融资总额5974.46亿元，同比增长0.39%。其中，间接融资占 91.4%，直接融资占 8.6%，比 2012 年提高 6.8 倍，比全国高出 9.2 个百分点。截至 2019 年底，西藏金融机构本外币存款余额 4979.5 亿元，同比增长 0.91%，增速高于同期 1.4 个百分点。截至 2019 年底，西藏金融机构本外币贷款余额 4695.46 亿元，同比增长 3.07%。贷款增速连续多年居中国首位。截至 2019 年底，西藏银行业金融机构总资产 6747.33 亿元，比 2016 年底增长 28.95%，年均增长 9.14%。2019 年，全区金融增加值为 121.89 亿元，比 2015 年增长 79.12%，占全区 GDP 的比重为 7.18%，比 2015 年提高 0.55 个百分点。

“十三五”以来，西藏金融机构本外币贷款余额由 2015 年底的 2124.49 亿元增加到 2020 年 6 月底的 4875.44 亿元。增长了 1.29 倍，年均增长 20.27%。大量的信贷投入，助推了西藏经济较快发展，西藏 GDP 从 2015 年的 1026.39 亿元增长到 2019 年的 1697.82 亿元，名义增速年均达到 13.47%。2020 年上半年，西藏生产总值达到 838.38 亿元，同比增长 5.1%，为西藏持续稳定、长期发展和长治久安提供了物质基础。

2. 金融服务体系更加完善

西藏自治区逐步形成了包含银行、证券、保险、融资租赁、小额贷款公司、融资担保机构和非银行支付机构等多元化、多功能的金融体系。截至 2019 年底，全区共有银行业金融机构 17 家，其中法人机构 5 家。区外一级分行 12 家，其中国家开发银行和政策性银行两家，国有商业银行 5 家，股份制商业银行 5 家。目前，区域内各级分行总数为 722 家，比 2015 年底增加了 55 家。金融机构数量和行业规模不断增加，金融业运行更加稳定，为西藏经济发展提供了强有力的金融支持。

（1）银行

截至 2019 年 12 月，西藏共有银行业金融机构分支机构 723 家，有从业人员 10065 人。西藏银行业金融机构总资产达 6748.17 亿元。加快推进银行业金融供给侧结构性改革。普惠金融重点领域和小微企业、大众创业万众创新、农业等经济发展薄弱环节供给持续增加，金融服务通过增加、扩大覆盖面、降低成本和控制风险，实现了平衡发展。

截至 2019 年 12 月底，全区金融机构本外币贷款余额 4695.46 亿元。其中，小微企业贷款余额为 1001.060 亿元，使民营小微企业合理融资需求得到了满足。创业创新即“双创”贷款 32.38 亿元，较年初增长 14.17%。切实加强“三农”领域的金融服务。农业农村贷款余额 1405.15 亿元，连续多年居全国首位。其中，农村家庭贷款余额 288.37 亿元。制造业贷款 240.95 亿元。截至 12 月底，普惠金融贷款余额 354.82 亿元，同比增长 40.33%。2019 年，小微企业贷款余额 50.15 亿元。个人消费贷款余额同比增长 20.87%。全区农牧区行政村基础金融服务覆盖面达到 100%。金融支持乡村振兴力度加大，金融精准扶贫、服务便民。

深化金融供给侧结构性改革，不断优化金融资源配置，促进产业结构优化升级。“十三五”以来，西藏银行业对中小微企业、农业、扶贫等重点领域的信贷投入不断加大。2020 年 6 月底，农业农村贷款余额为 1452.1 亿元，比 2015 年底增长 2.52 倍，年均增长 32.23%。小微企业贷款余额 1025.44 亿元，比 2015 年末增长 2.17 倍，年均增长 29.26%；精准扶贫贷款 1293.89 亿元，比 2015 年末增长 3.49 倍，年均增长 39.63%。

银行业大力支持西藏的产业发展、清洁能源、天然饮用水和矿产资源开发等重点项目。到目前为止，西藏的基础设施建设贷款占全部贷款的近 50%。6 月底，绿色贷款余额 688.93 亿元，比 2015 年末增长 1.8 倍，年均增长 25.66%。

信贷结构的优化对全区产业结构优化产生了积极作用，第一产业比重继续下降，第二产业比重逐渐上升，第三产业比重稍微下降。2016 年，西藏三种产业结构的比重为 9.13：37.38：53.49，2019 年三种产业结构的比重调整为 8.14:37.44:54.12。

（2）证券

截至 2019 年底，西藏共有上市公司 19 家，总股本 140 亿股，流通股 95 亿股，总市值 1690.22 亿元。2019 年，区内证券期货行业金融机构 30 家。其中证券法人机构两家，有 28 家证券期货分公司，三家公共基金管理公司和一家独立的基金销售机构。共有 223 家私募股权基金管理机构在中国证券投资基金业协会注册备案。其中私募股权投资机构 64 家，私募股权投资机构 156 家，其他机构三家。全区机构管理基金 1221 只，基金净值 2643.13 亿元。全年法人机构营业收入 35.62 亿元，同比增长 33.55%，净利润 18.46 亿元，同比增长 95.81%。

2019 年，全区公共基金管理机构管理资产 670.93 亿元。其中，管理公共基金产品 28 种，总额 424.66 亿元；管理专户产品 21 个，管理份额 246.27 亿元。区内 26 家证券分支机构共有合格基金账户 525.29 万个，证券代理交易额 254.58 亿元，同比增长 263.84%。证券交易总额 99258.00 亿元，同比增长 173.81%。上市公司经营稳定。2019 年，西藏证券行业机构继续健康发展，金融服务实体经济水平不断提高，支撑着区域内企业的发展壮大。截至 2019 年底，全区上市公司 20 家，其中 A 股上市公司 19 家，比 2008 年增加两家，H 股上市公司一家。其中，19 家 A 股上市公司总市值为 1690.22 亿元，同比增长 49.62%。西藏上市公司股票市场融资 32.72 亿元，同比增长 0.21%。其中，首次筹资 15.45 亿元，再次筹资 17.27 亿元。

（3）保险业

保险机构组织体系逐步得到完善。截至 2019 年底，全区已有当地法人保险公司一家，省级分公司 11 家。其中，财产保险公司 8 家，人寿保险公司三家。

保险业务持续稳定发展。2019 年底，西藏保险市场实现原保险保费收入 36.65 亿元，同比增长 9.58%，比上年同期下降 9.83 个百分点，比全国平均水平下降 2.59 个百分点。其中，法人保险机构实现原保费收入 5.23 亿元。全区保险机构理赔总额 22.58 亿元，同比增长 25.46%，高于全国平均水平 19.66 个百分点。

农业保险全面覆盖。2019 年，西藏农业保险保费收入 7.15 亿元，同比增长 27.68%；总赔偿额 5.57 亿元，同比增长 16.04%，实现地区全覆盖、险种全覆盖和责任全覆盖。

保险业继续深入发展。2019 年底，全区域保险市场保险密度 1065.67 元 / 人，同比增长 81.87 元 / 人，增长 8.3%；保险深度为 2.16%，比去年同期下降 0.21 个百分点，保险市场正在走向成熟。

3. 金融服务环境更加优化

（1）社会信用体系建设全面推进

不断加强社会信用体系建设，为金融生态环境优化营造了良好诚信氛围。征信业务覆盖面不断扩大，征信渠道不断拓宽，服务水平逐步提高。除实时采集银行信息外，还采集了非银行信息，例如住房公积金缴存、企业环境违法、拖欠工资、全区“重合同”守信用企业等，丰富和完善了我区的征信系统。截至 2019 年底，个人征信系统纳入自然人 1503.39 万人，同比增长 3.97%；全年征信企业 11761 家，同比增长 44.89%。2019 年，全辖 7 个市 (地)、61 个县共安装个人征信自助查询机 124 台，覆盖率达 92%。

截至 2019 年底，全区共有 55970 家企业基本信息进入中小企业信用信息系统。其中，应收账款融资服务平台中有 415 人注册，275 人开通用户，共开展应收账款融资业务 122 项，金额 267.47 亿元。完成中小微企业融资 95 笔，融资规模 185.32 亿元。中小企业信用档案数据库逐步完善，农牧区信用体系建设试点稳步推进。农牧区以农牧民贷款凭证为载体，以小额信贷文件为基础，依托“信用乡镇”，初步形成了具有西藏特色的农牧区信贷模式。

（2）金融基础设施明显改善，为金融生态环境优化注入了持久活力提供支付服务的能力得到显著提高。加快建设现代化支付体系，推动支付工具本地化、非现金支付方式多样化，实现支付服务产品多样化，满足不同经济主体的支付需求。截至2019年底，全辖累计发行银行卡1036.61万张，其中借记卡1006.83万张，信用卡29.78万张。共布置ATM终端2386台，比去年减少6.5%；布放POS机37100台，比去年增加13%。全区所有ATM机都实现了藏、汉、英三种操作选择界面，并成功推出藏、汉双语操作界面方便农民使用POS机。在原有小额现金提取、转账、查询的基础上，增加了公众缴费、小额贷款等金融功能。

截至2019年底，全区共设立5821个助农取款服务点，成交42.77万笔，同比增长72.32%，金额为5.42亿元，是去年的1.46倍。增设金融综合服务站12个，打造“3+2”或“4+1”“背包银行”的商业模式，加强上门金融服务，填补那曲县210个行政村金融服务的空白。

把场景建设作为切入点，尝试建立“菜篮子”等便捷支付场景，从而减少现金使用、降低交易成本、培育社会信用、促进金融创新、便利生产生活等。

（3）推动实施西藏普惠金融发展规划

鼓励西藏自治区政府批准并下发《西藏自治区普惠金融发展规划（2016–2020年）》并在全区实施（藏政办发〔2017〕154号）。应该建立普惠金融服务和保障体系，并且与西藏的经济社会相适应，有效地提高金融服务的覆盖率、可用性和用户满意度，使普惠金融服务在西藏可以达到国家的中游水平。

（4）金融法制建设稳步推进

紧密结合金融发展的实际，积极推动区域金融立法项目申报工作。“双随机”工作顺利启动。以“双随机”方式开展反洗钱和国库业务专项检查，取得良好效果。组织辖内机构与全国同步上线运行行政审批事项网上办理平台。建立法律顾问机制。

（5）加快金融园区建设

探索建设金融特色服务示范区，推进鲁朗、曲孜卡、吉隆、亚东等金融服务特色小镇建设。

2017年底，全面启动拉萨顿珠金融产业园的建设项目。该产业园位于北邻拉萨河，东靠拉萨南山公园，距布达拉宫仅1.5公里，规划总面积1000亩，规划建筑总面积200多万平方米。经过两年的建设，总体进度已达到85%。按照计划，现在已经竣工完成。具有“辐射南亚的现代金融服务基地，服务西藏地区的现代高端商务休闲示范区”的功能定位。

（6）金融消费权益保护不断升级

继续深化金融消费教育和金融知识普及，宣传活动覆盖300多家银行网点，并充分利用村点、金融综合服务站等宣传渠道。

4. 金融服务民生更加深入

（1）金融机构网络布局不断完善

推动银行、证券、保险机构向地（市）、县域、农牧区延伸，提高金融服务覆盖面。西藏是中国通往南亚的主要门户，边境线长达4000多公里，约占中国陆地边境线长度的六分之一，总面积37万平方公里。由于受特殊的历史、自然、地理和复杂的周边环境等多种因素影响，使得西藏边境地区经济发展和基础设施建设相对滞后，民生改善任务繁重。

截至2019年底，金融机构在辖区内112个边境乡（镇）、21个边境县设立了292个分支机构，其中，银行机构108个（4800米以上“生活禁区”有17个，离边境10公里以内有11个），保险机构184个（营销服务机构两个，县级“三农”服务站19个，乡镇“三农”服务站163个），覆盖全区面积的28%，服务人口约占西藏总人口的14%。为弥补边境金融服务的盲点，到边境村进行金融服务，移动车辆到边境村，在边境村的小超市、农家乐、家庭旅馆、村委会等放转账电话（智付通）、POS机等电子设备，方便农牧民办理查询、转账、取款等金融业务，被称为金融服务的“最后一公里”。

（2）金融服务民生改善效果明显

在藏银行机构履行社会责任，切实在金融服务上贴近民生，强化对就业和再就业、住房、助学、消费、弱势群体等民生领域的信贷支持。

在银行方面，向边境富裕村建设项目发放贷款64亿元，实施西藏贴息优惠，重点支持基础设施和公共服务建设，支持住房和公路建设等项目。截至2019年底，辖区金融机构累计向边境地区发放住房贷款1亿多元，帮助约1.2万户、近6万边民改善了生活条件。

保险方面：承保墨脱县娘姆错地区扎布拉1号线、墨脱县格当至崩崩拉至琼久等9个边境公路工程保险项目，共提供55.14亿元的风险保障，支付赔偿额299.4亿元。建立城镇职工、城镇居民、农牧民大病补充医疗保险制度，同时建立了登记在籍藏族和援藏干部人身意外伤害保险制度，西藏成为全国第一个人人享有商业保险的省份。

金融优惠政策的实施，直接惠及了自治区337万常住人口，对提高城乡居民生活水平、增加居民收入发挥了重要作用。据初步估算，2015年至2019年间，因实施了特殊优惠贷款利率政策，向实体经济让利200多亿元，对降低实体经济融资成本发挥了关键作用。同时，政府还实施了面向低收入群体的扶贫贴息贷款政策，贷款利率为1.08%，直接惠及贫困人口，有效促进了低收入群体的生产发展和生活改善。金融精准扶贫在8个领域全面实施，金融信贷覆盖率居全国前列，覆盖了70%的建档立卡贫困户，比全国平均水平高出30个百分点。城镇居民可支配收入由2016年的27802元增加到2019年的37410元，增长了34.56%；农村居民可支配收入由2016年的9094元增加到2019年的12951元，增长了43.41%。

5. 金融服务实体日益明显

（1）金融持续支持小微企业发展

西藏自治区金融机构坚持多措并举，采取综合政策，多维度提升小微企业金融服务覆盖面和可得性，着力提高小微企业金融服务能力和水平。

一是运用丰富的货币政策工具，推进应收账款融资，改善营商环境，搭建银行与企业对接平台。二是组织实施“百行进百企，百行长助百企”计划，深入了解企业经营状况、融资需求，为企业量身定制差异化融资方案。三是组织开展优化金融信贷经营环境专项行动，督促辖区内银行机构按照“精简办贷资料、优化信贷流程、明确办理时限、推行阳光办贷”的要求，积极创造优质、高效的信贷服务，使信贷获取更加便捷、高效。在贷款信息完整、企业积极配合的情况下，贷款处理时间平均缩短 15 天左右。四是加强财政和金融对小微企业的支持，引导银行和融资担保机构加大对小微企业、“三农”和企业家的信贷支持。研究设立中小企业发展专项资金，按照每年 3 亿元、5 年 15 亿元的方针统筹安排。促进中小企业公共服务体系和融资服务体系建设，推动中小企业转型升级、提质增效、绿色发展。

小微企业贷款呈现“量增、面扩、价稳”的趋势。数据显示，截至 2019 年 7 月，我区小微企业贷款余额 1043.35 亿元，同比增长 22.92%，高于全部贷款同比增速 16.69 个百分点；未偿还贷款的家庭达 2769 户，比年初增加了 600 多户；金融机构新增 1000 万元以下小微企业贷款加权平均利率约为 2.63%，与年初基本持平。

（2）金融支持创业创新工作取得积极进展

认真贯彻党中央、国务院对西藏工作的部署，加大银行业等金融机构对西藏实体经济的支持力度，建立和完善“双创”政策的金融支持体系和工作机制，为实施创新驱动发展战略，促进创业创造更多就业机会，维护西藏稳定发展做出了积极贡献。

为促进创业就业，营造大众创业、万众创新的良好氛围，西藏制定并发布了《关于进一步做好创业促就业金融服务的指导意见》，进一步细化了扶持对象、具体程序及相关配额等的规定。为开展创业担保贷款、激发万众创业热情、促进充分就业提供了政策支撑。

具体完善了创业担保贷款、致富带头人贷款、政府平台合作小额贷款。

申请个人创业担保贷款的，必须具有西藏自治区户口，借款人合伙经营或者共同组织经营的，贷款总额不得超过200万元。

西藏创业担保贷款利率按西藏地区银行业同时期、同档次一般利率执行，高校毕业生申请的创业担保贷款，执行西藏贴息扶贫贷款利率（1.08%）。对那些致富带头人来说，利率是1.08%，对符合西藏扶贫贴息贷款条件的小额合作贷款，利率为1.08%。

以金融联席会、银企对接会、入校园、进基地等多种宣传形式，引导金融机构认真落实创业担保贷款有关的政策措施。灵活多样地创新信贷模式，为创业人员提供有力的信贷支持。西藏电视台、西藏人民广播电台、新华社等19家媒体大力宣传了“双创”系列活动，共登报26次，为金融推动创业促就业工作营造了良好的氛围。

（3）金融精准扶贫成效显著

2019年12月23日，西藏自治区扶贫办宣布，西藏19个贫困县（区）摘帽，实现15万建档立卡贫困人口脱贫。在这一点上，西藏628000名贫困人口摆脱了贫困，74个县（区）全部摘帽。自脱贫攻坚战打响以来，西藏银行金融部门紧盯60多万生活贫困的人，74个深度贫困县实现脱贫摘帽的目标，完善金融服务，建立金融精准扶贫“八个全覆盖”工作机制，全面建档立卡户、扶贫产业和重点项目的金融服务需求得到充分满足。金融精准扶贫已成为西藏“六位一体”大扶贫格局中政策支持最强、资金投入最大、覆盖范围最广的重要方面，金融为西藏脱贫攻坚作出了重要贡献。到2019年12月底，全区金融精准扶贫贷款余额1288.83亿元，自2016年以来平均年增长率为22.8%，明显高于所有贷款的平均增长率（15.6%左右），在该地区占全部贷款的27.9%。

一是精准扶贫信贷资金投入。截至2019年12月底，西藏累计扶贫贷款1288.83亿元，比2016年同期增长3.47倍，占贷款总额的25.89%，占2019年西藏国内生产总值的80%，是全国最大的金融信贷投入地区。

二是面向贫困的家庭贷款非常普遍。截至2019年底，全区建档立卡贫困户到户贷款余额80.41亿元，同比增长63.34%。贷款户达到19.12万户，覆盖了76.05%的建档立卡贫困户，高于国家标准30个百分点以上，实现了除五保户、低保户外的建档立卡贫困户全覆盖。2015年以来，全区累计发放小额扶贫贷款75.38亿元，余额32.72亿元。

三是大力支持易地扶贫搬迁。2016年4月，“十三五”期间易地扶贫搬迁贷款152.38亿元，占易地扶贫搬迁总投资的90%，实现了资金一次性到位。截至2019年12月底，全区易地扶贫搬迁贷款余额74.5亿元，惠及贫困人口26.6万人，占贫困人口的45%。

四是金融服务产品有创新。中国农业银行推出精准扶贫贷款证，邮政储蓄银行建立了“扶贫富农贷”；中国工商银行开展“藏宿贷”；西藏银行创新“西藏汇带”；浦发银行成功承销了西藏首笔“扶贫债”，并牵头承销西藏首笔产业扶贫中期票据，规模10亿元，期限3年。金融机构结合西藏精准扶贫的实际，在产品和服务上进行了前所未有的创新，为扶贫提供了强有力的金融支持。

五是普惠金融在贫困地区的推广。普惠金融惠及西藏230万农牧民。截至2019年12月底，全区有县级银行业金融机构80余家，县级服务网点250余家，实现县级服务网点全覆盖；乡镇网点420个，乡镇网覆盖率达到74%。建立助农取款服务中心5821个，覆盖684个乡镇和4991个行政村，覆盖率分别达到100%和88%。集银行网点、综合金融服务站、农牧民征信、中小微企业征信、金融消费者权益保护、农牧区保险服务为一体的普惠金融体系正逐步在西藏全域构建完成。西藏普惠金融不断深入发展，有力地推动全区项目建设、经济发展和群众的生产生活。全区普惠金融领域贷款余额由2015年末的167.84亿元增长到2019年末的355.56亿元，年均增长20.65%。截至2020年6月底，全区普惠金融贷款余额415.7亿元，占贷款总额的8.53%。其中，1000万元以下小微企业贷款余额65.68亿元，同比增长 55.03%。目前，西藏所有行政村都实现了基本金融服务，230 多万农牧民从中受益。

六是金融对扶贫的贡献意义深远。把实现金融服务“八个全覆盖”作为西藏金融扶贫奋斗目标，深层渗透血脉细梢，镌刻思想，引领金融助推脱贫攻坚的方方面面，从建档立卡贫困户到扶贫项目，从金融宣传到政策的实施，在西藏脱贫攻坚战中确保金融服务没有真空，没有死角。

实践证明，在西藏的扶贫工作中，金融已成为西藏自治区专项扶贫、行业扶贫、社会扶贫、金融扶贫、援藏扶贫、法治扶贫协同推进的大扶贫格局中政策支持最大、资金投入最多的一方，全面推动了西藏脱贫攻坚事业。

6. 金融发展更加稳定

党的十八大以来，金融机构建立了金融管理信息交流共享机制，并且建立了风险防控咨询制度，抗风险能力不断增强。到 2019 年底，西藏银行业机构不良贷款余额 111.28 亿元，资产质量在全国名列前列，没有发生一起金融风险事件，牢牢守住了防范区域性、系统性金融风险的底线。

一是不断健全金融风险监测预警处置机制。增强对全区经济金融发展的研判能力，防范区域性金融风险。深入落实存款保险制度，增强金融系统稳健性。密切关注金融机构杠杆率情况，实时监控金融市场和互联网金融风险，严厉打击非法集资行为，加强对影子银行的预防性监管，有效遏制金融案件的发生。加强反洗钱监管，探索对小额贷款公司、融资担保公司、典当行等具体非金融机构的反洗钱监管模式，增强反洗钱监测分析在反恐、反腐败等领域的重要作用。

二是继续深入推进“两管理、两综合”工作，统筹协调，形成金融监管强大合力。促进金融监管部门与地方金融机构、财政部、发展和改革部门的深入合作，进一步提高金融监管效率。健全金融同业自律机制，提升规范经营意识，共同维护西藏金融市场秩序的稳定。完善《金融机构突发事件应急预案》，开展应急演练，为防范化解区域性金融风险奠定了坚实基础。

三是进一步提升金融监管有效性。不断完善监管配套制度和措施，加强监管职能和手段，创造性开展差异化监管工作。强化内控合规监管，加强市场行为监控，防范经营风险，加大现场及非现场视察的力度。加强监管体系的实施，促进金融机构自身合规与外部监管的有效互动。加强地方政府性债务管理，严格规范地方政府性债务内容。

7. 金融改革开放取得实质进展

一是在优惠利率政策背景下，积极推进利率市场化改革。执行优惠利率政策，降低了社会各界融资成本。完善利率形成和传导机制，成立利率定价自律机制委员会，加强对全区利率定价的管理和引导。存款保险制度在西藏顺利实施，组织保险机构按时足额缴费，完成西藏银行、林芝民生村镇银行存款保险评级工作。

二是主动作为，加快推进西藏对外金融开放合作步伐。截至 2019 年 12 月底，西藏跨境人民币业务累计结算金额达 370.7 亿元。涉及区内 196 家企业，业务往来已扩展到意大利、德国、美国等 26 个国家和地区。在连续三年成功访问尼泊尔央行的基础上，于 2019 年 12 月 9 日至 13 日再次访问尼泊尔央行，就两国商业银行相互设立分行、尼泊尔境内商业银行开立人民币结算账户以及跨境反假币合作等事宜进行深入探讨。

三是积极支持辖区内企业和金融机构通过银行间债券市场融资。目前，西藏企业已发行债务融资工具 6 只，总额 133 亿元，其中民营企业债务融资工具两只，总额 100 亿元，债券品种涵盖超短期融资、短期融资、中期票据、资产支持票据等产品。

四是扎实推进各类跨境融资、资本结汇意愿、境外放款、外商投资企业年检等外汇管理政策改革。实行高水平的贸易和投资便利化政策，守住不发生系统性金融风险的底线，为深化我区外汇管理改革创造良好的外汇市场环境。随着各项改革政策效应的不断显现，辖区直接投资项下的外商直接来华投资（FDI）活跃。截至2017年11月底，外商直接投资（FDI）项下净流入0.14亿美元，较2012年增长47.5%。对外直接投资（ODI）项下净流出2.04亿美元，较2012年增长73倍。

党的十八大以来，西藏金融体系和管理模式持续完善，规模不断扩大，金融服务业质量和水平迅速提高，为支持西藏生产、生活以及民生贡献巨大，不断促进西藏经济的快速发展。在中央政府的正确领导下，西藏金融业经历了从无到有、不断发展的过程，金融体系的管理模式、经营规模和服务质量不断扩大和完善。特别是改革开放以来，西藏金融业发展迅速，进入现代金融业行列，为当地人民生活水平的提高和经济的发展发挥了巨大作用。

三、西藏金融服务业发展的历史经验

（一）坚持党的领导是民族金融工作成功的根本保证

“坚持中国共产党的领导，是中国革命、建设、改革取得成功的根本保证。中华人民共和国成立70年来，西藏在中国共产党的领导下，在短短几十年的时间里取得了举世瞩目的成就。实践证明，中国共产党的领导是民族工作取得成功、各民族大团结的根本保证。”[①]

“中国共产党是领导社会主义建设和中华民族团结统一的核心力量。只有中国共产党才能实现中华民族大团结，只有中国特色社会主义才能凝聚、发展和繁荣各民族。中国共产党历来高度重视民族团结，在每一个革命、建设和改革的历史时期，从中国的国情出发，根据不同的历史阶段不断总结历史经验，创造性地把马克思主义民族理论同中国民族问题相结合，

① 坚持党的领导 坚定不移走中国特色社会主义道路《西藏日报》，2019.10.21.

走出了一条具有中国特色的解决民族问题的正确道路，开创了各民族平等、团结、互助、和谐的新时代，民族面貌发生了历史性变化”[①]。

（二）党和政府给予的特殊政策是促进西藏金融服务业发展的关键

党中央、国务院根据国家和自治区不同时期的中心任务，对西藏实施了特殊金融政策，不断促进金融服务业的发展：

1. 在 1978 年以前，由中国人民银行西藏分行对自治区工商企业给予无息或者低息的贷款政策

这个政策在1959年的民主改革后，开展无息贷款和低息扶贫贷款业务。从 1963 年开始，逐渐向农民、牧民、手工业、工商业等民生及中小经济实体提供低息贷款。

2.1978–1995 年，中国人民银行西藏分行实行了贷款利率优惠政策

在 1980 年第一次西藏工作座谈会后，经中国人民银行总行批准，西藏自治区进一步实施“优、低、免”的优惠贷款政策。1984 年的第二次西藏工作座谈会进一步放宽了银行的贷款优惠政策，业务范围由工商业、手工业、农牧民等领域逐步扩大，稳步推进无息、低息贷款的政策实施范围。按照人民银行总行的指导性规划，西藏自治区的贷款总规模不实行限额管理，贷款的领域优先支持两基（基础产业和基础设施）建设以及一重（重点支持重点国有企业）。

3. 西藏自治区在“九五”期间利率返还优惠

从 1994 年第三次西藏工作座谈会后，西藏自治区在财政、外贸、税收、教育、金融等方面获得了一系列中央给予的特殊优惠政策。贷款利率优惠政策包括“自治区范围内的独资商业银行分行提供优惠的贷款利率，比全国平均利率低 2–3 个百分点”。利差返还政策包括“中国人民银行总行根据全国统一贷款利率与西藏优惠贷款利率的差额，对中国农业银行西藏分

① 建党百年民族理论政策的光辉成就及伟大意义，中国教育新闻网，2021.06.01.

行给予补贴，并增加 4 个百分点的特殊利差补贴”。

4. 西藏自治区“十五”期间的特色优惠贷款利率政策

2001 年的第四次西藏工作座谈会决定在“十五”期间中央继续对西藏实施特殊的金融优惠政策，贷款利率优惠方面“自 2001 年 1 月 1 日起，西藏各类主体对国有商业银行分行贷款实行低于全国平均水平两个百分点的贷款利率政策。中国人民银行对西藏自治区商业银行按当年全部贷款平均余额两个百分点给予利差补贴。”2002 年开始执行《西藏自治区银行贷款有差别加罚息管理暂行办法》，此办法由中国人民银行拉萨中心支行制定并报人民银行成都分行审批实施。

5. 中国人民银行 2007 年规定

西藏自治区在“十一五”期间将继续享受以贷款利率优惠特殊金融政策。“西藏自治区金融机构分支机构对各类贷款实行低于国家基准利率两个百分点的优惠贷款利率政策；继续实施货币信贷指导计划管理；加大扶贫力度，加大对游牧民落户、地方病病区群众搬迁贴息贷款扶持力度；继续执行现行的再贷款政策；适度加强现金管理政策；继续实施差别化加息政策；试行有管理的贷款浮动利率政策”。

6. 从 2016 年起，自治区各金融机构着重落实了中央给予的金融专项优惠政策，不断完善自治区特殊的利率政策

西藏银行业金融机构对用于西藏经济社会发展的人民币贷款，实行比贷款基准利率低 2% 的优惠贷款利率政策，扶贫贴息贷款利率机制比国家利率低 2%。对各家金融机构采取了差异化监管支持政策，在重点项目发放项目前贷款，在可发放临时周转性贷款、项目贷款资金的比例划拨、企业续贷等方面给予自治区极大的自主权。自治区还积极支持西藏银行等机构逐步在区外地区设立分行，鼓励和支持有条件的外资银行在自治区设立分行。自治区积极落实西藏有条件的企业在资本市场融资，不断加强资本市场服务，按照“即报即审、即审即发”、新三板上市“即报即审、即审

即挂”上市政策，为拟上市的新三板企业进行首次上市提供绿色通道。

特别的优惠金融政策促进了西藏自治区经济和社会生活快速、高质量发展，不断推进了西藏自治区全面建成小康社会进程，造福西藏各族人民。[①]

（三）密切结合西藏民族地区实际情况制定合适的货币政策

中央始终高度重视西藏自治区的各项工作，保障西藏各族人民享受幸福生活的根本利益。一直以来，时刻关注西藏自治区经济、社会发展，根据自治区发展的具体实际，审时度势，及时制定适合西藏的方针政策，将政策不断推向深入。在 2019 年 2 月，中共中央政治局进行了集体学习，集体学习的主题是“完善金融服务、防范金融风险”，中共中央总书记习近平主持学习，他在集体学习时强调“要深化金融供给侧结构性改革”。进行深化金融供给侧结构性改革、不断将供给侧结构性改革正向金融领域推向深入，是在我国经济进入新常态背景下，接下来一段时期内，对做好西藏的金融工作具有十分重要的指导意义。党的十八大以来，西藏金融系统坚持以习近平新时代中国特色社会主义思想为指导，贯彻落实好中央赋予西藏的特殊优惠金融政策，西藏金融业规模不断扩大，金融市场供给主体逐步丰富，金融业呈现快速发展态势，对西藏经济发展和社会长治久安做出了突出的贡献。

（四）自治区党委、政府为实施西藏现代金融发展提供保障

西藏自治区各级党委、政府十分重视发展金融服务业、拿出具体措施大力扶持西藏金融业发展，西藏自治区各种金融服务政策由自治区各级金融部门及其他部门相互合作、共同制定、实施。西藏自治区的各类金融服务机构与各级政府部门形成高度协调合作关系，政府对金融机构的支持主要体现在配合金融政策的制定和金融生态的建设，为特殊优惠的金融服务

① 西藏现代金融的发展历程与经验总结——民主改革以来西藏金融演进的历史考察，张志恒《西藏民族学院学报(哲学社会科学版)》，2009-07-15.

政策提供落地保障，由各类金融服务机构实施好。

（五）重视防范和化解金融风险，切实加强金融监管

防范和化解重大风险是金融工作的底线，尤其是在西藏自治区这个特殊民族地区尤为重要。金融工作的风险防范在经济发展中始终存在，我国经济从高速增长向高质量增长转型和结构调整的过程中，也将会出现各类新型金融风险。如何能正确处理高速经济增长、防范风险的关系，对于重点领域风险能够做到准确有效处置，识别、防范和化解金融领域中新型风险，建立风险防范预警和处置机制，对于促进金融业健康发展尤为重要，目前西藏自治区尚未出现系统性、地区性金融危机。

（六）各地的金融援藏工作有力地支持了西藏金融服务发展

国家为西藏自治区制定了特殊的对口援藏政策，国家以及各个支援地区将一批批优秀的金融干部和人才派来西藏，为西藏的金融服务业带来了先进经验及技术，提升了西藏自治区各类金融机构服务水平，新的思想和防范以及人力资源的支持，帮助西藏金融服务业解决了西藏特殊的困难和问题，对西藏现代金融的发展起到了重要的补充作用。

（七）“老西藏”的精神指引，使金融服务业人员扎根高原

一代代西藏金融干部和工作人员，怀着对西藏各族人民的感情，放弃了在内地舒适的生活，将自己的命运与西藏自治区的发展紧密联系，植根高原，将自己的青春和才华挥洒在雪域高原，不断践行“老西藏”精神，在一代代奋斗者的努力下，西藏金融业发生了巨大的变化。

党的十九大报告精神和习近平总书记在全国金融工作会议上的讲话，指导着西藏金融服务业改革发展，是西藏金融服务业的行动指南，是深化西藏金融服务业改革开放的基本遵循。第七次西藏工作座谈会上，党中央进一步研究了新形势下的西藏自治区的金融工作，部署了一系列特殊优惠金融政策，这些政策将为促进西藏经济社会发展、民生改善以及长治久安提供了强大动力。

在以后的工作中，我们必须按照党的十九大报告的总体要求与部署，深刻领会习近平总书记关于“促进经济和金融良性循环健康发展的战略思想”，结合西藏自治区的社会、经济发展的史记，开启西藏新一轮金融改革开放的新征程，不断开创金融体制改革的新局面。

四、西藏现代金融业存在的主要问题

（一）金融发展水平较低，存在制度性缺陷

由于西藏的特殊情况，西藏金融的发展更多的依赖于国家的支持和国有垄断金融体制的安排，这表明西藏金融是典型的外生金融。目前，西藏金融机构仍以国有商业银行分支机构为主，城市信用社、主要农村金融机构、金融公司、信托公司数量为零，目前，还没有一家外资银行。在经营决策方面，西藏各金融机构均由总行决定，分行没有独立的决策权，这种国有金融产权制度结构可能会直接导致金融领域出现许多无效交易和寻租现象，阻碍金融业的健康发展。

（二）金融机构的发展受到地理区位因素的限制

西藏地处中国西部边疆地区，人口密度低，每平方公里只有 2.5 人，地广人稀，决定了金融需求小。此外，交通和通讯等基础设施建设水平不高，使少数民族地区的金融机构需要建立基本网络的运营成本增加，同时也面临着没有足够的金融人才的困境，同时还有风险困境，这将大大增加少数民族地区银行类金融机构的管理难度。虽然国家在贷款利率等方面制定了各种优惠政策，但目前只有中国农业银行西藏分行将下属分支机构延伸到县和部分乡镇，中国人保西藏公司将分支机构延伸到县级地区，而其他保险业务机构大多局限于地区层面。

（三）有限信贷需求不足，资金外流现象较为明显

贷存比是指一个地区的贷款总额与存款总额的比率。西藏金融机构贷

存比偏低，落后于全国平均水平，差距还在继续扩大。西藏经济虽然有了很大的发展，但经济总量较低，企业以中小企业为主，竞争力较弱，发展能力较差。此外，西藏担保体系发展不完善，有效信贷需求不足。西藏地方银行业金融机构没有足够的优质可贷款项目，为了实现自身的价值，规避风险，必须采取向不同地区放贷的措施，避免西藏经济的“失血”。

五、西藏金融服务业发展的历史经验

发展中的西藏金融服务业，始终本着符合国情区情、实事求是的基本精神，走出了一条独特的道路，为民族地区的金融发展积累了宝贵的历史经验。

（一）坚持党的领导，民族金融工作成功的根本保证

坚持党的领导，是中国革命、建设和改革事业取得成功的根本保证。新中国成立 70 年来，西藏在伟大祖国的怀抱里，在中国共产党的英明领导下，取得了短短几十年跨越上千年的伟大成就。实践证明，中国共产党的领导是民族工作成功的根本保证，也是各民族大团结的根本保证。

中国共产党是领导我国社会主义建设事业的核心力量，也是中华民族团结统一的核心力量。习近平总书记在全国民族团结进步表彰大会上强调：“只有中国共产党才能实现中华民族的大团结，只有中国特色社会主义才能凝聚各民族、发展各民族、繁荣各民族。”我们党历来高度重视民族团结，在革命、建设和改革的各个历史时期，始终从我国国情出发，不断总结历史经验，根据不同历史阶段民族工作的形势任务，创造性地把马克思主义民族理论同中国民族问题具体实践相结合，走出了一条中国特色解决民族问题的正确道路，开辟了发展各民族平等团结互助和谐关系的新纪元，使少数民族的面貌、民族地区的面貌、民族关系的面貌、中华民族的面貌都发生了翻天覆地的历史性巨变。

（二）国家赋予一系列特殊优惠金融政策是促进西藏金融发展的关键

党中央、国务院根据西藏自治区不同时期的中心工作任务，赋予了西藏一系列特殊优惠金融政策，对促进西藏金融发展起到了关键性作用。主要包括：

1.1978 年以前的无息、低息政策

1959 年民主改革开始后，人行西藏分行继续发放无息贷款并开发放扶贫低息贷款。1963 年至 1965 年，对工商业、手工业、广大农牧民提供低利率贷款。

2.1978–1995 年，实行贷款优惠利率政策

1980 年，党中央召开了第一次西藏工作座谈会，人行西藏分行根据会议精神，经人行总行批准实行“优、低、免”的政策；1984 年，党中央召开了第二次西藏工作座谈会，进一步放宽政策，扩大了免息和低息贷款的范围；同时对自治区贷款规模实行指导性计划，不实行限额管理；优先支持发展基础产业和基础设施；重点支持国有骨干企业。

3.“九五”期间利差返还政策

1994 年，党中央召开了第三次西藏工作座谈会，赋予西藏财政、外贸、税收、教育、金融等一系列特殊优惠政策。优惠金融政策包括：一是实行优惠贷款利率政策。区内各国有独资商业银行分支行的贷款实行优惠利率，优惠贷款利率比全国平均水平低 2–3 个百分点。二是实行利差返还政策。人民银行总行对农业银行西藏分行按照全国统一贷款利率与西藏优惠贷款利率之差给予补贴，并增加 4 个百分点作为特殊利差补贴。

4.“十五”期间的优惠贷款利率政策

2001 年党中央召开了第四次西藏工作座谈会，赋予西藏“十五”期间继续实行特殊优惠金融政策，主要包括：一是实行优惠贷款利率。从 2001 年 1 月 1 日起，西藏各类主体从国有商业银行分支机构贷款一律享受比全国平均水平低两个百分点的贷款利率。商业银行西藏自治区分行因执行优

惠利率形成的利差损失，由人民银行根据各行当年各项贷款平均余额分别给予两个百分点的利差补贴。二是实行有区别的加、罚息政策。由人民银行拉萨中心支行制定并报人民银行成都分行审批的《西藏自治区银行贷款有差别加罚息管理暂行办法》于2002年开始执行。

5.2007年中国人民银行规定，“十一五”期间西藏继续实行以优惠贷款利率为核心的特殊优惠金融政策

各金融机构在西藏自治区的分支机构，其人民币贷款利率统一执行比全国各档次贷款基准利率水平低两个百分点的优惠贷款利率政策；继续对西藏实行货币、信贷指导性计划管理；进一步加大扶贫力度，将西藏游牧民定居、地方病病区群众搬迁纳入扶贫贴息贷款范围；继续执行现行的再贷款政策；实行适度加强现金管理政策；继续实行有区别的加罚息政策；试行有管理的贷款利率浮动政策。

6.西藏金融机构将抓好特殊优惠金融政策的贯彻落实，继续完善利率政策

在藏银行业金融机构用于西藏经济社会发展的人民币贷款，继续执行比全国各档次贷款基准利率水平低2%的优惠贷款利率政策；西藏扶贫贴息贷款利率机制执行比全国扶贫贴息贷款利率低约2%的优惠贷款利率。落实差异化监管支持政策，允许西藏发放项目前期贷款，允许西藏发放临时周转性贷款，允许项目贷款资本金年内同比例到位，允许企业办理续贷等。积极支持西藏银行在区外及对口援藏省市逐步设立分支机构，鼓励和支持有条件的外资银行在西藏设立分支机构。加大资本市场服务力度，积极落实对西藏符合条件的企业在资本市场融资“即报即审、即审即发”，在新三板挂牌“即报即审、即审即挂”，并对新三板企业挂牌初费和年费予以全面的绿色通道政策。

这些优惠金融政策对西藏经济实现又好又快发展、加快推进西藏全面建成小康社会起到推动作用，西藏各族群众也因此受益。

（三）国家货币政策密切结合西藏民族地区的实际情况

党中央始终高度重视西藏工作，捍卫西藏各族人民的根本利益，关心西藏人民，在西藏社会发展的每一个关键时期，审时度势，根据具体实际，及时制定适合西藏的方针政策。2019 年 2 月 22 日，中共中央政治局进行了以“完善金融服务、防范金融风险”为主题的集体学习，中共中央总书记习近平在主持学习时强调要深化金融供给侧结构性改革。在我国经济进入新常态背景下，中央政治局进行以金融为主题的集体学习，并且提出深化金融供给侧结构性改革，表明供给侧结构性改革正向金融领域深入，对做好接下来一段时期内西藏的金融工作具有十分重要的指导意义。

党的十八大以来，西藏金融系统坚持以习近平新时代中国特色社会主义思想为指导，贯彻落实好中央赋予西藏的特殊优惠金融政策，西藏金融业规模不断扩大，金融市场供给主体逐步丰富，金融业呈现快速发展态势，对西藏经济发展和社会长治久安做出了突出的贡献。

（四）自治区党委、政府的重视、支持是西藏现代金融发展的保障

长期以来，自治区党委、政府对西藏金融业非常重视，给予了大力支持。从西藏现代金融建立一直到改革开放前，以银行为代表的金融部门很大程度上就是政府的一个职能部门，大量金融政策主要通过自治区政府制定、发布、实施，如前文提到的民主改革时期众多金融政策制定等均如此。改革开放以后，金融机构与政府的隶属、领导关系变成了协调、配合关系，政府部门不再直接干预金融机构具体工作，政府对于金融机构的支持主要通过配合金融政策的制定、金融生态建设等体现出来。

（五）重视防范和化解金融风险，切实加强金融监管

防范化解重大风险是西藏金融改革底线思维。我国经济在由高速增长向高质量增长的转型与结构调整过程中，防范风险是一个恒久的话题。必须“平衡好稳增长和防风险的关系，精准有效处置重点领域风险，坚决打好防范化解包括金融风险在内的重大风险攻坚战，推动我国金融业健康发

展”。由于西藏金融管理部门十分重视金融风险的防范与化解，至今未出现系统性、地区性金融危机。

（六）全国的金融支持也是西藏金融发展的重要补充

改革开放以后，国家从内地陆续选派了一批又一批优秀的金融干部援藏，带来了内地其他省份好的工作方法和经验，帮助西藏金融部门解决了一系列特殊困难和问题，对西藏现代金融发展发挥了重要的作用。

（七）“老西藏”精神是做好西藏金融工作的重要前提。

一代代西藏金融干部职工怀着对党和国家金融事业的热爱，怀着对西藏各族人民的感情，舍弃个人利益，扎根高原，把青春献给西藏金融事业，践行着“老西藏”精神。在他们辛勤付出的基础上，西藏金融发生了翻天覆地的变化。

六、西藏金融服务业高质量发展的对策建议

党的十九大报告和习近平总书记在全国金融工作会议的讲话精神，是指导西藏金融改革与发展的行动指南，是深化金融改革与开放的根本遵循。中央第七次西藏工作座谈会研究部署了新形势下的西藏工作，也将制定金融政策在内的一系列特殊优惠政策，将为推动西藏经济社会发展和长治久安提供了强大动力。

我们必须深刻领会习近平关于促进经济和金融良性循环健康发展的战略思想，按照党的十九大报告的总体要求与部署，开启西藏金融改革开放的新征程，在新时代开创金融体制改革的新局面。

（一）西藏金融服务业高质量发展的战略思路与目标任务

西藏自治区金融服务业要结合西藏自治区地广人稀的特点，充分发挥互联网、高科技的优势，发展第三方支付、互联网金融等新业态，以金融为推进器，推动发展农业、畜牧业、城市服务业、高原技术服务业。

1. 做大做强金融产业，作为实体经济的推进器

发挥金融服务业推进器作用，按照“保障为主、服务实体”路线，落实西藏金融的特殊优惠政策，实现金融与实体经济深度融合发展。依托西藏高原地域优势，边境口岸特点，加快与南亚国家道路等基础设施联通、互通，保障贸易畅通。加强与周边国家、地区的金融合作，实现道路、物资、人员交流及资金相互融通，使拉萨市成为面向南亚、中亚，辐射青藏高原地区的现代金融中心。

2. 发展重点：完善金融体系、坚持普惠金融和绿色金融、建立金融风险防范机制

完善金融机构和市场体系。健全金融机构，支持西藏股权投资有限公司打造为以金融控股、产业投资等为主业的大型金融控股集团，推动其他金融机构发展。完善货币、资本、保险市场相互协调的多层次金融市场体系。

大力发展普惠金融。建立健全普惠金融服务体系，推进国家开发银行西藏分行和中国农业发展银行西藏分行设立扶贫金融事业部门。积极推进邮储银行“三农”网点建设。鼓励其他银行、保险机构增设县域网点。鼓励金融机构积极创新普惠金融产品和服务。

支持发展绿色金融。鼓励和倡导金融机构积极开展绿色信贷、发行绿色债券、绿色担保机制、环保产业基金和绿色风险投资基金。

建立金融风险防范机制。完善金融监管体系，增强对经济发展的研判能力，健全金融风险预警机制。推进金融监管部门与地方金融办、财政、发改委等部门的深度合作。

3. 发展路径：挖掘政策潜力，推动金融业“创新、融合、开放”发展

用足用好用活中央赋予西藏的特殊优惠金融政策。正确处理好中央关心、全国支援和自力更生、艰苦奋斗的关系，深入贯彻落实在藏银行业金融机构利差补贴和特殊费用补贴政策。适时开展商业贷款利率浮动试点工作。落实并完善农业保险保费补贴政策。

加强金融制度、产品和服务模式创新，增强金融服务实体经济的能力。借鉴内地金融试验区的经验，探索建设西藏金融创新园区。加强现代金融与高原技术、高原产业的深度融合。吸收内地先进金融经验，利用自治区优惠金融政策，建立多层次、多元化投融资渠道，吸引中央资金、外资、以及民间资本参与全区经济社会建设。

推进现代金融服务业和其他产业融合发展，根据自治区的产业政策，大力发展高原经济金融、畜牧业金融、交通物流金融、绿色产业金融等产业金融，促进金融与西藏当地社会、经济、产业深度融合，统筹区内、区外金融资源，合理配置，优化信贷结构，提高金融服务水平。

建立金融开放格局。自治区不断加快对内地资金、企业、人才的开放程度，不断降低企业落户西藏的准入门槛，鼓励和引导社会资本入藏投资，积极参与西藏金融市场建设。鼓励民间资本参与金融机构重组改造和增资扩股等活动。鼓励金融机构跨区域经营，围绕国家“一带一路”倡议，不断增强西藏金融对南亚国家的影响力，加强与南亚金融合作，不断提高人民币在南亚国家的地位，依托口岸，跨境贸易，推动与周边国家开展跨境贸易金融、保险等业务的合作。

（二）西藏现代金融服务业高质量发展对策建议

1. 坚持金融服务实体经济

金融不断支持西藏自治区内的实体经济快速发展，同时，西藏自治区的经济社会发展也促进了金融服务业蓬勃发展，两者相辅相成，共同促进。西藏自治区经济社会发展取得了举世瞩目的成就，区内的 GDP 实现连续 26 年达到两位数以上的增长，自治区“十三五”中期规划内建设的重大项目大幅度增加，达到了 197 个，项目总投资增加了 1841 亿元，国家重大的项目投入，不断增加的经济社会发展，给西藏金融服务业发展带来了一系列重大机遇。在西藏的所有金融服务机构，应立足于自治区的发展战略，考虑自治区的产业结构布局，关注自治区重点项目倾斜的领域，紧抓机遇，夯实金融机构内部服务基础水平，弥补业务开展的薄弱环节，不断增加区内重点建设领域项目的信贷支持，使雪域高原真正融入国家“一带一路”倡议。

2. 不断深化开展普惠金融服务

金融机构不断加大对小微企业和民营经济的资金支持，针对中低收入人群，开展生产、就业、创业贷款资金支持。针对西藏地广人稀、覆盖面积大的实际情况，要优化和创新贷款机制，在拓宽金融融资渠道的同时，还要不断运用互联网等科技手段，在防范金融资产安全的前提下，不断优化信贷流程、简化办理贷款手续、落实续贷、循环贷等差异化信贷政策，优化信贷资产的结构。2021 年 5 月，西藏自治区全区 62.8 万贫困人口实现全部脱贫，但是西藏地区仍然需要开展新一轮的乡村振兴战略，乡村振兴作为西藏各级金融机构的一项重大政治任务，需要在原有打赢脱贫攻坚的基础上积极支持乡村振兴，对原来贫困地区的金融支持不松懈。要进一步扩大服务和延伸机构，扩大农业、畜牧业信贷和乡村振兴领域贷款，继续推进农产品和产业促进服务模式创新，加大对强边、固边、富民项目的资金支持。“绿水青山就是金山银山”，经济绿色发展离不开金融支持，金融服务业要大力支持重点生态功能区保护建设、生态环境整治、垃圾污水处理等项目，积极推进绿色信贷建设，支持生态经济和生态产业，为地方生态文明建设提供金融保障，用金融“活水”建美绿水青山，以资金“富池”做大金山银山。

3. 坚持深耕电子银行领域

西藏高原平均海拔 4000 米以上，地广人稀，交通不便，电子银行是解决西藏金融业服务基层的重要基础设施，只有通过电子银行的技术手段，才能有效的将金融活水助力雪域高原服务经济转型升级和培育农村发展新动能。但是，同时也面临着西藏自治区民众对互联网不熟悉，不会操作的问题。第一，各级金融机构要坚持普及电子银行软硬件部署，依托移动互联网，结合西藏当地金融产品的实际，建设互联网综合金融服务平台，推动网络金融产品落地，使得自助银行、网上银行、手机银行、微信银行等被广大民众触达。第二，各级金融机构应顺应互联网发展的新趋势，结合区内实际情况，描绘消费场景，设计符合区内老百姓的金融便利工具，在日常生活中体现出金融服务的便利性和高效性，线下线上融合互动，提升数字化、网络化、智能化服务水平。进一步推进自治区内二维码支付、刷脸支付等支付方式的应用，进一步推广在医疗、养老、社区服务等民生领域的应用，减少群众来回跑腿的麻烦，提升群众享受现代金融的体验感。

4. 构建新型金融机构和客户的合作关系

自治区的金融机构主要服务于西藏当地的经济社会发展，主要面对公共机构、企业客户以及广大的个人客户。银行业金融机构需要根据不同的客户类型，设计不同的金融产品，各家银行的服务需要差别化营销。在藏金融机构需要打造差异化的营销模式，根据各自市场定位，拓宽与政务、医疗、教育等机构的差别化合作，积极了解自治区各项金融政策，把握西藏当地金融业态的新形势、新情况、新产品、创新新服务，开展差异化综合金融服务模式，实现金融与实体经济的相互融合，努力解决政府、企业和个人融资困难，针对西藏社会和经济发展的痛点，解放思想，拓展思路，走出一条具有西藏特色的金融服务体系。

5. 让科技为金融赋能

大数据是一场科技对金融的重塑和赋能，金融机构通过科技的重塑，使金融生态持续升级。西藏金融机构应该拥抱大数据时代给金融带来的便利，通过顶层设计，政府、监管机构以及各家金融机构需建立和完善大数据工作机制；加强与金融发达地区的合作，通过请进来、走出去，依托干部援藏的政策，与高校进行合作，培养本土的金融大数据机构和人才；各家金融机构在规范运营的基础上，深入实际，分析西藏金融业务的数据流，将大数据深入挖掘应用于金融机构的运营管理，为金融决策、金融服务创新和加强金融机构内部控制提供量化支持。西藏金融机构通过设计大数据系统，收集大数据，不断提高金融服务的精细化管理，拓展金融产品的深度和广度，通过大数据筛选、描述、分析与重构，开展精准营销，在市场筛选、市场细分、目标客户选择、精准营销、客户系统管理等方面拓展市场，巩固客户基础；现代金融科技融合大数据和人工智能技术，结合西藏当地的金融产品特点，能极大的解放人力资源，突破地域的限制，提升金融服务对象的体验，拓展金融机构的覆盖范围，降低风险。

6. 全面实施金融风险管理

加强金融风险管理要强化党中央对金融工作的集中统一领导，坚定不移走好中国特色金融发展之路。西藏各级金融服务机构要强化金融风险防控，坚决维护金融稳定大局。一是，自治区各级金融机构要把握好各自定位，优化信贷结构，立足西藏区情，专注主业，回归金融服务实体经济的本源。各级金融机构要树立科学、稳健、服务经济社会的发展观念，坚持服务区内重大项目、服务区内小微企业、服务各族人民的生产、生活，促进经济、社会各项事业持续、健康、稳定发展。坚持金融市场规律，依法遵规，促进区内金融供需结构平衡。二是加强监管，提质增效。监管部门要加强对各类企业实际控制人、金融风险集中度、股东关联交易、业务真实性的监督与管理，充分应用科技手段，积极配合打击非法集资和网络电信诈骗活动，切实做好反洗钱工作，提升监管的效率和效果，扩大监督覆盖面，强化追责问责，严肃处理金融风险事件。三是加强治理，规范经营。在充分利用西藏特殊金融政策工具的同时，各级金融机构要不断完善治理结构，审慎经营，在规模扩张、发展速度上与风险管理上取得平衡，加强地方政府债务风险防控，加强区内金融从业人员的职业责任教育，提高人员专业素质，坚决惩治腐败，“零容忍”对待金融领域的违法乱纪行为。四是完善法治，不断增强活力。在利用好西藏特殊金融优惠政策同时，进一步厘清政府和市场的边界，避免政府的不当干预，提升西藏自治区金融生态环境，激发地方各级金融机构的创新活力。

第三章　西藏养老服务业高质量发展

在人口老龄化背景之下，养老产业成为了新兴产业。在体系繁杂的养老产业中，养老服务业算是产业链中的中、下游产品，其本质上属于第三产业。《国务院关于加快发展养老服务业的若干意见》对养老服务业进行了专门界定，“将养老服务业定义为：为老年人提供生活照顾和护理服务，满足老年人特殊生活需求和精神需求而提供相应服务产品的生产部门和企业的集合。”[①] 目前我国已经建立了多群体、多层次的养老保障制度，基本解决了老年人的养老收入问题，但现行养老保障制度与养老服务还存在割裂。养老服务是养老保障制度的延伸和扩展，养老保障制度保障老年人的基本养老收入，而养老服务则是实现老年人的生活照料与幸福。养老保障与养老服务有效衔接才能全面提升老年人的幸福感与安全感。因此，党中央国务院高度重视养老服务体系建设，大力促进养老服务业发展，全国各地也积极响应，纷纷探索与发展养老服务业。

一、西藏养老服务业发展历程

从西藏1951年和平解放到2020的半个多世纪，西藏大到社会经济，小到人民生活都发生了翻天覆地的变化。关乎全民的社会保障制度也是从无到有、从城镇到乡村、从职业群体到城乡居民，经历了不断发展和完善的过程，具有西藏特色的社会保障体系也初步建立。为了实现“幼有所育、

① 国务院关于加快发展养老服务业的若干意见 http://www.gov.cn/zwgk/2013-09/13/content_2487704.htm.

学有所教、劳有所得、病有所医、老有所养、弱有所扶、住有所居”，西藏自治区政府积极探索，不断为满足人民日益增长的美好生活需要努力。

（一）计划经济时期的养老服务

新中国成立到改革开放，我国基本实行计划经济体制。这一时期，西藏社会化、市场化的养老服务基本不存在。该时期，西藏经济社会发展落后，农牧业占据主导地位，加之传统文化的影响，家庭养老是养老的主要方式，老年人的养老、生活照料等基本都由家庭成员提供。就城市职工来看，一方面，家庭成员可供给较为简单的养老服务。另一方面，还可以接受所在单位提供的基本养老服务。在职工退休后，其所在单位也会提供健康医疗保健、日常生活照料、老年文化娱乐等养老保障服务。

这一时期，自治区政府所提供的养老服务主要是面向不能得到家庭成员养老、照料的群体，统一为其无偿提供养老服务。各类养老机构都是由民政部门“直属、直办、直管”，在贯彻落实该项工作的进程中，社会流浪人员减少，社会和谐度不断提高。这是针对不同区域不同群体分类施策的结果，譬如对于城市中的“三无”老人（无法定赡养人、无劳动能力、无生活来源），可进入民政部门主管建设的福利性质的养老机构中接受照料，由非政府性质的养老服务机构为其提供养老及生活上的照料。譬如对于农村中的“三无”老人则由农村集体建立的农村敬老院等向其提供“吃、穿、住、医、葬”等服务。

（二）转型时期的养老服务

改革开放之后，我国开始向商品经济转变，西藏的养老服务也在发生变化，养老服务逐步向市场化、社会化转变。随着国有企业的改革，由单位提供的养老服务逐渐弱化，一些养老服务逐步从企业推向社会。同时，家庭观念的变化以及人民生活水平的提高，家庭提供的养老服务也在弱化，养老服务也不断向市场化、社会化转变。我国在 20 世纪 80 年代初期开始推行“社会福利社会化”改革，自治区政府积极响应国家政策，开始以社区为切入点部署老年人社会福利，对覆盖的养老服务主体范围进行了延伸，从以前主要对“三无”老人和“五保”老人的救济性的养老服务逐渐向全区老人群体进行拓展；对养老服务的内容进行了不断的丰富，从以前向老人提供基本生活保障逐渐转为供给多样性和综合性的医疗护理、生活照料、文化教育、体育建设等养老服务内容。养老机构不再是单一的由政府提供，开始尝试市场化运作，老年人可以付费进入养老机构，并根据需要选择所提供的养老服务。这一时期老年人养老服务总体上是由国家和企业无偿提供向家庭、社会、企业等多方提供转变的过程。

（三）新时期市场化、社会化养老服务

21 世纪以来，自治区政府不断在养老行业推进市场化进程、社会化改革，积极引导鼓励民间资本进入养老行业，支持养老机构的开办，为老年人提供多种多样的养老服务。2005 年，《西藏自治区实施〈中华人民共和国老年人权益保障法〉办法》中明确提出：“各地应当大力发展老年人事业，积极建立福利院、敬老院、老年活动中心、老年服务站等老年服务设施，开展各项有益于老年人身心健康的活动。鼓励、支持社会组织和个人兴办各类老年福利机构。”《西藏自治区“十三五”时期民政事业发展规划》与 2015 年《西藏自治区人民政府关于加快发展养老服务业的实施意见》均提出了西藏养老服务发展目标：“到 2020 年基本建立以居家养老为基础、社区服务为依托、机构养老为支撑，覆盖城乡的养老服务体系，实现养老服务与医疗、家政、保险、教育、健身、旅游等相关领域的互动发展。”2017 年《西藏自治区老年教育发展规划（2016—2020 年）》更体现了自治区政府为满足老年人多样化需求，提升老年人生活品质，更好地向老年人提供服务的态度。总体上，该时期西藏养老服务业的发展开始逐渐往市场供给、政府宏观调控转变，自治区的各项政策出台呈现出鼓励社会力量以多种形式、多渠道、多层次地参与养老服务的特点，主张引入市场化机制。

二、西藏养老服务业发展现状及主要成就

西藏自和平解放以来，在党中央和各地的帮扶下，其经济、社会各个方面均取得了令人自豪的成绩。西藏的养老服务业在经历了计划经济时期的福利型到转型时期的过渡型以后，养老服务业政策法规、服务体制等都已初步成型，养老服务不断完善，取得了显著成绩。

（一）西藏养老服务业发展的人口因素

1. 人口自然分布

西藏全区常住人口为364.81万人，与2010年也就是西藏自治区第七次全国人口普查数据的300.22万人相比，增长64.59万人，增长21.52%，年平均增长率为1.97%。比2000年到2010年的年平均增长率为1.39%，提高了0.58个百分点。数据表明，西藏人口几十年来保持持续增长态势。

西藏全区常住人口分布如下：拉萨市86.79万人，与2010年比，增长55.14%；日喀则市79.82万人，增长13.49%；昌都市76.10万人，增长15.74%；林芝市23.89万人，增长22.46%；山南市35.40万人，增长7.61%；那曲市50.48万人，增长9.18%；阿里地区12.33万人，增长29.14%[①]。

西藏的人口主要集中在藏东南的低海拔河谷地带，过去以山南地区的乃东为中心，后来发展到拉萨、林芝、昌都等地区，藏西南的日喀则地区人口也比较多，大面积的藏北高海拔低气温几乎无人居住。

2. 人口趋势

从现有研究文献来看，西藏的总人口数量呈现不断增长的趋势。2000年末，西藏总人口数为259.83万人，第七次人口普查结果显示西藏自治区常住人口为364.8万人，与第六次全国人口普查数据的300.22万人相比，增加64.59万人，增长21.52%，年平均增长率为1.97%。比2000年到

① 西藏自治区第七次人口普查数据。

2010 年的年平均增长率为 1.39%，提高了 0.58 个百分点。数据表明，西藏人口几十年来保持持续增长态势。

根据老龄化社会定义，“某个国家或者地区 65 岁及以上老年人口数量占总人口的比例大于 7%，少年儿童人口占比小于 30%，老少比大于 30%，以及人口的年龄中位数大于 30 岁，则表明该国家或地区处于老年型社会时期。”[①] 西藏 15–59 岁劳动力人口占比为 66.95%；60 岁及以上人口为 31 万人，占 8.52%; 65 岁及以上占比 5.67%。与第六次人口普查数据相比，60 岁及以上人口占比增长 0.85，65 岁及以上增长 0.58。随着医疗水平的提高，全国各地 65 岁以上的老年人口占比不断攀升。2020 年，西藏 65 岁及以上的老年人占比 5.67%。少年儿童比例为 24.53%，均小于 30%（老年型），老少比为 24.1%，与 2010 年 20.5 相比有所增加，但都介于 15% 和 30% 之间（成年型）。这些表明西藏正由成年型过渡到老年型社会。

依据人口数据，和全国相比，西藏的人口出生率和人口自然增长率高而人口死亡率低，呈现出“两高一低”的特点[②]。这些结果在于中央的扶持和全国的支援，以及西藏自身政策实施得当，推动西藏经济社会从跨越式发展向长足发展再向高质量发展的提档升级。随着西藏地区人民群众的生育观念逐渐发生变化，加之医疗卫生硬件水平的提升和人才队伍的壮大，为西藏人民群众的健康提供了保障。这些使得西藏老年人口将大大增加，老年人的养老问题也会逐渐受到社会重视。

3. 老龄化趋势

根据国际衡量人口老龄化的标准判定，自 2015 年开始，除了西藏自治区，我国西部其他省市都已进入老龄化社会。根据全国第七次人口普查

---

① 沈丹 . 西藏人口数量现状、趋势预测及对养老服务发展的建议 . 西藏民族大学学报（哲学社会科学版）,2020,41(04):115–120+126.

② 同上。

数据显示，西藏自治区常住人口中，“60 岁及以上人口为 310984 人，占 8.52%；65 岁及以上人口为 206963 人，占 5.67%。”[①] 老年人口占比小于 10%，这表明西藏的老龄化状况并不明显。

相关研究者提出以 60 岁或者 65 岁作为评价西藏人口老龄化的标准不太合适。主要原因在于，西藏人口预期寿命呈现逐年增加趋势，西藏人口平均寿命从 1951 年的 35.5 岁提高到如今的 72.19 岁，这已经是短短几十年，跨越了上千年。随着人均寿命的增加。老年人的晚年生活保障及相关服务需求会逐步增加。因此，提前开展老年社会服务布局将大大提升老年人生活幸福指数。

（二）政策体系初步搭建完成

在人口统计数据显示我国已进入老龄化社会之初，国家便出台了《中共中央关于加强老龄工作的决定》，养老产业开始进入人们的视野，各项养老法规及框架构建逐步开始搭建。目前我国关于养老产业方面的法规政策约 92 个[②]，涉及养老金融、养老用地、养老服务等多个领域。在国家法规、政策的基础上，西藏也制定了自己的实施办法或意见，出台了相关的法规。如 2005 年出台的《西藏自治区实施〈中华人民共和国老年人权益保障法〉办法》提出：“各地应当大力发展老年人事业，积极建立福利院、敬老院、老年活动中心、老年服务站等老年服务设施，开展各项有益于老年人身心健康的活动。鼓励、支持社会组织和个人兴办各类老年福利机构。”《西藏自治区“十三五”时期民政事业发展规划》与 2015 年《西藏自治区人民政府关于加快发展养老服务业的实施意见》均提出了西藏养老服务发展目标：“到 2020 年基本建立以居家养老为基础、社区服务为依托、机构养老

① 西藏自治区第七次全国人口普查主要数据公报 _ 西藏自治区人民政府，http://www.xizang.gov.cn/zwgk/zfsj/ndtjgb/202105/t20210520_202889.html.

② 弗布克大健康研究中心，中国养老产业政策大全，中国劳动社会保障出版社，2018.

为支撑，覆盖城乡的养老服务体系，实现养老服务与医疗、家政、保险、教育、健身、旅游等相关领域的互动发展。《西藏自治区人民政府关于加快发展养老服务业的实施意见》[①]还明确了养老服务的主要任务，并在政策和措施上提供保障，为西藏的养老服务业发展提供了方向与思路。自治区政府为满足老年人“老有所教”，于2017年发布了《西藏自治区老年教育发展规划（2016—2020年）》，为老年人的精神生活服务提供政策指导和保障。2018年7月，西藏自治区卫生计生委、民政厅、人社厅等部门联合印发了《关于推进医疗卫生与养老服务相结合的实施意见》，文件指出：“到2020年，西藏自治区将基本建立符合区情的医养结合体制机制和政策法规体系，医疗卫生和养老服务有序衔接，资源共享。”按照文件精神，西藏老年人将来能够享受到一系列的健康和养老服务，如治疗期住院、康复期护理等；所有医疗机构将为老年人提供医疗便利渠道，基层的医疗机构更是为老年人提供上门服务。该文件对于实现整合卫生与养老资源，更好地满足西藏老年人的医疗与养老服务需求起到了推进作用。为推进全区养老机构规范化、标准化建设，在开展养老机构标准化建设试点工作的基础上，自治区民政厅组织专家团队着手制定我区养老机构地方标准，共确定养老机构管理服务体系18条地方标准（其中：通用基础标准1项，服务提供标准7项，服务保障标准9项、评价改进标准1项）。目前相关标准已通过专家评审，2020年有望颁布。

（三）老年社会保障逐步完善

旧西藏，人民群众生活极度贫困。1959年前，拉萨城区人口不到两万人，而乞丐达三四千人，人均寿命只有35.5岁。1959年后，中央人民政府采取各种办法开展社会救助工作。20世纪80年代后，西藏社会保障事业加快发展，逐步进入法制化、规范化。2001年之后，中央进一步加大了对

① 西藏自治区人民政府关于加快发展养老服务业的实施意见.西藏自治区人民政府公报,2015(04):13–19.

西藏的财政支援力度，帮助西藏逐步建立社会保障体系，加快推进了西藏社会保障事业的发展。在逐步发展健全的西藏社会保障事业中，西藏养老服务业也随着养老保障体系的逐步完善而进一步发展，取得了初步成绩。

截至2020年，西藏城乡居民基本养老保险参保人数是168.4万，领取基本养老保险人数3.6万人，城乡居民社会养老保险基金收入11.7亿元，支出6.7亿元。参加城镇职工养老保险人数52.56万人，其中在职职工42.19万人，退休人员10.37万人。据了解，西藏城镇职工基本养老金水平全国最高，2013年西藏企业退休人员和离休人员基本养老金标准分别达到3018元和6280元，2020年上半年西藏职工月平均工资标准为8143元，根据2019年西藏退休人员养老金调整标准，退休人员月基本养老金不足1500元应进行补足，这说明城镇职工基本养老金标准兜底1500元。基本养老金的高标准、足额按时发放为西藏老年人的老年生活提供了保障，也为养老服务业发展提供了物质基础。2020年，西藏医疗保险参保人数为342.8万人，其中退休人员医保11.1万人，居民医保292.3万人，城镇职工医保50.4万人。西藏城乡居民基本医保财政补贴标准为555元，对残疾老人、特困供养老人等实施代缴补贴。西藏对高龄老人发放健康补贴标准，70岁以上老人每年补贴600元，80岁以上每年1200元，90岁以上2400元，100岁以上补贴3600元。2017年西藏自治区享受80岁以上健康补贴人数达30784人，领取健康补贴资金合计1212.85万元。具体就年龄阶段来看，在80岁到89岁区间的有27559人，每人每年补贴300元，资金合计1048.28万元；在90岁至99岁区间的有3137人，每人每年补贴500元，资金合计193.35万元；100周岁以上的有89人，每人每年补贴800元，资金合计8.48万元。

自治区对于困难老人救助主要的方式有农村五保、城乡低保和城市“三无”保障。2020年，西藏城市最低生活保障人数有2.5万人，农村13.2万人，农村集中供养人数0.7万人，分散供养0.7万人。西藏和平解放后，对五保户采取的是寄养、互助组帮耕、帮种、帮收和政府补助等办法，20 世纪 80 年代后，五保供养转变成保吃、保穿、保住、保医、保葬，之后，自治区不断提高城乡低保和农村五保供养标准，2020 年城市低保保障标准每人每月 847 元，农村每人每年 4713 元，最低保障金实行差额补助。五保供养标准从 2015 年的每人每年 4400 元提高到 2017 年的每人每年 4940 元。2016 年自治区政府下发文件，对经济困难高龄、失能老人发放护理补贴。“2017 年，全区享受补贴的老年人 26230 人，领取资金 15085320 元。”① 截至 2018 年 3 月，“在全区各级党委、政府和相关部门的共同努力下，在原有社会福利机构基础上改建和新建了 80 个五保户集中供养机构，集中供养五保老人 14662 人，率先在全国实现了有意愿五保对象集中供养率 100% 的目标。”② 西藏养老社会保障总体趋势稳中向好，社会养老覆盖群体、服务内容、供给标准等随着经济社会发展水平的提高而不断延伸、扩充和丰富。

（四）机构养老发展显著

1959 年，拉萨建立了西藏第一所教养院，也是拉萨社会福利院的前身，西藏的社会福利事业开始起步。20 世纪 70 年代末，西藏城镇福利院有 8 所。1996 年，民政部决定 1997 年为“全国民政系统援藏年”，投资 1 亿元帮助西藏发展社会福利事业，从此西藏的社会福利事业得到了快速发展。2015 年每千位老人拥有养老床位数 30 个，到 2020 年基本实现 50 个③。2018 年，自治区先后投入 5900 万元，对全区 59 个老年福利机构消

① 西藏率先实现有意愿五保对象集中供养率 100% 目标，中国西藏网，http://www.cnr.cn/xz/jrxz/20181019/t20181019_524389882.shtml，2018-10-19.

② 西藏五保老人集中供养：老有所养心有所依，中国西藏网，http://www.chinatibetnews.com/gongyi_5554/201803/t20180327_2156568.html，2018-3-27.

③ 西藏自治区“十三五”时期民政事业发展规划。

防设施设备进行提升改造，下拨福利彩票公益金 4834 万元[①]，先后实施了包括日喀则市萨迦县社会福利一体化中心建设项目、仁布县五保集中供养中心改扩建及附属项目建设、江孜县社会福利院改造工程附属建设项目、那曲市索县五保集中供养中心生态园建设及昌都市 11 个县（区）五保集中供养中心阳光棚建设等项目。为适应老年人养老服务标准化建设，2017 年自治区确定拉萨市、山南市为全区第一批福利机构标准化建设试点单位，下拨 200 万元福彩公益金全面推进标准化试点建设工作。2019 年，拉萨市达孜区五保集中供养服务中心国家级养老服务业标准化试点项目通过评估验收，成为自治区首个国家级养老服务业标准化单位。

（五）社区老年服务逐步开启

随着国家大力推进社区养老服务，西藏自治区政府也开始布局全区的社区养老服务建设。目前，西藏已经建成并投入使用的社区卫生服务站 5 个，社区卫生服务中心 9 个，全区各养老机构普遍都设有医务室，为老人提供健康体检和常见病的诊疗。2010 年西藏已建成使用老年活动中心 28 个，“星光老年之家”7 所，2005 年第一所老年大学建成并投入使用。在“十三五”期间，全区共计投入 2750 万元，建设 55 个社区服务中心，进一步提升了基础设施质量，为有需求的社区老人提供服务空间。同时加大福利彩票公益金倾斜力度，2019 年，民政部下达公益金 6282 万元，建设了 5 个养老服务项目，有效支持了养老服务体系建设。”[②] 在卫生健康部门的支持下，自治区民政厅依托自治区老年活动中心，成立西藏首家医养结合机构——西藏阜康医院医养结合中心，医养结合中心在现有为老年人提供服务的基础上，为社区老年人提供养老、医疗、康复、心理疏导等多样化服务。那

① 西藏全面推进养老机构服务质量建设申请立项 18 个养老服务机构地方标准，中国西藏网，http://www.cnr.cn/xz/jrxz/20190114/t20190114_524481499.shtml，2019-1-14.

② 西藏养老机构地方标准已通过专家评审，有望年初颁布，西藏发布，https://so.html5.qq.com/page/real/search_news?docid=70000021_8275e1ad42703014，2020-1-12.

曲市老年人医养结合中心也于2020年1月挂牌成立，在保证特困人员床位充足的前提下，同时面向社会老年人提供医疗康复服务，自投入运营以来已有600多名老人申请加入了疗养服务。在中国招标网上，可以看到较多的西藏各地区医养结合中心、日间照料中心等项目招标公告。2021年6月，《推进居家和社区养老服务工作的实施方案》提出："到2025年，城市社区居家和社区养老服务覆盖率达到60%以上；农牧区社区综合服务中心具备养老服务功能，农牧区建制村居家和社区养老服务达到50%以上。""向辖区所有老年人提供助餐服务、助医服务、助洁服务、助浴服务、助急服务。条件允许的地方，可以将服务内容拓展到精神慰藉、健康管理、文化娱乐、教育培训、银发顾问、老年康复辅具租赁等。""城市社区主要依托日间照料中心和建立家庭护理床位的形式提供养老服务。农牧区社区主要拓展农村社区综合服务中心的养老服务功能，或试点建立农村幸福大院，开展居家和社区养老服务。"由此可以看出西藏养老服务设施正在加紧布局与推进建设，未来，西藏的养老服务业将会有较大发展空间。

三、西藏养老服务业高质量发展存在的问题

在自治区政府的努力下，虽然西藏养老服务业正迈向新的发展时期，但养老服务业毕竟在西藏属于新生行业，还在不断探索，难免存在诸多问题，但是从全国人口老龄化的大背景来看，养老产业具有广阔的发展前景。自治区政府应当从宏观角度统筹规划，合理引导社会组织参与养老服务行业，引入市场竞争机制，力争建立健全西藏养老社会服务体系，为西藏老年人的美好生活提供保障。

（一）从养老服务需求角度看西藏养老服务业发展存在的主要问题

1. 老龄化程度不深

养老服务业发展的有效前提是老年人有足够的经济支付能力以及一定

数量的老年人口。从老年人口数量上来看，2010 年人口普查数据显示西藏 65 岁以上老年人约 23 万人。第七次人口普查数据显示，西藏总人口 364.8 万人，人均寿命 72.19 岁，65 岁以上老人占人口比重约为 5.67%，老年人口抚养比为 8.0，与目前全国 65 岁以上老年人口占总人口比重 12.6%，老年人口抚养比 17.8 相比低很多。

2. 老年人支付能力有限

养老服务业的市场化发展需要依托于老年人的消费与支付能力，但由于历史与经济原因，目前西藏老年人并没有储备足够的养老金，除去日常开销可能所剩无几，无力去支付其他费用。目前西藏的经济发展水平和质量较全国相对落后，2020 年西藏人均国民生产总值 52345 元，城镇和农村居民人均可支配收入分别为 41156.4 元、14598.4 元，与全国平均 43833.8 元、17131.5 元[①] 相比存在一定差距。现代年轻人生活压力较大，面临买房、养育下一代、各种生活开支等经济负担，其收入也是所剩无几，负担父母养老的基本开销已非常吃力，能够给父母提供较多赡养费的很少。按照市场实际情况来看，一家正常运营的养老机构每月每人的成本约为 2000 元，但在物价上涨因素的作用下，养老机构运营成本会进一步增加，老年人的经济状况制约了养老服务消费需求意向。

3. 老年人思想抑制养老服务需求

老年人的经济收入未能够切实用于自身养老服务开支，导致养老服务需求更为不足。一方面，受传统文化影响，我国存在父母一辈子均为儿女提供资金资助和劳务的现象。在访谈过程中经常发现这样的例子，有养老金的老夫妇还在为儿女的房贷提供资金或者为孙子辈提供养育资金，除自身基本生活开支外，基本都用于资助子女。另一方面，目前的老年人由于生长在经济落后的时期，勤俭节约是其生存基本要求，即使现在物质生活

① 中国统计年鉴 2021。

水平大幅提高，老年人仍然秉承“省吃俭用”的习惯，舍不得花钱。再者，由于“孝道”文化的变化，老年人也不再像以前一样要求子女给自己养老，更多的是希望能够通过劳动或者省吃俭用给自己积攒足够的养老经费，以备自己处于失能状况时使用。这些都抑制了老年人对养老服务的消费，也抑制了养老服务需求。

4. 养老服务资金投入不足

我国目前的养老服务处于起步发展阶段，西藏相比全国发展更为滞后。目前，西藏的养老服务福利性特点显著，市场化程度低，社会化变革速度较缓，社会资本投入力度不强，养老服务发展的主要资金渠道是政府财政拨款。西藏针对城市无人照料、无生活能力、无经济来源等“三无”人员以及农村五保人员，向其提供集中或分散供养，对有意愿的老年人基本实现了100%的集中供养，保障老年人的基本生活。由于国家扶贫工作力度加大，西藏自治区对此类人员的关注度较高，财政投入力度较大。根据测算，五保集中供养老年人人均9000元较为合适[①]，但目前资金投入为4940元（2017年），还存在一定差距。2018年，西藏地方财政一般公共服务支出283.04亿元，占财政总支出总额的14.4%，2019年民政系统年度支出15342.29万元，其中老龄卫生健康事务支出0.68万元，占比仅为0.004%[②]。西藏目前所开展的社区养老服务如日间照料中心等，有的因为资金不足处于停滞或闲置状态，并未能向老年人提供有效的养老服务。社会资本参与西藏养老服务明显不足，2016年，首家公建民营养老院开始运行，《关于全面放开养老服务市场提升养老服务质量的实施意见（代拟稿）》正在进行审定，这一文件的下发将会为社会资本进入养老服务业提供政策规范与指导。

① 王松磊，玉海红，仓拉．西藏老龄工作现状、问题与对策分析[J]，西藏发展论坛，2015年第01期．
② 西藏自治区民政厅2019年度部门决算。

5. 养老服务需求在城乡之间差异巨大

人民日益增长的美好生活需要同不平衡不充分的发展之间的矛盾是我国社会的主要矛盾，而这一矛盾表现在诸多领域。就养老服务领域而言，不同区域不同群体的需求不一。对于城市中的老年群体而言，由于其经济收入相对较高而且稳定，除了对基本生活的需求外，对养老服务产品也有其他多元化需求，且希望由市场中专业化的服务机构提供多元化的养老服务，愿意接受较高品质的生活，具体表现在医疗、保健、康复、护理、日常照料等方面。目前西藏的医养结合中心和日间照料中心等社区养老服务机构，主要立足于人群较为集中的城市社区，在这些空间的群体有意愿接受养老服务，有能力支配养老服务基本标准。相对而言，农牧区老年群体除了收入来源单一且水平较低，加之对养老服务的认知和理解的欠缺，故而对较高层次的养老服务需求表现不足。

（二）从养老服务供给角度分析西藏养老服务业发展中存在的主要问题

1. 养老服务市场机制不健全

养老服务业的发展一方面要体现政府的“托底保基”作用。另一方面也要充分发挥市场在养老服务业资源配置中的作用。为了加快西藏的养老服务体系建设，自治区政府相继出台了相关政策，但这些政策并未形成完整的体系，对养老服务业的准入标准、融资渠道、补贴标准等都未涉及。虽然自治区政府积极推进养老服务业发展，但政府支持能力有限。作为新兴行业的养老服务业处于行业发展的初始阶段，投资风险较大、投资回报周期长、投资回报率低等原因使得投资者参与养老服务的积极性不高。企业具有逐利性，往往追求自身利益最大化，社会养老机构会因为利润空间小、成本高等原因出现降低养老服务质量或提高价格、变更服务档次现象。而目前约束养老服务机构的统一的、健全规范的市场规则和行业标准尚未建立，使得养老服务市场较为混乱。对于公办民营或者民办的养老服务机构缺乏监管制度，缺乏行业管理规范，民办养老机构在养老服务市场中由于投入成本较高而收益缓慢处于竞争弱势，这需要政府规范养老服务业市场竞争机制，这样才能促进养老服务市场健康发展。

2. 养老服务供给不足，结构不合理

西藏自治区养老服务供给不足，养老服务供给结构也不合理。从养老服务供需内容上看，老年人急需医疗康复、生活照料、精神慰藉等多方面的服务，但目前由于资金不足，专业化人员不充分等原因，许多养老机构仅为老年人提供基本生活需要，并不涉及日间照料、医护疗养、健康保健、精神慰藉、文化娱乐等方面。养老服务市场是全方位、多角度、多层次的，目前西藏的养老服务业市场供给水平明显不足。农牧区的养老服务主要为免费的福利院，几乎没有社区居家养老服务，且入住的农牧区福利院也仅仅为老人提供基本生活的照顾，缺医少药、没有体育文化娱乐设施等也是较为普遍的现象。西藏目前的社区居家养老服务很少，已建成的日间照料中心等未能向社区老人提供全方位多层次的社区居家养老服务。从养老机构上看，西藏目前机构养老数相对充足，能够满足“三无”及五保老人的需求，但真正愿意入住养老机构的其他老年群体非常少，使得机构养老有较多的闲置床位。而社区和居家养老服务机构方面明显不足，社区养老机构仅体现为日间照料中心，居家养老服务也大多是由社区养老机构承担，并未向老年人提供全方位多层次的养老服务。

3. 养老服务从业人员缺乏，专业素养差

养老服务业属于现代服务业，服务行业的关键在于服务人员的服务质量。西藏目前存在养老服务专业人才缺乏、专业素养差等问题。受传统观念的影响，许多人认为从事养老服务工作是很不体面的事情，一份针对西藏贫困再就业人员的调查（N=306 人）显示，愿意从事照顾老年人工作的比例仅为 15.36%，即使让其去社区设置的日间照料中心工作，其意愿率也仅为 20.92%。养老服务人员的技能方面，如基本的老年护理技能、老年健康保健知识等还非常缺乏，能力有待提升。我国每年取得养老护理员国际职业资格证书的人数仅 2 万；从 2014 年开始，西藏首批养老护理员培训 146 人，之后每年都会组织养老护理员培训与认证，但总体人数与西藏养老服务需求相差甚远。西藏许多日间照料中心并未配备专业的养老护理人员、康复人员甚至医生和护士都较为匮乏。

四、西藏养老服务业高质量发展的历史经验

西藏的养老服务业虽然在规模及覆盖面上还存在较多问题，产业规模也尚未形成，但在自治区政府的积极推进下，各项养老保障工作也逐步完善，为西藏自治区内的老年人提供了基本的保障和养老服务。

（一）政府部门的积极推进

西藏养老服务业发展取得的成就与西藏自治区政府相关部门的积极推进与努力分不开。在西藏养老服务业发展过程中，自治区政府积极扮演倡导者、组织者、实施者与规范者。

在我国进入老龄化社会之初，便出台了《中共中央关于加强老龄工作的决定》，随后相关的养老服务相关政策文件相继出台。西藏自治区紧跟国家政策，也相继出台了一些文件，如《西藏自治区实施〈中华人民共和国老年人权益保障法〉办法》《西藏自治区“十三五”时期民政事业发展规划》《西藏自治区人民政府关于加快发展养老服务业的实施意见》《西藏自治区老年教育发展规划（2016—2020 年）》《关于推进医疗卫生与养老服务相结合的实施意见》《推进居家和社区养老服务工作的实施方案》《社区老年人日间照料中心运营管理办法》《农村幸福院建设管理的指导意见》《关于建立养老服务补贴制度的通知》等。这些文件的出台为推进西藏养老服务业的发展提供了政策保障。

西藏自治区政府不仅在政策体系上积极引导养老服务业的发展，同时也积极搭建居家养老服务组织体系，组织筹建城市居家养老社区服务中心

及农村养老驿站等。全区目前61所日间照料中心的规划与建设都离不开自治区各级政府的有力组织与努力。仅2021年，拉萨市城关区投资3097万元完成3个老年日间照料中心项目建设。自治区民政厅、财政厅联合下发中央专项彩票公益金1.02亿元，启动11个边境县34个边境村的农村幸福院建设工程①。2020年自治区养老服务联席会议制度建立，其主要职责是“统筹协调各方、全力推进养老服务工作、完善养老服务体系。研究拟订养老服务工作有关制度和政策措施、向自治区党委、政府提供决策依据。组织协调和指导养老服务工作、推动部门沟通与协作、细化职责任务分工、加强政策衔接和工作对接；督促、检查养老服务工作的落实、及时通报工作进展情况。”，成员包括民政厅、发展改革委、经济和信息化厅、财政厅、人力资源社会保障厅、政府国资委、医保局等21个部门和单位，民政厅为牵头单位。由此可见西藏自治区政府对养老服务事业的重视。西藏自治区民政厅养老服务与儿童福利处也积极进行研讨，征询专家学者意见，联合其他部门共同商讨，分析西藏养老服务业发展中的问题，并将养老服务事业的发展写入2020年民政工作重点中。

养老服务业的发展取决于市场需求，西藏老年人对养老服务并不了解，造成了其需求不旺盛的现象。针对这一现象，自治区各级政府积极进行宣传引导，通过各种媒体向社会公众介绍养老服务，甚至还通过面对面的形式宣传日间照料中心设施设备及服务内容，组织各乡（镇）老人参观日间照料中心，打消老年人的疑虑，为刺激养老服务需求增长，带动养老服务业发展提供助力。

养老服务业的发展关键之一是做好社会养老服务的设施建设。民办养老机构经费来源的主要渠道之一是政府的补贴。在西藏诸多的养老机构中，

① 西藏启动34个边境村农村幸福院建设工程，中国西藏新闻网，2021年9月22日，http://nynct.xizang.gov.cn/xwzx/xzxw/202109/t20210922_262361.html.

公办养老机构占大部分，而公建民营的养老服务机构所占比例也在逐步上升，比如新建的一些日间照料中心大多都是公建民营的方式。2021 年出台的《社区老年人日间照料中心运营管理办法》《农村幸福院建设管理的指导意见》，都明确了西藏社区老年人日间照料中心及农村幸福院的建设均为公建民营的方式。《关于建立养老服务补贴制度的通知》对全区范围内企业、社会组织等社会力量举办运营的养老服务机构、公建民营养老服务机构（含社区老年人日间照料中心）实行补贴制度，补贴标准为 15 万元 / 家 / 年（五星），10 万元 / 家 / 年（四星），5 万元 / 家 / 年（三星）。

养老服务业的发展不仅需要政府的有效组织与引导，还需要有专业的人才。正是基于这样的认知，自治区政府在推进养老服务业专业人员培养上也助力颇多。2014 年西藏首批养老护理员培训 146 人。2017 年开始，自治区进行养老护理员职业技能鉴定，第一批获得职业技能鉴定的有 71 人①。2021 年，自治区民政厅开展了养老服务人才线上公益培训，参训人员共计 1645 人。目前，自治区政府正着力打造“学校＋机构＋家庭”养老服务人才培训和实训基地，支持开设养老护理等专业，政府给予培训经费资助。

（二）社会力量的逐步参与

虽然西藏目前的养老服业发展对政府投入的依赖度很高，但单纯依赖政府财政力量是远远不够的。因此，自治区政府也在积极鼓励社会组织等参与养老服务业的发展，社会组织在政府的扶持下积极尝试为辖区老人提供优质的养老服务。第一，民营组织逐步进入养老服务业。政府以公建民营的方式，扶持企业、社会组织进入养老服务业。面向普通公众的养老服业机构大多是微利的，其前期投入巨大，投资回报周期长，使得企业进入

① 关于发布 2017 年西藏自治区第 1 期养老护理员职业技能鉴定 71 名合格人员成绩的公告，民职鉴绩告〔2017〕146 号。

养老服业的难度加大。自治区政府为了能够使辖区内的老年人尽早享受养老服务，多方筹措资金，以公建民营，政府购买服务的方式降低企业进入难度，吸引更多的民间组织进入到养老服务产业中。目前全区运营的 7 家日间照料中心全由社会组织为辖区老年人提供养老服务。根据企业网可查数据，目前能够提供养老服务的本土企业约有 10 家左右；扶持引进玉拓趣赞康养有限公司等 3 家养老服务企业。第二，民间资本逐步投入养老服务业。福利彩票、慈善总会等都成为西藏养老服务机构筹建的资金来源。如中央专项彩票的 1.02 亿元公益金，林芝市慈善总会投入太昭村幸福院的 18 万元资金，中国银行积极投身西藏养老金融业，首家养老金融特色网点在拉萨市落地等。第三，利好政策吸引民间组织投身养老服业。如《关于建立养老服务补贴制度的通知》中对各种养老服务机构的补贴标准为 15 万元 / 家 / 年（五星），10 万元 / 家 / 年（四星），5 万元 / 家 / 年（三星）。在这一政策的鼓励下，相信民间组织更有信心办好养老服务机构。第四，政府协助社会组织发育成长，引导社会组织参与养老服务业。西藏进入养老服务的社会组织极端缺乏，因此，拉萨市培育了西藏惠康养老服务中心、拉萨志远社会工作服务中心、西藏益行公益等 3 个社会组织。拉萨市城关区民政局积极组织、帮助成立了拉萨市首家“社会工作者和志愿者协会”，该协会主要提供城市社区居家养老服务。

（三）援藏单位的强力帮扶

在西藏各项事业的发展中都不乏援藏单位的贡献。同样，西藏养老服务业发展中，援藏单位无论是在资金、技术、还是在人才培训与设施建设上都进行了强有力的帮扶。如曲水县三有村的养老驿站，是江苏援藏项目；如南京市建邺区民政局从人员和技术上援建了拉萨智慧养老信息系统，为西藏养老服务业发展提供需求分析；如拉萨借助北京市援藏单位开展的福利机构标准化建设试点；如民政部社会福利中心组织的对西藏养老服务人才的线上公益培训、中央彩票公益金支持的失能老人养老护理员培训等。

（四）具有民族特色的养老服务项目开发

养老服务需满足老年人的物质及精神生活，涉及老年人的衣食住行等多个方面，如日常保洁、康复护理以及文化娱乐等多个方面。而物质及精神生活需求一定会受到传统文化的影响。因此，西藏的养老服务业在需求确定及服务项目提供上也进行了具有民族特色的尝试。首先，大多数企业在开展养老服务项目之前都会进行养老服务需求的社会调查，在形式上有企业自主的行为，也有政府主导委托第三方组织的形式，如拉萨市城关区投入福利彩票公益金 42 万元以政府购买服务形式引入社会组织专业机构，对辖区 12 个街道 7156 名常住老年人开展了“居家 + 社区养老”相关服务需求大调查。其次，养老服务机构结合民族文化及西藏老年人的生活习惯，在长期照护、医疗诊断、康复护理、健康管理等领域中发挥了藏医学的作用，开发一些符合藏族老年人需求并极具吸引力的养老服务项目。如西藏那曲的老年人医养结合中心的藏浴等特色藏医理疗项目非常吸引老年人。在老年人的文化娱乐活动方面，也体现了少数民族特色。如在社区养老机构或养老服务中心设置甜茶馆、提供藏餐服务、棋牌室提供藏族传统娱乐项目等。

五、西藏养老服务业高质量发展

结合我区人口老龄化发现现状与趋势，立足目前养老服务业供需状况，结合西藏养老文化理念，借鉴国内成功的发展经验，西藏的养老服务业发展应当全方位、多角度、分层次地向老年人提供高中品质的养老服务，并助力解决劳动就业，推动西藏现代服务业高质量发展，为西藏经济社会发展贡献力量。

（一）西藏养老服务业高质量发展的战略思路与目标任务

根据西藏人口老龄化发展趋势以及老年人口总量、结构、西藏养老服务业供需现状，结合西藏养老文化等历史传统，西藏的养老服务业发展应该坚持民生属性，保障兜底的养老服务供给，紧跟国家“居家养老为基础，社区养老为依托、机构养老为支撑”的理念，构建多层次养老服务业发展模式，保障老年人能够共享经济社会发展成果，不断推进西藏养老服务业健康持续发展：针对“三无”“五保”、无收入、生活困难的老年人提供福利性质的养老服务，主要发挥政府的作用，体现政策兜底作用；对中低收入老年群体，无法通过纯市场化运作向其提供养老服务，需要发挥社会与政府的作用，通过规划、管理、财政补贴、收税优惠等向老年人提供低偿的养老服务，如日间照料中心、公办民营、民办公助型养老院等；针对高收入老年群体，可完全进行市场化运作，通过规划、监管、税收形式，鼓励营利性企业通过商业运作和参与市场竞争为高收入群体提供差异化的养老服务产品，如高端养老机构、休闲式疗养院、候鸟式养老等。

（二）西藏养老服务业高质量发展的对策

1. 让老年人共享西藏经济社会发展成果

对老年人口的关注程度是一个国家或地区经济社会发展程度的直接体现。在中央与地方的援助下，西藏积极发展经济，重视民生，取得了显著的成绩。随着人民生活水平的不断提高，老年人口的养老服务需求也日益增长，在实现兜底的养老服务供给下，应该积极探索老年人养老服务需求的差异化，满足不同老年群体的养老服务需求。因此，西藏自治区政府要从我区实际情况出发，把不断满足老年人日益增长的养老服务需求作为一项重要工作来抓，将养老服务业发展作为应对人口老龄化以及保障和改善民生的重要举措。确保每一位老年人都能享有基本的养老服务，对特殊困难的老年人口要着力保障，为“三无”老人、“五保”老人、低收入老人、经济困难的失能或半失能老人提供无偿或免费养老服务，发挥机构养老的兜底作用。

2. 推动养老服务业的市场化、产业化

养老服务的准公共产品属性使得养老服务仅由政府单方面提供可能会出现政府失灵现象，易造成社会资源的浪费和公共服务效率不高等情况。

因此，要提高养老服务供给效率、效益和质量，可借鉴新公共管理理论相关主张，如引入市场机制，提高竞争意识。具体到西藏，就需要引入社会组织资本，适度稳健进行市场化改革。养老服务伴随经济社会发展日渐成为老年人对美好生活的需要。养老服务业作为市场经济中的一个重要产业，其产品和服务需要在市场中获取也需要在市场中运作。因此，自治区政府应当通过政府引导，完善市场机制，营造平等参与、公平竞争的市场环境，鼓励各类服务主体加入养老服务的供给，激发其活力，逐步使社会力量成为养老服务业的供给主体。高位推进顶层设计，加大政策支持、财政补贴等激励，引导和带动社会组织往养老服务机构方面投资，建造系列养老院、日间照料中心、社区居家养老服务中心等养老服务空间；充分发挥市场先导作用，构建起政府搭建养老服务业平台，市场主体自主经营，社会公众积极参与的养老服务产业发展新格局。公办养老机构是政府提供的基本养老服务，民办的养老机构是其有益补充，公办民营是新的发展思路。目前我区公办养老机构空置率较高，在现阶段充分发挥其作用，引入民营机构进行市场化运营，发挥其最大作用。在公办民营发展的基础上，鼓励民营养老机构的发展，可以给予税收减免、土地使用优惠、日常经营性水电等优惠，让社会各界多元渠道资金投入，满足养老服务业市场化建设需要。

市场在资源配置中起决定性作用，但同时具有盲目性、滞后性；而且在市场化的进程中因逐利性和短视性而引发产品低劣、市场无序、盲目竞争等现象。因此，自治区市场监督管理部门理应坚持问题导向，及时把握市场管理短板，强化市场监管，建立健全市场法规，完善行业标准和规范市场行为，确保养老服务质量有保障。民政部门应肩负起养老服务业监督管理主体责任，同时，提高协同性，增强财政、人力资源与社会保障、审计、国税等部门的协同性，制定老年产品与服务的生产、价格等标准，建立监督管理机制，实施对老年人用品或养老服务的质量检测和抽查，打击有关违法行为，建立投诉、咨询、法律援助等机制，切实保护老年人的合法权益。

3. 加强养老服务业的整体规划和政策引导

养老服务业的市场化、产业化要求政府从养老服务的具体提供者变为养老服务业发展的政策出台者、宏观调控者、管理监督者。自治区政府应当依据我区养老服务业发展的现状、老年人口的数量与需求变化以及未来发展，从战略层面对我区养老服务业进行总体规划，构建适合我区经济社会文化特色的养老服务业发展框架，制定养老服务业发展的中长期规划和实施纲要，积极推进适度发展、区域均衡的养老服务供给，促进养老服务业的健康发展。

老年人的养老需求也需要合理布局，应根据老年人人口数量、规模以及演变趋势等，并结合我区老年人养老服务需求的特性，统筹规划养老服务机构的数量与规模、布局与设置，在城乡规划、改造和建设中应有所考虑，减少和防止资源浪费，实现养老服务机构在各地区之间的合理有效配置。

4. 建立区域平衡的多层次养老服务体系

西藏的养老服务业处于起步阶段，结合西藏城乡不同的特点，应发展城乡不同的养老服务体系。2020 年底，西藏城镇人口 131 万，乡村人口 235 万，乡镇个数 697，乡镇卫生院个数 679[①]。据调查，西藏目前开展的社区养老服务项目多集中在城市社区，乡村社区几乎没有。而从统计数据上看，西藏的乡村人口占大多数，而未开发的西藏乡村养老服务应该具有较大的发展潜质。但由于乡村人口收入较低，老年人几乎没有收入，因此严重限制了老年人的养老服务需求。因此，农牧区的养老服务应该着力发挥家庭养老的基础性作用，夯实福利性的机构养老的兜底作用，在有能力、条件合适的地区开发社区居家养老服务。由于西藏地广人稀，农牧区更为突出，因此不可大力投入社区居家养老服务设施建设，投资回报低，增加财政负担。人口相对集中的农村社区，可着重构建能够提供日间照料、定

① 西藏统计年鉴 2021。

期体检、健身设施、健康讲座以及文化娱乐活动为主的农村社区养老服务中心，满足老年人需求；在人口相对分散的农村社区，积极鼓励老年人的配偶、子女、其他亲戚或左邻右舍为老年人口提供经济支持、生活照料、精神慰藉等养老服务，对确实无法照顾的，可集中机构养老，保障老年人的基本生活。

城市的养老服务供给模式与农村社区有所不同，农村主要是以村为单位，而城市中主要是各种住宅小区，不同小区根据相邻等特征形成一定的社区。与农村一样，城市的养老服务同样应该发挥家庭养老的基础性作用，但由于城市人口相对集中，城市快节奏的工作模式等导致社区居家养老服务需求相对较多。对单独留在家中或独居老人的日间照料与陪伴问题较为突出，更需要社区提供子女等亲属难以提供到的相关养老服务。因此，西藏当前需要着力加强社区养老服务供给，逐步提升社区养老服务中心的覆盖率；重点提升日间照料服务供给；广泛开展体检、增加健身娱乐设施、开办健康讲座与咨询，开展多种文化娱乐活动等。在机构养老方面，除了政府兜底的养老机构之外，应加快开放社会资本进入养老机构领域，同时推进公办民营或公建民营养老机构，鼓励支持养老机构开展医疗服务，对医养结合机构考虑纳入医保定点范围。

5. 发展具有地域文化特色的养老服务业

养老服务不仅要满足老年人的物质生活，也需要满足老年人的精神生活需求，涉及老年人的衣食住行等多个方面，包括日常保洁、康复护理以及文化娱乐等多个方面。老年人的物质生活需求以及精神生活需求一定会受到传统文化的影响。少数民族都有自身的生活习惯与精神生活，在养老服务的供给上应该尊重并发挥文化传统，构建满足西藏老年人需求的养老服务体系。如在长期照护、医疗诊断、康复护理、健康管理等领域中应当充分发挥藏医学的作用，研究开发多种符合藏族老年人需求并极具吸引力的养老服务项目；在老年人的文化娱乐活动方面，也应体现少数民族特色，增强西藏养老服务项目的吸引力，等等。

6. 注重高新技术在养老服务业中的运用

养老服务业的发展具有智能化的趋势。医疗保健、心理咨询、电商服务等不同程度地和养老服务进行渗透和融合，使得养老服务业向网络化、数字化、智能化、知识化等方向发展。在经济发达地区推行的“智慧养老”“互联网＋养老服务业”产生了较高的附加值，对经济社会的发展有一定促进作用。因此，我区应吸取经济发达省份经验，借助援藏单位帮助，在西藏自治区养老服务业发展早期就进行互联网、物联网等虚拟实体相关业务的规划与开发，将大数据、全球定位系统、云计算以及传感信息等信息技术与养老服务业深度融合，构建集互联网与物联网于一体的信息中心，以满足社区养老服务中心、养老机构或社区服务中心、医院、老人、子女之间信息互通有无，提高老年人的生活质量和应急处置能力。搭建“养老服务综合平台”，实现平台在城市社区全覆盖、往农牧区不断延伸，推进信息惠民服务向老年人供给、数据资源向社会开放，更好地为老年人养老服务发挥技术支撑作用。

7. 加强养老服务业人才队伍建设

目前西藏劳动力从事养老服务工作的意愿低，专业人员仍有较大缺口。为此，在西藏人力资源规划和建设方面，政府应加强政策制度性设计，可通过职业教育方式转移牧区就业，培养和提高养老服务业专业人才技能，充实养老服务业人才队伍。同时引入市场竞争机制，引导社会企业参与养老服务工作，给予政策性倾斜，激发市场主体参与活力。规范和建立养老服务人员岗位补贴制度，确保专业养老护理人员待遇有保障。加强养老服务人员入职与在职培训，提升准入门槛和强化专业素养。所有进入养老服务行业的相关人员必须进行岗前培训，经检定合格方可入职。鼓励相关养老服务机构等对养老服务人员进行继续教育培训，开展职业道德、专业技能等培训，政府可以给予相应补贴，构建起常态化的养老服务人员培养机制。吸引高素质人才进入养老服务业，可在相关院校开展养老相关专业教育，加快养老服务业高层次人才培养。鼓励青年志愿者投入养老服务工作，政府组织或社会组织多开展社区实践活动，吸引志愿者加入养老服务工作，以此弥补养老服务人员缺口。

第四章　西藏餐饮服务业高质量发展

一、西藏餐饮服务业发展概况与历史演进

（一）西藏饮食概况

中国饮食文化发展历史悠久，少数民族的饮食习俗在其中占有重要地位。在少数民族中，藏族、蒙古族、回族和维吾尔族的饮食文化最具有代表性。西藏是中国最大的藏族人群聚集地，约占全国藏族总人口的 40%，同时，西藏也是藏菜的发源地。因此，在推进民族餐饮发展中，藏菜是不可缺少的。

生活在特殊环境里的藏族人民通过与周边地区、国家和民族的相互交流，积累了丰富的餐饮知识，并将这些知识用于实践，形成了自己独特的烹饪技术。无论是从品种上，还是从营养价值上都备受人们关注。

西藏餐饮以藏餐为主，西藏和广大藏族地区菜点统称为藏餐。具体来说，藏餐以拉萨地区的藏餐为代表。藏菜与其他菜系主要有两个不同点：一是藏式的吃法，主要工具是手、刀、勺。二是藏菜的食材，藏菜大多数以藏族地区原产动、植物为原料。

1. 藏餐的基本情况

藏菜讲究质量，特别是讲究原汁原味并且重天然，轻人工而非数量及装饰。藏菜的原料有牛、羊、猪、鸡等肉类，还有土豆、萝卜等蔬菜，主食主要是青稞、大米和面条。制作藏菜所用的原料大多来自藏族地区，品种繁多，风味各异。西藏大部分地区四季分明，藏式烹饪材料季节性比较强，牦牛肉作为首要原料，除此之外，还有“春有鲢鱼，夏有奶酪，秋有肥牛，

冬有绵羊”等。无论是常用原料、特色原料、时令原料还是珍贵的稀有原料在西藏地区应有尽有。随着社会经济和文化生活水平的不断提高，藏餐的烹饪技术和饮食形式也得到了提高和改善。

藏菜所用原料中，很多常用原料都具有相当的保健功能，其作用对人体大大有益。如奈（青稞）、亚（牦牛）、玛尔（酥油）、果鸟（茴香）、日估（野蒜）等。

藏菜历史悠久，独具特色。藏族食品的原料大多是当地生产的，颜色和口味多种多样。在西藏的各种节日里，有很多烹饪和摆席的方法，最常用的方法是根据客人的社会地位来决定采用哪种形式的餐点。常见的形式有盘中敬餐、手递敬餐、餐巾敬餐等等，同时还有素宴和荤宴等。在现代的家庭和团建活动中，通常有热菜、凉菜、汤、主食和零食，就跟中餐一样。藏菜中盐是除甜食外最基本的调味品，除此之外，还有葱、姜、大蒜、咖喱、香菜、藏茴香、胡椒粉、花椒、辣椒、香菜、蒜、沙贝母、孙粉等。虽然调味品有很多，但这些调味品的使用方式不同，不同的食物有不同的调味要求。藏式宴会的主菜、调料和配菜都非常讲究，并且对食品的卫生有严格要求。

2. 藏餐的主食

“麻三”是将优质糌粑、干酪粉、红糖混合之后再与融化的酥油混合成半固体状态，然后放入模具做成块，最后用酥油装饰而成。

土豆咖喱饭也是藏餐的主食之一，其制作过程是首先加热新鲜的酥油，然后加入少量葱，把羊肉块放入锅中炒至半熟，加入孜然咖喱、盐等调味料，然后将煮熟的土豆切成块，放入锅中片刻即成。上席时米饭装入一个高脚铜饭盒，上面放着土豆咖喱肉。

肉包是用切碎的牛肉、板油和小葱调味而成。面不发酵，直接加水和成面团。最好的馅是在吃包子的时候能够流出汤汁。另外一种是酪粉包，它的馅是将细酪粉、少许豌豆粉和白糖混合，然后加入融化的酥油制成的。

咪达的意思是粥。三大佛教寺院的僧人在获得格西学位后，会给寺院里的人们献上浓粥以表示庆祝。粥的做法是：煮完粥后，加少许盐，再加酥油肉丁、杏干、葡萄干、红枣，然后盖紧盖子，用小火焖几小时后充分搅拌即成。

3. 藏式菜肴

藏菜丰富多样，其中最具有特色的是灌羊肠和羊肺。灌肠的方法是：将米煮至半熟，加入肉末、葱、羊血、香料、盐、胡椒粉等调味料，拌匀填满香肠，然后煮熟后凉却，再切段用油炒。还有灌牛肠，它的做法是用煮熟的青稞片、牛血、牛肝、肺等内脏剁碎混在一起，再加调料放入肠内，即可烹调食用。

灌羊肺是把面粉加水弄成稀糊状，研磨各种调味料成细粉和水汁，加入少许香油拌匀，然后灌满羊肺，在沸水中煮一段时间，之后将其冷却，然后切成薄片炸油即成。

血肠、肉肠、肝肠和面肠在广大的牧区很受欢迎。血肠的制作方法是将肉末、肥肉、香料、血拌匀后倒入小肠，然后倒入沸水锅中涮两滚。待肠道中的血液未完全凝固捞出，抓住肠的两边边吃边吸，味道鲜美。肉香肠，也被称为油香肠，是由羊肠制成的，在肉丁中加入调味料，由大肠的细端往粗端边装边翻，装完后用小火煮至熟透。

面肠制作方法是将切碎的羊油加入面粉，然后混合成面糊，加入调味料灌制而成。除了烹饪，你也可以把煮熟的面肠切成段，在火上烤着吃。将羊肝丁填满肝肠，再加入适量的羊油和调味料，肝肠灌就制作完成。

羊头凉拌和牛肚凉拌是风味独特的小吃。羊头凉拌的方法是将羊头上的毛拔净煮熟，然后挑出来，加入喱哩粉、茴香和辣椒粉，与羊脑混合即成。与此做法相类似的菜肴是牛肚凉拌，牛肚要彻底煮熟。除此之外，还有炸牛肉、炸羊排、萝卜炖牛肉、银丝肉、烤蘑菇等。

4. 禁食习俗

藏族一般不吃狗肉，驴、骡子和马肉也被禁止食用，一些僧侣和佛教徒甚至禁止吃鱼、猪肉和鸡蛋。

随着社会经济的发展和文化生活水平的提高，藏族地区与外界的人员在饮食文化方面交流得越来越频繁，其中汉族对藏族地区的烹饪技术和饮食形式的影响较大，这种饮食文化的交流极大地丰富了藏式饮食的结构和种类。俗话说："十里不同雨，百里不同天。"中国幅员辽阔，资源丰富，不仅形成了丰富的地域文化，而且人们的饮食习惯也各有不同，因此，长期生活在高原上的藏族，有着自己独特的饮食结构和饮食习惯。

5. 西藏饮食的"四宝"

酥油、茶叶、糌粑、牛羊肉是藏族饮食的"四宝"，同时还有青稞酒和各种奶制品。酥油是由牛奶和羊奶制成的。酥油的制作方法是把加热的牛奶倒入一个大木桶，不断搅拌数百次，直至油和水分离才停止搅拌。然后，捞起浮在上面的一层淡黄色脂肪，放在一个皮革口袋里，在那里冷却后形成酥油。酥油营养价值丰富，它可以以多种方式食用，但主要用于制作酥油茶。

茶深受藏族人民的喜爱，藏族被称为"酷爱饮茶的民族"。鱼离不开水，藏族人民离不开茶。这真实地反映了藏族人民与茶密不可分的渊源，也反映了饮茶在藏族人民生活中的重要性。在西藏，茶叶有很多种类，酥油茶、甜茶和清茶是最为常见的。不管你是饿了还是累了，坐在世界屋脊上喝一碗酥油茶都会让你立刻充满活力和动力。尤其是在寒风凛冽、霜冻滴落的冬天，喝上几杯酥油茶，你就会觉得很温暖，无论天气多么寒冷都可以生存。甚至有人说，当你身体不好、卧床不起时，喝一碗浓茶可以解毒、祛病除邪。当你从低海拔降落在高原上，你的皮肤经常被刺骨的寒风吹裂，你可能会遭受严重的缺氧、头痛、气喘、心悸和呕吐。在每一个场景中，藏族同胞都会建议你喝几杯酥油茶，所有的不良反应都会逐渐消失，这就是酥油茶的神奇之处。

6. 西藏特色美食

糌粑是藏族的一种重要食物，它制作起来很简单，把青稞、白青稞和紫黑麦都晒干、油炸、磨成细面粉，就制成了可食用的糌粑。吃糌粑很容易，把糌粑放到碗里，放一点酥油茶，大拇指扣在碗边，不停地转动其他四根手指，直到酥油和糌粑混合成小球再吃。

风干肉是西藏的一种特色食品。在年底，当温度低于零摄氏度时，将切成小条的牛羊肉挂在阴凉处自然晾干，在第二年的二三月吃，肉不仅酥脆，而且具有独特的味道，回味无穷。

青稞酒是一种以青稞为原料酿制的低强度葡萄酒，它在藏族人民中广为流传，更是节日里不可缺少的饮料。青稞酒的制作工艺非常独特，首先将青稞洗净煮熟，待青稞温度稍降后，加入酒曲，放入陶罐或木桶中密闭发酵。两三天后，加水并盖上盖子，一两天后，它就变成了青稞酒。青稞酒呈橙色，口感酸甜，酒精含量与啤酒相似。

在喝青稞酒的时候讲究“三口一杯”，即先喝一口，倒满；再喝一口，再斟满；喝完第三口，斟满干一杯。一般情况下，男女主人会唱酒歌祝酒。在盛大的宴会上，有专门的祝酒女郎，她们穿着最华丽的服装，唱着最迷人的酒歌，轮流劝说客人喝到酩酊大醉。

农牧区的饮食有其自身的特点。除了糌粑和面粉，牧区的饮食可以简单地分为“红色食物”和“白色食物”，红色代表肉，白色代表牛奶。夏季主要以“白色食物”为主，冬季主要以“红色食物”为主，手抓羊肉、烤羊肠和风干肉等是牧区的著名小吃。

7. 藏式餐饮文化

藏式餐饮非常优雅。主人和客人坐在各自的厚席子上，前摆藏桌，分开用餐。藏式菜肴包括风干肉、奶渣糕、人参果糕、炒牛肉、辣肚、灌肠、灌肺、炖羊肉、炖羊头等。主食有酥油糌粑、奶渣包子、藏包子、藏饺子、面条、炒面、水果等。西藏菜的味道清淡而温和。许多菜肴，除了盐和葱蒜，不放任何辛辣的调料，反映了藏族饮食文化回归原始的生活方式。

在西藏各地的城镇，都有许多不同等级的藏式餐馆。这些餐厅的装饰，无论是高档的还是低端的，都具有民族特色。“狗蹄”木桌、铁炉、“八瑞”瓷碗、藏式蒲团、吉祥图画和壁画，都体现了藏族人民的精神追求。

（二）西藏餐饮演进

藏菜经过演变并形成特色经历了很长的时间，大体可以分为四个发展阶段：

第一阶段始于公元6世纪。公元6世纪是西藏烹饪技术的第一次变革。其中一个原因是吐蕃通过贸易与中原和亚洲国家进行了广泛的经济文化交流。丝绸之路的开通，极大地丰富了西藏烹饪材料的内容，提高了烹饪技术。特别是文成公主入藏，使藏汉饮食文化开始融合。这时人们开始注意博食和养食，博食，即烹饪所用原料广泛，遍及谷类、牲畜奶、蔬菜、水果等门类；养食，即“医食同源”，“药膳同功”，这充分说明当时西藏在营养食品方面也取得了很大的进步。

《四部医典》向人们展示了西藏丰富的烹饪材料资源，从医学理论上解释了数千种与饮食有关的本地植物、动物和矿物质，详细介绍了其药理作用，告诉人们什么可以吃，什么不能吃，如何吃。第二个原因是中西饮食文化的传入，使藏药饮食的生产逐渐兴起，为藏药饮食的烹饪理论奠定了基础。这一时期藏医的发展在营养食品方面发挥了重要作用。

第二阶段可以追溯到公元13世纪。此时，西藏基本上结束了分裂的局面，除了与元朝中央政府的政治关系更加密切外，以藏传佛教为纽带的西藏与蒙古之间的人文交流也日益频繁，同时也丰富了藏式食品的内涵。

第三阶段始于公元18世纪。此阶段为清朝光绪皇帝的统治时期，清朝的宴会达到了顶峰。随着西藏与内地的经济文化交流，内地的饮食文化不知不觉地传入了西藏。当时，藏族人称“满汉全席”为“嘉赛柳觉杰”，意为汉菜十八道菜。在拉萨、江孜、日喀则等地区重要城镇，街头的蔬菜、水果、厨具、器皿越来越多，一些相对简单的烹饪技艺不断地传播给百姓，有效地促进了藏式烹饪技艺的发展。这一时期，集饮食、旅游、娱乐为一体的藏族饮食文化开始进入上层贵族家庭。然而，直到20世纪50年代，在西藏广大的农牧区，人们仍然依赖原始、简单的烹饪方法。

第四阶段始于20世纪80年代。西藏旅游业的蓬勃发展，使西藏的美食烹饪产业得到了前所未有的发展。在吃什么、怎么做、怎么吃这些最基本的问题上，开始朝着从简单到复杂，从粗到细，从低到高的方向发展。新食材不断增加，烹饪地位不断提高，烹饪技术不断交流，甚至有专门的烹饪书籍出版。西藏自治区旅游局编写了《藏餐菜谱》，青海人民出版社出版了《藏族常用饮食辞典》，西藏自治区劳动和社会保障厅联合西藏自治区烹饪食物的餐馆协会编辑了《学藏菜长本事》，开辟了一个西藏烹饪的新时代，使西藏因“绿色饮食王国”而闻名，新的饮食文化、饮食科学、饮食艺术、饮食礼教和藏式饮食特色等逐渐形成。随着烹饪技术的不断成熟，藏式、中餐、西餐饮食文化相互融合、优势互补的新格局已经形成，揭开了藏式烹饪的新篇章。

二、西藏餐饮服务业高质量发展的现状

西藏现代餐饮行业从2005-2006年开始起步发展，到2009-2012年快速数量型扩张发展，最后再到2013-2014年开始经历了转型发展的三个阶段，自从2015年以来，西藏餐饮业不断积累行业发展经验，为下一阶段西藏餐饮高质量发展寻找新的出路。

2012年年底，西藏的高端餐饮业迅速进入寒冬，消费群体大量流失，高端餐饮业在政策和市场的双重影响下被迫寻求转型。但是想要在短期内完成重大战略调整是非常困难的事情，而在西藏地区还没有出现餐饮行业转型特别成功的案例。同时，随着激烈的市场竞争以及“城市综合体”模式下的餐饮入驻等一系列大环境调整与变革，导致当地中低端餐饮业也开始面临了一轮又一轮的洗牌。随着互联网+时代的高速发展，年轻消费群

体逐步崛起，餐饮大众市场不断的进行市场细分，进入餐饮“小时代”。

2020 年，西藏餐饮业受到了前所未有的疫情影响，房租和人力成本等固定成本居高不下。大量餐饮门店被迫关停。特别是在疫情到来的前两个月，全区九成餐饮企业损失 100%，收入与同期（29.47 亿元）相比减少了 20 多亿元。据统计，2019 年全年餐饮住宿行业零售额为 110.04 亿元，而 1–5 月，餐饮住宿行业零售额为 46.51 亿元，占全年收入的 42%；2020 年 1–5 月，餐饮住宿行业为 25.11 亿元，同比去年下降 46%。

虽然疫情影响颇广，但是西藏餐饮业依然提交了一份不错的答卷。西藏餐饮食品市场经营主体准入资格不断规范，假劣食品得到有效遏制，农牧区食品市场环境趋于繁荣和稳定。通过深入推进餐饮服务单位量化分级管理，全区量化单位达到 95% 以上，大型以上餐馆、集体用餐配送企业、学校食堂等餐饮服务单位中鼓励推行电子台账、餐具热力消毒、提升餐饮服务单位的自律管理能力和水平。重点对学校食堂、小作坊、“农家乐”、旅游景区餐饮服务单位实施全覆盖监督检查，严防不合格食品流入餐饮服务环节。同时，食品流通和餐饮服务领域食品安全快速检验检测能力的提升也为西藏餐饮的行政监管做到了强有力的技术支撑，对保障食品安全起着重要的作用。同时，餐饮行业积极引导相关行业协会、学会等组织加强自身建设，加强食品安全法律法规宣传，广泛、深入、持久地开展餐饮服务食品安全宣传教育活动，积极营造全社会共同关心、关注、支持食品安全监管工作的良好氛围。

三、西藏餐饮服务业高质量发展中存在的问题

近些年，西藏的城镇化、农业现代化、文化旅游行业的发展给西藏餐饮业带来了新的经济增长空间，特别是为西藏餐饮业高质量发展提供了诸多渠道和便利，但是西藏餐饮业在供给方面仍然存在着很多的困难和问题。

（一）餐饮基础设施不均衡矛盾明显。

餐饮有效供给不足，餐饮聚集区周边的软硬件设施和服务还存在不协调的地方，难以真正地形成规模，难以满足游客的需求。

（二）农牧区小餐饮卫生令人担忧。

农牧区餐饮服务主体食品安全意识不强，大多数经营者只注重经济效益，不愿投入资金改造卫生环境。农牧民对假冒伪劣食品药品识别知识缺乏，一些农牧民买食品药品往往只看重价格，忽略质量。

（三）人力成本压力加大。

餐饮饭店之间争夺劳动力资源的加剧，餐饮饭店运营成本的增加，员工和复合型管理人才的成本越来越高，导致行业的适应市场能力较弱，这势必对行业带来一定的成本压力，推升了行业用工成本并造成用工难。

（四）餐饮原材料成本上涨。

餐饮行业原材料价格上涨进一步增加了企业的进货成本。目前许多餐饮企业的原材料价格已经出现上涨，特别是在疫情防控期间，原材料价格也将受到一定影响出现上涨情况。

（五）财务制度不严谨，金融贷款扶持落实不到位。

西藏各地相关部门虽然发布了各种金融政策和疫情相关政策，但由于一些现实情况，餐饮住宿行业大部分的财务人员和管理人员对于金融财税制度和相关支持政策缺少了解渠道或了解得不全面，往往造成政策落实不到位。

（六）在“互联网”的冲击下，传统餐饮行业服务滞后。

在餐饮业与互联网的融合背景下，消费者的餐饮习惯正在发生改变。随着 O2O 市场的爆发，传统餐饮行业的食品外送安全问题和餐饮企业供给能力的滞后问题逐渐凸显出来，同时还包括线上线下的信息反馈不及时、不对等情况以及服务滞后等问题。

（七）产业发展聚集化与集群化不足。

以美食城、街区为载体的具有地理标志的餐饮品牌聚集地数量过少，特别是伴随着运营咨询、旅游营销、文化创意、服务外包等特定区域的空间网络集群还没有有效形成。

（八）精准扶贫闭环未有效融合。

餐饮业是就业稳定器，但是现阶段餐饮业与旅游对接融合不足，特别是在拉动乡村旅游业发展方面，还不能有效形成大面积的“吃住行游购娱”于一体的基地，在拉动旅游业发展方面，动力不足。

（九）传统美食文化保护与传承不足。

西藏各地在深度挖掘传统美食文化方面的措施还略显不足，政府和行业组织仍需进一步加强对本土传统美食文化的保护与传承，传统美食文化认同有待进一步加强。特别是由于早期西藏地广人稀、通讯、封建思想及对厨师行业不重视等原因，传统藏菜的烹饪技艺没有得到很好的传承，藏菜的很多烹饪技艺已经失传或掌握在少数人手中，得不到广泛流传。

四、西藏餐饮服务业高质量发展成就

（一）餐饮业种类日益丰富

西藏餐饮行业具有鲜明的地域民族特色，除了熟悉的藏菜外，川、湘、鲁、粤等菜系也汇聚“一碟”，再加上独具风味的印度、尼泊尔、泰国、韩国等外国餐饮文化，西藏餐饮业可谓包罗万象、丰富多彩。

（二）餐饮经营街区日益繁荣

目前，西藏各城市都已经形成中小餐饮企业聚集区。典型代表是天海市场。天海夜市是拉萨著名的夜市，它位于拉萨西郊，靠近繁忙的北京中路，离罗布林卡不远，天海夜市的东门在巴尔库路，北门在天海路，西门在民族北路，堪称自治区最大的食品餐饮市场，除了藏式餐厅外，还有西宁烧烤、新疆拌面、兰州牛肉面等，当然最多的还是四川火锅。这里有20个来自新疆、青海和宁夏回族的羊肉摊，供应烤羊、煮羊、羊肉串、羊头和羊腿等各种羊肉。它是晚睡者寻找食物的完美场所，每个摊位都很受欢迎，整个夜市都挤满了人。

（三）线下 + 线上共同推进餐饮行业变革

随着互联网 + 时代的发展，新一代年轻消费群体正在崛起，餐饮市场不断细分。数据显示，2014 年，大众外卖 O2O 行业规模达到 1600 亿元，占整个餐饮行业的 5.8%。

近年来，随着互联网技术的快速发展，传统的餐饮行业也迅速地利用了互联网技术。点评、团购、微信营销系统、各种餐饮 APP（美团、饿了么、大众点评）等第三方在线餐饮平台大量涌现，使得餐饮的线上业务飞速发展。

（四）餐饮龙头企业走向区外

目前，自治区已经形成一批餐饮龙头企业，并逐渐走向区外，传递西藏饮食文化。

玛吉阿米西藏风情连锁餐饮企业成立于 1997 年，最早将藏式传统餐饮文化融入现代经营理念，并在此基础上加强藏式餐饮多元化的饮食结构，形成既有藏式特色又有多种餐饮模式的连锁企业。在藏族餐饮业中玛吉阿米占据着重要地位，是现代藏族餐饮业的代表。总部坐落在西藏拉萨市八廓街，现在北京、昆明等地设立连锁分店。

西藏的特色美食令人垂涎欲滴，优质的餐饮原材料使西藏餐饮业发展潜力巨大，受益于得天独厚的自然地理条件，无公害、绿色的水果、蔬菜、肉类及调味品等受到区外消费者的青睐。

（五）日益重视食品安全，保障民众“舌尖上的安全”

“民以食为天，食以安为先”，食品安全直接关系到人们的健康和生命安全，应继续加强食品安全监管，让广大群众买得称心、用得舒心、吃得放心，积极开展风险隐患排查、重点领域问题专项整治、食品安全示范引领、产业提升“四大行动”。政府深入超市、农贸市场，重点排查乳制品、肉制品、甜茶粉等重大节日消费品，加强对食品安全问题多发地区和场所的监督抽查。2019 年，西藏餐饮服务单位炊具明火率达 70%，学校食堂明火率达 85%，食品安全检测合格率达 97.6%，达到全国平均水平，连续多年没有发生重大食品安全事故。

五、西藏餐饮服务业高质量发展对策和建议

（一）保障食品安全，提供健康服务

在新冠疫情影响下，“安全与健康”成为消费者关注的焦点，也是餐饮企业发展的重点。应重点培养人们的安全消费和健康消费意识，推动住宿餐饮消费，呼吁我国住宿餐饮企业加入“绿色酒店：放心吃、安心住、健康行”的行动，让顾客放心到店、安心消费。引导行业企业从菜品研发、到店自提、放心厨房、分餐进食、公勺公筷双筷、“无接触”服务等方面保障食品安全，为消费者提供健康服务。

（二）紧抓外卖新业态，开辟多渠道获客途径

外卖已成为餐饮企业最重要的销售渠道。联合饿了么、美团等第三方平台开通会员外卖专属通道，为行业企业门店开通外卖线上绿色通道。众多餐饮企业在与美团、饿了么等平台合作的同时，积极运用微信小程序、直播、社区营销、短视频等方式开辟多渠道获得顾客的途径。

（三）加大成品、半成品开发和销售力度，积极改造新型零售

新冠肺炎疫情下，尽管员工都复工复产，企业都正常运行，但客流量直线下降从而导致餐饮企业营业收入下降，对老字号新零售、“中央厨房＋线下配送”、特色餐饮、地标美食等的需求不断加大。

（四）秉持社会责任感，提升品牌价值

强化企业责任是企业适应社会发展的重要举措，企业积极承担社会责任，可以为企业赢得良好的社会声誉，增强企业竞争力，提升品牌价值，从而有利于企业的可持续发展。疫情发生后，区内多家餐饮企业积极捐款、

捐物，履行企业的社会责任。

（五）积极开展线上员工培训，夯实创新转型基础

推动餐饮企业不断转型升级，而餐饮企业的有效转型升级很大程度上依赖于行业从业人员素质的不断提升。

（六）餐厨垃圾的危害与处理建议

目前，对于区内餐饮饭店行业产生的垃圾，没有具体的管理制度和处理途径，主要是环卫公司处理固体垃圾，一些私人老板收厨余垃圾，企业需要自行承担垃圾处理费；遇到行业旺季时，企业出资也没人收。导致部分企业将餐厨垃圾当做普通垃圾处理，部分液态垃圾倒入城市污水处理管道。

餐厨垃圾处理建议：

1. 餐饮企业减少厨余垃圾的产生，鼓励厨师发挥聪明才智巧妙利用边角料。

2. 从源头控制开始，鼓励顾客适当点餐，菜谱上标明分量（主料克重）。就餐结束后免费打包制度鼓励顾客将剩余菜品带走。

3. 餐饮企业每天都要产生餐厨垃圾，所以期盼能有正规公司收取泔水，进行正规处理；根据企业大小、规模等因素，协商每月收取一定费用用于处理餐饮垃圾；目前市面上有多种油水分离器，把油和渣隔离出来后，渣倒入垃圾桶，城市清运工人意见非常大，油也没有公司回收，不能解决根本问题；建议政府大力扶持餐厨垃圾再利用的公司，整合资源大力推动回收工程尽快落实。也可以直接引进成熟的环保项目，政府给予土地、税收等优惠政策。

第五章　西藏文化产业高质量发展

一、西藏文化产业发展历程

2002 年 11 月，党的十六大明确提出将文化事业与文化产业相区分，要大力发展文化产业。紧接着西藏自治区颁布了《西藏自治区人民政府关于加快发展我区文化产业的若干意见》（藏政发〔2002〕48 号），西藏自治区开始重视文化产业的发展，并与全国文化产业的发展速度逐渐持平。历经数个 5 年规划直至“十三五”期间，西藏的文化产业有了明显的提升，产业发展区域更加良性，发展格局日趋合理。具体可以从以下几方面表现出来：

（一）政策措施逐步跟上

西藏自治区人民政府在颁布的《西藏自治区人民政府关于加快发展我区文化产业的若干意见》（以下简称《意见》）中明确了发展文化产业必须贯彻的四个原则：一是坚持经济效益和社会效益相统一。二是坚持做到合理保护、合理发展、永续使用。三是落实优惠政策支持和市场经济运营相结合的基本原则。四是坚持大力开发、积极规范。《意见》还提出，要优先繁荣发展本地区传统文化，注重繁荣发展地区文艺演出产业、旅游产业、艺术产业、文化娱乐产业、艺术培训业、影视音像产业等文化产业。《意见》充分考虑了西藏人文资源、社会经济发展水平及其未来发展计划，作出了具体的设计安排。《意见》还确定了促进社会文化发展的有关重大措施，重点涉及改革文化发展管理机制，推动体制创新，构建多层次社会文化投入机制，完善文化基础设施建设，加大文化人才团队建设工程。

“十一五”期间，西藏自治区印发了《中共西藏自治区委员会、西藏自治区人民政府关于推动文化大发展大繁荣的决定》（藏党发 [2010]17 号，以下简称《决定》）。《决定》提出到 2015 年，西藏要建成区、地、县、乡、村五级全覆盖的公共文化服务体系，其中广播电视人口的综合覆盖率要达到 95%以上，人均图书报刊拥有量与全国平均相平，公共文化服务能力得到明显提升，在全区生产总值中文化产业的比例达到 3%的总体目标。到 2020 年，全区公共文化服务能力可以达到全国的平均水平，文化产业要作为西藏的主力产业发挥作用。《决定》还提出了促进文化发展繁荣的六大重要任务。一是加强社会主义核心意识形态建设，为团结奋斗奠定共同的理想主义基础。二是加强传播能力建设，提高舆论引导水平。三是完善公共文化服务体系，保障人民群众基本文化权益。四是繁荣文学艺术，打造藏文化品牌。五是加强文化遗产保护传承，弘扬优秀民族文化。六是推进文化改革创新，加快文化产业发展。

进入“十二五”期间，西藏自治区在文化产业相关的政策制定与实施方面愈加与时俱进。2011 年底，西藏自治区人民政府发布了《藏族地方文化产业发展统计方案》，对西藏民族地方的少数民族传统文化市场经济繁荣基本情况报告作出了正确、全面的政策反映，并可以为区域内各类党组织、中央人民政府以及其他相关行政主管部门作出更好的政策决定提供少数民族传统文化市场经济相关决定依据，有利于促进藏族地区社会传统文化繁荣，作为当前区域新的少数民族传统文化市场经济繁荣重要引擎和新型的我国社会主义特色文化建设繁荣发展支撑之一。自从 2013 年以来，《西藏文化产业发展的指导意见》一直在不断修订完善，另外，《西藏自治区 2011–2020 文化产业发展规划纲要》提出，建设“特色文化经济实验区”成为西藏文化产业的重要发展目标之一，着力打造以“幸福西藏”为主旨的国际级文化经济产业示范区，西藏即将面临对现代化模式进行重大抉择的历史关键期。上述政策的制定、颁布和即将颁布，为西藏文化产业的兴起奠定了坚实的基础，确保了西藏文化产业积极健康的发展趋势。

（二）资金投入持续增长

早在上世纪末，《西藏自治区关于招商引资的若干规定》(藏政发[1999]33号）便已正式出台，随后，又有《西藏自治区关于招商引资的补充规定》（藏政发[2000]35号）的发布，其有关条例及补充条例中就区外企业和境外旅游投资者在自治区内向符合产业导向的领域，例如旅游资源综合开发利用和地方民族特色的旅游景点项目建设，西藏对少数民族传统文化及特殊旅游商品的加工开发与制作等领域，继续实行财税优惠政策以及其他奖励投资优惠政策。由此作为新的开始，在对文化资金的有效吸收与综合利用上，自治区已开启了优惠的大门。

2002年1月出台的《西藏自治区人民政府关于加快发展我区文化产业的若干意见》，在有关加速推动文化产业健康发展的重点政策措施第三点中，就明确提出要形成更为多元化的促进文化投入分配机制，加强政府财政投入的扶持力度。随着2006年底的青藏铁路全面建设通车试营运行，西藏文化市场已经获得了前所未有的繁盛和高速发展，而西藏文化市场资金的供需空间缺口也越来越突出，这种强烈需求也吸引了来自区内外各种文化市场资金的大量投入，从而构成了多元化渠道、全方位的西藏文化资本市场布局，到西藏申办各种文化市场资金经营项目的社会投资者越来越多。截至2008年，西藏进行参与文化产业发展的企业和单位已经有3000多家，其从业人员已经超过2万人，门类达20多种。文化产业投资额也大幅度提升。2010年5月，在第六届中国（深圳）国际文化产业博览交易会上，西藏成功推进的多个重大文化招商战略合作项目，顺利对接大批国内外文化投资者，并顺利牵手了西藏的多个重要文化投资公司，签订了11个重大文化融合意向性投资项目招商融资的战略合作框架协议，项目总额高达6.6亿元。2010年8月，首届西藏唐卡艺术博览会的成功举办，使西藏文化产业的发展上了一个新台阶。

在中央的大力支持下，“十一五”期间，西藏自治区政府按计划每年投入约2500万元资金作为文化产业和文化创作专项资金，以进一步加快西藏文化产业的振兴步伐。到“十二五”期间，西藏自治区政府进一步加大了对文化产业专项资金的投入，同时为了深入贯彻落实《中共中央关于深化文化体制改革、推动社会主义文化大发展大繁荣若干重大问题的决定》和《中共西藏自治区委员会、西藏自治区人民政府关于推动文化大发展大繁荣的决定》精神，进一步规范了少数民族文化发展规划重大政策扶持项目专项资金监督管理使用与监督管理，为发挥对重大支持项目专项资金的重大政策扶持引导力和统筹促进功能，文化产业发展专项资金由中央财政和自治区财政安排，专项用于支持文化产业发展。2012年，西藏又一个数字出版文化新传媒旅游文化综合文化产业休闲园区工程开始动土建造，园区的总体工程规划土地面积约八万余平方米，共投入资金约3.5亿多元。同年七月，总投入超过三百亿的中国西藏文化旅游创意园区，在拉萨城关区蔡公堂镇次角林村产业基地，正式展开了项目投入使用揭牌开工交付使用的揭牌典礼，建成后的整个产业旅游园区将初步打造发展成为西藏又一文化旅游休闲产业“名片”。

（三）产业平台初步搭成

2009年2月，自治区文化厅公布了第一批文化产业示范基地，其中包括拉萨岗地经贸有限公司、拉萨城关区古艺建筑公司、拉萨市新华书店等8家重点企业和单位。第一批文化产业示范基地的出现，说明政府部门在推进文化的良好发展范畴产生了重要领头和重要引领性的作用，榜样性基地效能也逐步得到显现。2012年9月，西藏出版文化产业园开始启动建设，位于拉萨经济技术开发区A区的核心地带，分为出版文化孵化器和配套服务区两大功能板块。关于出版文化孵化器业务板块，目的是为从区外引进的内地企业提供文化办公活动场所、技术开发和生产制作厂房，以及文化项目融资、注册、财税政策法规咨询和服务物流、文化销售服务推介等相关业务，同时也进行西藏本土文化书刊，地方特色出版物印刷品的设计展示制作展销，有关于西藏本土题材的文化出版物美术、书法、陶艺等以及西藏具有区域文化特征的地方本土文化出版物工艺品的设计制造销售展示，接待中外游客前来参观。配套文化综合服务示范区内的文化出版板块，主要是由出版公司直接吸纳文化精品公司的优秀员工以及为文化公司提供人力资源、会计、后勤管理等各类文化相关产业服务项目。西藏出版文化产业园规划在3–5年内将累计策划引进大中型的优质出版文化精品出版社和优质文化精品生产与运营公司100–120余家，年文化产值达到20–30亿元，实现利税3–5亿元。2014年还组织出台了《西藏自治区文化产业示范基地评选命名管理（暂行）办法》(以下简称《办法》)，并于当年8月1日起在西藏自治区正式启动实施。这年9月，西藏正式组织启动了第二批自治区级重点文化产业示范基地和第一批自治区级文化产业示范园区的建设评审及命名工作。由自治区文化厅组织专人对各重大文化精品公司的具体名称情况进行了实地调查后并跟踪分析核实，逐一对名称进行了严格遴选，经过反复研究，并报经省级西藏自治区人民政府同意后并审核通过正式批准，此次新命名西藏尤格仓工贸有限公司、西藏蓝雪工贸有限公司、西藏朗赛经贸有限责任公司、西藏邦锦美朵工贸有限公司和拉萨彩泉福利民族手工业有限公司等9家企业为自治区级文化产业示范基地（其中1家为自治区级文化产业示范园区）。

目前,西藏自治区级文化产业示范基地(园区)总量已达17家,在这当中，2008年10月和2010年12月，拉萨岗地经贸有限公司和拉萨城关区古艺建筑美术公司先后被国家文化部授予“国家级文化产业示范基地”。这两家企业都具备了较强自主创新能力和开辟国际市场的创新能力，在促进文化产业发展等方面取得了较显著的成绩，在全国同行业中具有典型和示范意义。上述国家重点示范区和生产基地（产业园区）的相继成立，为2015年基本完成西藏全区中小企业超过二十家的目标打下了良好基础。与此同时，自治区文化厅也努力加大了对特色文化重点示范区和基地（产业园区）的政策指导和支持力度，进一步壮大西藏自治区文化产业发展主体力量，抓好特色文化产业骨干企业的精心培育工作，不断将文化产业引向规模化、集约化、专业化发展方向，并且对文化产业示范基地有一系列优先扶持计划，其中包括资金扶持、人才培养及支持创办各类文化产业展会活动等。上述的改革举措，将大大增强我国文化产业重点示范园和基地的国际品牌度和认知度，进而进一步提升我国文化产业重点示范园和基地的国际综合能力。

对西藏的国家文化产业重大示范园区和产业基地的分级命名审批与管理工作将进一步采取按层次分类审批命名、逐级审批申报、按梯次分级模式，分别设立自治区级、地（市）级和县（市、区）级三级文化产业示范基地。

（四）资源配置渐趋合理

若缺乏大量的现代文化资源以及丰富的传统文化底蕴，文化产业发展将如同无源之水，无本之木。西藏具有中华民族传统文化中极为宝贵而又重要的艺术资源和丰富人文历史资源。目前，西藏已初步发掘了具有民间文学、传统艺术歌曲、传统艺术舞剧、民族曲艺、传统文艺戏曲、传统工艺美术、传统表演技术、传统医药、传统体育游艺与杂技、民俗等 10 个非物质文化遗产种类，有重要价值的非物质文化遗产项目近 800 项。这些资源不仅存在着巨大的学术研究价值，也存在巨大的潜在社会经济效益研究与使用价值，而且也是中国大力发展优秀文化事业的主要人力资源。

在中国早期的地方特色文化资源管理开发综合利用中，尽管西藏与中国国内企业文化体系有着类似的比较粗放式的积极发展企业文化过程，却并没有非常重视对于企业各种内涵式的发展机制综合运用，在企业文化结构中也普遍存在着各种不尽合理的发展机制因素。在进入“十二五”之后，西藏的文化产业发展思路具有更加灵活多样的特点，文化产业政策朝向更加多元化的方向跃进。我区必须充分发挥自身的丰富多彩且民族特色突出的物质精神文化资源，紧紧围绕国家依托实施民族特色文化复兴战略的发展要求，从自己实际发展状况角度考虑，在整体文化布局中，将一些最能够代表一个地区物质文化特点，最能体现出的多民族精神特色，最能具有发展市场潜力，最能有发展社会经济效果的物质文化资源，进行科学合理的利用调配，形成了目前以有形的物质文化资源——拉萨布达拉宫历史建筑群等名胜古迹，神山圣湖等自然生态景观，藏刀、陶瓷等民族工艺品，图书馆、博物馆等文化设施及设备资源与无形的精神文化资源——《格萨尔王传》口头文学，传统藏戏及当代戏剧艺术，唐卡绘制艺术，民族歌舞表演，民居建造术等相互配合的多维一体的文化资源体系。

当然，文化资源并不能和文化资本划等号，只有在进入现实文化生活和社会生产过程之中，它才真正具备了可以转化为文化资本的可能性和现实性，“这些民族文化资源转化为民族文化资本后，经过规模化的复制与生产、储存与服务，进而实现民族文化的产业化”。也才可能使文化资源经过生产转化过程和经营管理过程而具有持续开发价值和产生巨大的经济价值，实现文化资源向文化资本的有序渐进。

（五）产值效应渐次明显

在这一时期我们能够很清晰地看出，从上个世纪末开始，对西藏自治区经济通过文化产业内部结构的逐步优化与调控已经基本到位，同时经过了持续不断的国家宏观政策投资扶持力度和政府通过社会资本作用所带动政策效果的直接影响，开始逐步实现文化产业的跨越式发展。在中国传统文化结构中的一些重要支柱产业，如我国少数民族传统文化艺术旅游业、少数民族传统文化艺术表演产业等，直接地、有序地间接推动了本民族区域传统文化结构的优化转型，为当地少数民族经济的长期稳定发展与进步做出了历史性的巨大贡献。根据 2009 年相关的中国官方产业统计，1999 年，西藏全国文化综合产出仅产值为 4.9569 亿元[①]，总体的文化增加值也仅为

① 纵瑞彬 . 西藏文化产业结构的基本现状及未来发展趋势研究 [J]. 西藏民族大学学报（哲学社会科学版），2016.

3.8440亿元，随后呈现了一个逐次递进的状态，尽管其间出现了几个不同年份全国文化工业产值均急剧下降的特殊现象，不过其总体速度与上升或下降态势并未过大变化。到2007年，仅制造藏药一项的工业产值就已经高达每年6.6亿元，总销售收入每年4.5亿元，而文化产业对西藏GDP的贡献也已超过创纪录的3.9%。特别值得一提的是，从2013年正式开演的《文成公主》，营业业务收入已超过1.4亿。2014年，西藏中部区域的国有文化产业单位人均实现文化生产总值27亿元，增幅为12%，占到西藏国民生产总值的3%。据调研与了解，2015年西藏中部区域国家文化产业与高新技术产品综合增加值增幅占地方国民生产总值的工业整体收入的3%以上。

党的十八大以来，西藏作为国家重大文化重点建设工程地区，荣获国家科技进步奖励二十六项，近二十处国家省级重点历史文物文化保护单位点，被列为全国第七批第一个和我国第一个国家省级重点史迹及古物文保单位的保护工作单位，“十二五”期间，作为国家文化重大工程建设地区的国家文化重大项目已全面启动并正式落地，文化惠民稳步推进，文艺创作活动日益蓬勃发展，国家非物质文化遗产使用征收收益保护利用与管理效果显著。这些真实情况与事实充分说明了在我国文化政策市场优势的持续与有力支持推动下，西藏文化发展正呈现持续蓬勃发展的良好态势，文化正快速形成藏族地区新的实体经济拉动增长点。

二、西藏文化产业发展现状及主要成就

藏族文化资源不仅历史悠久，而且丰富多彩。在漫长的历史发展过程中，这片雪域高原——世界第三极，孕育了悠久的历史和古老的文明。生活在西藏的祖先创造了丰富多彩的民族文化。目前，西藏的文化资源按形态不同可分为物质文化资源和非物质文化资源。物质文化资源主要包括食品、服装、住房和运输文化、农业生产、林业和畜牧业文化、科技文化的

延续等。非物质文化资源有宗教、哲学、文学、艺术、伦理、道德、美学等。这些有形无形的文化资源是适应于当时特定的生活环境而产生的，具有很强的民族个性特点。

第一，物质文化资源。西藏各民族在人类历史和文化发展的漫长过程中繁衍、发展、共存，创造了工艺品、建筑、服饰等多种具有民族特色的文化形态。比较完整的历史遗迹和文化资源传承是西藏人文景观的最重要组成部分。西藏有许多藏传佛教寺院。举世闻名的布达拉宫被列入世界文化遗产名录。大昭寺和罗布林卡也加入其中。拉萨、日喀则、江孜被选为中国历史文化名城之一。宫殿、寺庙、园林、人文文化遗址等艺术作品反映了藏族独特的社会、经济生活和民族特色。这是西藏独特的优势，也是西藏发展文化旅游的绝佳机遇。

第二，非物质文化资源。包括藏传佛教、教育、语言文学、艺术创作、藏医药和天文历法、建筑艺术、戏剧、歌舞等诸多非物质文化遗产。这些文化资源的清单可以分为许多元素。中国非物质文化遗产的类别包括：民间文学、民间音乐、民间舞蹈、传统医药、传统戏剧、民间艺术、杂技体育、民俗风情、传统工艺等。目前，西藏非物质文化遗产主要包括以下内容：一是包括神话传说、民间歌曲、叙事声乐、民间故事、民俗说唱艺术等的表达。二是藏族歌曲、舞蹈和戏曲表演艺术。三是礼仪、民俗节日。四是自然和宇宙的宗教知识和实践，主要是苯教和藏传佛教。五是藏香、藏纸、藏木雕家具、面具制作艺术等传统工艺技术。六是藏药。七是文化空间主要是指西藏各地每年举办佛经展览、经书研讨等佛教活动的寺庙。广阔的建筑和活动区域以特定的文化空间命名。

（一）西藏文化产业发展的政策环境的现状

理念是行为的先导，根据党在十九大报告提出的新发展理念，文化产业发展必须倡导文化供给侧结构性改革，创造适合现代文化产业孵化壮大发展的业界生态环境，利用先进理念和高新科技力量不断开拓创新文化新天地，探索地方特色模式。为了加快西藏文化产业的发展，西藏自治区党委政府出台了一系列政策：《西藏自治区文物保护管理条例》（1990）；《西藏自治区文化市场管理条例》（1995）；《西藏自治区文化市场管理条例》修订（1997）；《西藏自治区实施〈中华人民共和国促进科技成果转化法〉办法》（2000）；《关于加快发展我区文化产业的若干意见》（2002）；《西藏自治区文化市场管理条例》修订（2009）；《西藏自治区文化产业发展专项资金管理暂行办法》（2011）；《西藏自治区“十二五”时期国民经济和社会发展规划纲要》《文化市场综合行政执法管理办法》《中共西藏自治区委员会贯彻落实〈中共中央关于深化文化体制改革推动社会主义文化大发展大繁荣若干重大问题的决定〉的实施意见》（2012）；《西藏自治区文化市场管理条例》修订（2013）；《西藏自治区实施〈中华人民共和国非物质文化遗产法〉办法》（2014）；《关于推进西藏科技长足发展促进大众创业万众创新的意见》（2015）；《西藏自治区文化产业项目库管理办法（试行）》《西藏自治区“十三五”时期文化产业发展专项规划》（2017）[①]。其中，西藏自治区“十三五”文化产业发展专项规划，在建立西藏文化产业发展重点项目库发挥着指导作用。

（二）西藏文化产业发展投入产出的现状

西藏自治区政府对文化产业重大项目的资金投入力度有了大幅度的增加。到2016年底，中央累计对西藏的非遗保护经费财政拨款1.6亿余元，其中十八大以来投入达1.1亿多元。自治区级非遗传承人的年度补助金从5000元增加到10000元，非遗保护基金在全国排名第一。2017年，拉萨囊玛等8个项目成功入选“十三五”时期国家级非遗保护利用设施项目库，总投资达7000多万元。藏医药作为历史悠久的文化传承，也正式向联合国教科文组织申报为人类非物质文化遗产的代表。西藏文化旅游创意园区的

① 李涛．西藏文化产业发展中的政府行为研究[D]. 西藏大学,2019.

总体情况，园区总规划面积约 8.2 平方公里。初期建筑面积 4.74 平方公里，总投资达到 300 亿元。其中，政府投资 30 亿元（其中文化产业扶持资金每年 1000 万元），社会投资 270 亿元，建设期为 3–5 年。它涵盖了广泛的行业和领域，如博物馆团体，国家表演艺术，文娱创意，特色民宿酒店，文化餐厅，藏式民俗村，旅游精品线路和公民保障基本服务等[①]。

（三）西藏文化产业规模与从业队伍的现状

“十三五”期间，自治区文化产业总量与质量不断提升，文化企业数量不断增加，文化产业投资总量持续增长，各方面情况相较于上一个时期均呈现稳定增长态势。截至 2020 年，全区共有各类文化企业 7500 余家，从业人员近 7 万人，国家、区、市（地）、县（区）四级文化产业示范基地（园区）达 234 家。文化及相关产业法人单位数、产业从业人员数在“十三五”期间增长明显，企业资产总额和营业收入也有显著增加（如表 2、图 2 和图 3 所示）。

截至 2020 年 12 月，入库项目达到 169 个，持续推动“十三五”时期文化产业三大类别项目。西藏文化旅游创意园区落地招商项目 32 个，总投资 81.8 亿元[②]。

表 2　西藏文化及相关产业法人单位主要指标[③]

年份	法人单位数（万个）	从业人员（万人）	资产总计（亿元）	营业收入（亿元）	主营业收入（亿元）
2004	0.03	1.5	8.5	4.6	--
2008	0.05	0.96	18.7	5.6	5.5
2013	0.08	1.7	41.2	23.1	22.7
2018	0.31	3.3	487	223	11.2

① 宋必远 . 西藏文化产业发展研究报告 [J]. 新西部 ,2018(19):14–16.

② 数据由西藏自治区文化厅提供。

③ 数据源自《中国文化及相关产业统计年鉴 2020》。

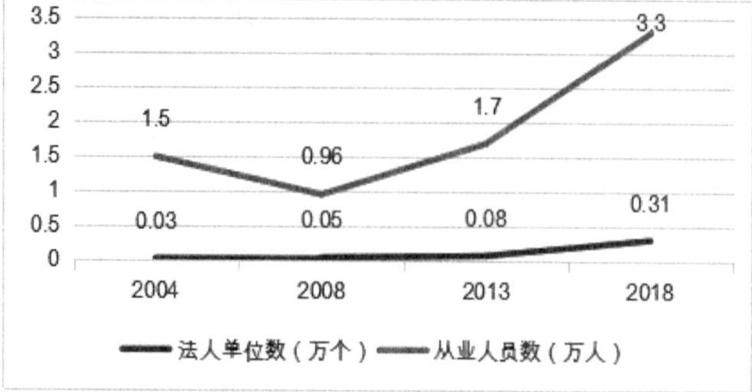

图 2　西藏文化产业法人单位数及从业人员数变化图

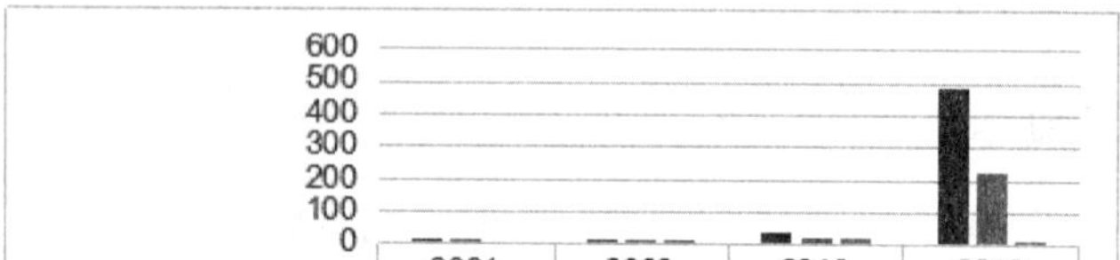

	2004	2008	2013	2018
资产总计（亿元）	8.5	18.7	41.2	487
营业收入（亿元）	4.6	5.6	23.1	223
主营业收入（亿元）	0	5.5	22.7	5

■资产总计（亿元）■营业收入（亿元）■主营业收入（亿元）

图 3　西藏文化产业法人单位营业指标变化图

截至 2019 年底，西藏有联合国人类非物质文化遗产 3 项；国家级、自治区级、市级、县级代表性项目分别为 89 项、460 项、487 项和 1364 项，代表性传承人分别为 96 人、522 人、254 人、425 人。2019 年西藏新增全国重点文物保护单位 15 处，全区现有全国重点文物保护单位 70 处。全区有国家、自治区、市地、区县四级文化产业示范基地 234 家，产值达 60 亿元，年均增长 15%。

（四）西藏文化市场体系多元化发展的现状

西藏文化产业迅速发展，初步形成了多层次文化市场开放发展格局。伴随着文化产业的快速发展，出现了一批龙头集团和主要文化企业。西藏将文化旅游和民族手工业作为文化产业发展双轮驱动力量，促进了电影和电视媒体产业、文化出版产业、餐饮产业、创意产业的发展，文化市场体系不断完善。除了传统文化产业多有亮点外，新文化产业也逐步发展起来。在传统文化产业方面，2017 年西藏出版的各类藏汉文图书有 39 种 1483 万册、期刊 258 万册，突破了历史记录。杂志出版 43 种共 243 万余册，报纸共计发行 27 种，年出版量 11556 万份，发行刊物内容涵盖广泛，语言也包含藏文、中文、英文等。西藏出版的各种音像电子产品，推出的出版物在数量品种，质量特色等方面都有了大幅度的进步。传统文化继承创新方面如唐卡艺术有大型专业的展览，藏香藏毯的销售额和对外出口贸易额越来越大，每年举办藏戏文化节，藏医药也被更多地人了解。这些发展形成的合力为西藏文化产业的发展奠定了良好基础。西藏新兴产业发展虽然起步时间晚，但是增长迅猛，大有后来者居上成为中流砥柱产业的趋势。2016 年 8 月，西藏影视动漫产业基地正式建立，将被誉为“东方的荷马史诗”格萨尔王传为素材创作打造的《格萨尔王》动漫项目已成功入选国家级文化产业专项扶持资金。广播电视服务业也发展较快，2018 年西藏广播综合人口覆盖率达到 96.2%，电视广播广告收入分别达到产值 26890 万元和 25361 万元，广播有线网络也有 6576 万元的收入。互联网发展势头强劲，2018 年底网民数达到 207 万人，网民普及率约 82%，2018 年网络交易商品总额全区突破 2 亿元，总体上，广播、电影、电视和网络的总体收入有了较大增长，展现了互联网推进经济发展的无穷潜力。

西藏文化产业保持了良好发展态势。经过 30 多年的发展，西藏文化产业已经形成行业门类逐步增加，文化市场逐步完善，新闻出版、广播电影电视、文艺演出、民族手工艺、休闲旅游、文化娱乐等共同发展的格局。在政策上，按照“一手抓繁荣，一手抓管理”积极培育文化市场体系，通过财政贴息、以奖代补、股权投资等方式，增加政府文化资助和文化采购，扶持有发展潜力和前景的文化企业，先后投入建设超过 30 家自治区级文化产业示范基地，培育各类文化企业 4000 多家，投资主体多元化、多种所有制共同发展的市场体系得以形成。

人才队伍建设方面，西藏坚持引进优质人才，采取政策和资金支持活跃文化市场，完善市场准入机制。政府采取各项措施鼓励小微文化企业的发展，为各类人才积极参与文化产业营造了公平宽松的良好环境，支持文化产业从业人员积极创新，以人才支撑和智力支持助推文化产业的发展。西藏“十三五”规划提出要“扩大对外文化交流，深化文化体制改革，促进文化产业发展”“做大做精旅游文化产业，推进藏羌彝文化产业走廊建设，加快发展唐卡、藏毯、演艺等文化产业。”西藏文化产业力争未来发展成国民经济的支柱性产业（产值占 GDP 比重 5% 以上），逐步走上从增量扩充转向存量优化的路径。文化强国战略的实施以及藏羌彝文化产业走廊建设项目等地区性发展目标，为加快西藏文化产业的发展提供了历史性机遇。

三、西藏文化产业发展的历史经验

（一）坚持七项基本原则

第一，以社会效益为主，社会效益与经济效益相统一。国家要求发展文化产业应兼顾社会效益与经济效益，且社会效益摆在首位。西藏肩负发展“两屏两区五地一通道”的战略任务，肩负“治国必治边，治边先稳藏”的重要使命，更应将社会效益放在首位，兼顾经济效益。坚持以社会效益为先，防止片面追求经济效益，保护好西藏文化生态环境，保护好西藏文化产业的根本，避免产生不可逆的严重不良后果。

第二，政府推动与市场带动相结合。西藏文化保护与传承具有重大的战略意义。短期内跨越式发展文化产业很难见效，政府对此责无旁贷。西藏文化产业基础相对薄弱，文化产业发展意识与观念有待增强与转变，文化产业人才队伍仍需建设，市政基础与产业配套仍需完善。需要政府下大力气统筹协调、规划建设。西藏文化产业的发展一方面有赖于政府的积极引导，在顶层设计、政策制定、人才培养、外部资源引入等方面做好助推工作，另一方面也要发挥市场自身的带动作用。

第三，重点突破与整体推进相结合。文化产业发展对文化资源条件、经济基础条件、市政配套设施文化消费习惯等方面的依赖程度相对较高，各地（市）之间的发展情况存在明显差异。优质资源的稀缺性决定了现实发展中的差异，应集中力量对原有产业发展基础较好的行业、企业进行突破，同时也要做好全区文化产业整体发展的科学布局工作。做到有大局，有重点，以点带面，点面结合。

第四，公共文化服务体系建设与文化产业发展相协调相结合。加强公共文化基础设施建设，构建均等性，便利性的公共文化服务体系。加大文化旅游服务设施建设，构建安全、绿色、生态的高原文化旅游现代服务体系；依托历史文化街区，公共文化场馆，宗教寺院，旅游景区和产业园区，拓展文化产业发展空间，促进公共文化服务与文化产业协调发展。

第五，立足自身与利用外援相结合。文化产业从经济效益角度看具有明显的低耗能、少污染、高附加值的优点，从社会效益角度看具有文化意识形态、文化认同等功能，促进文化产业进一步发展，是西藏实现长治久安的重要途径与内在要求。要以文化资源独特丰富的优势，不断弥补产业基础相对薄弱的劣势，要用好用足国家赋予的优惠政策，避免机械式的照搬内地省（区）的发展模式和路径，采取立足自身优势与利用外援相结合的方式，努力走出一条具有中国特色、西藏特点的特色文化产业发展路线。

第六，文化保护与产业开发相结合。藏民族文化在全国乃至全世界影响深远，是经过千百年积淀而成的不可复制的重要资源，是现阶段西藏特色文化产业发展的最大优势所在。产业开发必须以尊重与保护藏民族文化为先，尊重与保护藏民族文化，是完整地理解、持久地传承，而不是片面地曲解、应急的存储。这既是西藏建设“重要的中华民族特色文化保护地”战略定位的要求，也是特色文化产业自身良性可持续发展的重要基础。产业开发从传承的角度，尊重理解藏文化，实现有效文化保护，既可丰富产业发展的文化资源，又可培育良好的文化消费氛围，更能够打造优质的产业口碑、提升地区形象，为西藏特色文化产业发展提供持久的生命力。文化产业的良性发展将为文化保护提供更多的经费保障，通过有形的文化商品与文化服务扩大西藏文化的影响力，持续吸引年轻人加入到文化传承的队伍中，从而实现文化保护的活态化，提高文化保护原真性效力。

第七，生态保护与经济发展相结合。加强环境保护，维持良好生态为前提，严格各类项目落地的环境准入标准，项目审批以节约、节水、节能、污染小、审美度高、体验性强的环境友好型企业为优先准入对象，对在发展中造成环境损害的行为进行严厉处罚，不以牺牲环境为代价换取经济增长，形成经济发展与环境保护之间的良性互动机制。

（二）坚持四条发展路径

第一，“藏民族文化+”引领产业发展。以“藏民族文化+”的发展方式，大力发展特色文化产业，将文化资源优势转变为文化产业强势。由于其独特的自然地理和历史发展过程，西藏的经济生产和消费方式呈现宗教文化、民族艺术、日常生活三者紧密糅合在一起的特性，大量的日常消费品与消费方式也具有价值比重较大的精神内容，产业发展与精神消费联系得更为紧密。西藏地区经济拥有浓厚的精神经济色彩，与其他地区相比，西藏传统产业因其产品精神内容的比重较大而更加贴近文化产业，易与文化产业相融合。西藏居民长期已形成了独特的精神消费习惯，有利于文化市场的发展与产业的进一步扩大。以“藏民族文化+”的发展方式，大力发展特色文化产业将文化资源优势转变为经济发展优势。以“藏民族文化+”的发展概念带动西藏文化产业的整体发展，突破文化产业现有格局，倡导“藏民族文化+”的大文化产业发展模式。充分梳理与概括西藏各类文化资源，一方面挖掘现有主要文化产品、文化服务、文化项目、文化企业等的精神内容与意义。另一方面在深挖文化资源的基础上进行凝练概括与巧妙呈现，通过“藏民族文化十”的方式引领西藏经济的未来发展，形成强有力的文化品牌影响力，增强产业创新能力。

第二，优化文化产业空间布局。优化文化产业空间布局，依据产业发展基础条件与未来潜在发展空间双重条件，打造西藏特色文化产业“一轴两线五区”，充分发挥其辐射周边的功能。在“一轴两线五区”的文化产业空间布局结构中，要以五市两地的文化资源富集地和集聚区为重要依托区域和空间支点，强化个体城镇主体功能，促进文化成果互联互通，推动区域文化产业协调发展，形成核心引领、区域联动、极点支撑的区域经济发展格局。为优化文化产业空间布局的资源配置，各地市遵循“差异分工，相互补充”的产业定位原则，以形成良性的竞争和聚合效应。

第三，促进文化产业结构升级。西藏特色文化产业的发展遵循比较优势原则，由于各地文化产业的自身资源条件不同，区域分工和产业分布因地域产生差异。但综合效益差，地区间缺少经济联系，也没有打造出有影响力的品牌，工艺水平和科技含量低，产业结构有待进一步优化升级。优先发展民族特色文化产业，根据各地的自然资源和文化资源，基于原有的产业发展条件，确定不同地区的特色作为主导产业，带动关联文化产业的发展。积极建设具有代表性、特色性的文化产业园区，本级财政要向重点文化企业和小微文化企业倾斜，大力扶持有一定基础和发展潜力的文化品牌，打造和振兴地方支柱性文化产业或产业群，突出重点，以点带面。塑造与完善文化产业链结构。通过加强区域间文化产业经济联系、提高文化产业的综合效应、密切企业间贸易往来、加强行业间分工合作等路径，形成用“藏民族文化 +”引领发展的文化产业链，提升产业内部纵向链条的完整性，加强区域产业横向合作的稳定性，使文化产业体系产品与服务品类丰富而多元化、贸易流通便捷、劳动力生产水平层次较高、资源配置合理、分工合作协调、重点产业突出，使文化产业成为自治区党委、政府重点支持的高原特色产业之一，用“藏民族文化＋”带动相关产业协同发展。

第四，完善现代文化市场体系，提升市场化水平。培育和做强文化市场主体。培育西藏的龙头文化企业，通过跨地区、跨行业、跨媒体、跨所有制兼并重组，打造企业核心竞争力。健全文化企业股改上市工作机制，推动国有文化企业和综合实力强的民营文化企业上市，鼓励中小文化企业向“专、精、特、新”方向发展，各种类型文化企业共同发展，形成富有实力的优势企业群。实施商标品牌带动战略，打造有西藏民族特色的，在国内外都享有知名度的文化品牌。发展文化产品和服务市场。建设现代文化传播体系，构建覆盖全区的广播电视传输网络、数字电影院线、出版物发行网络和演出院线。大力发展文化电子商务，重视现代流通形式，打造“西藏宝贝”文化电商平台。健全文化要素市场。健全版权、资本、人力资源、知识产权、信息、技术设备等文化要素市场，完善文化产权交易机制，支持各类文化企业文化产权交易的开展。

（三）坚持三大产业政策

1. 争取国家对西藏发展特色文化产业的倾斜政策

文化产业作为西藏民族文化和经济的双重建设工作，具有很强的战略意义。应积极争取国家出台支持西藏发展特色文化产业的专项扶持政策，对文化产业企业实施简政放权、简化手续、文化企业“零注册”等优惠政策。重点支持西藏重点文化产业项目和创建国家级文化产业园区和基地建设，推动西藏文化产业走向集约化、规模化、专业化，建立健全文化产业发展体系。

2. 制定并完善西藏文化产业投融资扶持政策

建立健全西藏特色文化产业投融资政策，提升金融业服务文化产业发展的水平。拓宽投融资渠道。适应国家深化投融资体制改革新形势，更加注重建立多元化、多层次的投融资渠道，积极争取国家建立支持西藏发展的资金投入，稳定发展长效发展机制，形成以国家投资为主导民间投资快速增长的合理格局；发挥财政资金的杠杆作用，进一步放宽社会资本准入，探索财政资金与社会资本合作的有效模式。

3. 深化文化产业财政税收优惠政策

深化文化产业财政税收优惠政策体系建设，推动西藏特色文化产业发展基础设施向更合理、更高层次迈进。制定适合自治区特色文化产业发展的财政税收优惠政策。统筹推进西藏与全国文化产业的协调发展，通过金融支持和加大对口援藏力度，重点解决特色文化产业发展的瓶颈制约，把特色文化产业培育成新的支柱性产业。

（四）坚持正确导向，科学促进产业发展

西藏文化产业发展紧扣中央治藏方略重要内容和重大理论，坚持先立后破，稳中求进。在产业发展促进方面精心谋划，创新思路和举措。按照“做大文化事业、做强文化产业、做优文化产品、做活文化市场、做亮文化品牌”的要求，推动文化项目、精品创作、品牌提升、文化遗产保护及文化安全各项工作高质量发展。在牢牢把握政策方针、规划纲要基础上，促进西藏文化产业高质量发展，惠及西藏经济、民生、社会等各方面，促进西藏文化产业进入新阶段。

（五）加快转变政府角色，主管部门服务管理能力不断提升

“十三五”期间，自治区各级政府积极转变自身角色，改变过去由政府组织文化产业建设，转而将政府智能定位于服务文化产业建设。主管部门做好文化建设与产业建设的中间人，充分发挥市场活力，全面提升西藏文化产业发展中的各个环节，增强市场主体的多样性与市场的自觉性，提升文化产业发展活力。

（六）突出优秀文化项目，增强文化产业精神引领作用

“十三五”时期，文化产业发展聚焦服务全区，充分发挥社会主义文艺在营造浓厚社会氛围上的重要作用。通过优秀文化作品创作、高质量文化项目建设，掀起了以社会主义核心价值观、中华民族共同体意识、爱国

主义等优秀文化主题创作热潮。实现文化产业增强公共文化服务体系建设，不断增强文化产业对全区各族人民的精神引领作用。

（七）优先满足群众文化需求，增加群众文化获得感

始终坚持人民群众的需求优先，坚持发展优秀文化，满足不同人群对优秀文化的渴望与向往，促进广大基层群众与社会各界人士都能在共建共享中追求优秀文化。针对西藏社会发展和城乡布局特征，在产业发展中突出文化惠民，使文化产业发展对接群众文化需求，丰富文化产业发展内涵，增加人民群众获得感。

（八）立足西藏文化特色，讲好社会主义新西藏的故事

西藏文化产业发展始终立足西藏地方文化特色，传承民族传统文化、弘扬社会主义文化。借助现代文化产业的灵活性、丰富性，展现新时代社会主义新西藏在社会、文化、生态、经济建设等领域中取得的瞩目成就。激发各类主体投身西藏文化发展建设，积极促进西藏各类文化遗产保护传承，创新西藏文化发展形式，突出新时代西藏文化繁荣发展局面，讲好社会主义新西藏的故事。

四、西藏文化产业存在的主要问题

“十三五”时期，西藏文化产业已呈现出多渠道、多元化投资，多种所有制齐头并进，相互促进、蓬勃发展的良好态势，基本形成了多门类、多体系、多层次的发展格局。面向“十四五”时期经济、文化、社会需求的多元性和不确定性，西藏文化产业也要充分认识自身短板和面临挑战。

（一）文化产业相关整体基础设施水平仍然较为落后

“十三五”期间，虽然与西藏文化产业有关的基础设施建设已经取得了很大的进步，投入也逐年递增，但是与西藏文化产业发展需求相比，整体基础设施水平仍然较为落后，严重影响了文化产业的高效可持续发展。

同时，文化产业的发展不能缺少科技，产业的科技创新发挥着越来越重要的作用，可以说，提升西藏文化产业的科技含量是产业发展的现实需求，也是提升市场竞争力，形成可持续发展的必然要求。

（二）文化产业区域壁垒仍然明显

目前西藏的文化产业发展仍然是以行政区域划分的，这是传统的文化产业发展模式，而这种发展模式存在着一定的局限性，比如文化产业发展水平低、科技含量低，存在一定的重复建设，高水平文化创意缺乏，生态旅游基础设施建设不完善，产业的规模化、集约化程度低等问题。

（三）政府主导型发展模式面临挑战

当前西藏文化产业以政府主导型为主要特征，政府在产业发展中的主导地位显著，产业发展项目仍以政府投资为主。面对多样的市场需求，不断翻新的市场业态，政府主导型发展模式的灵活性显然不足，成为制约西藏文化产业进一步提升的问题之一。随着国家文化体制改革的逐步深入，西藏文化产业政府主导型发展模式也应逐步予以调整。

（四）产业经济效益产出不足

文化产业的特殊之处在于，产业发展也要兼具一定的文化事业功能。但不能因此削弱对文化产业经济效益的认识。实现文化产业高质量发展，应当同时注重产业经济效益和社会效益的发挥，积极推进社会公益文化事业与文化产业齐头并进，使其相得益彰。从目前产业发展情况来看，产业经济效益提升仍有很大空间，应当借鉴文化产业发达省区的做法，加大产业经济效益转化力度。

（五）区内文化消费水平低，文化消费多依赖外部

如表 5 所示，西藏居民人均文化娱乐消费支出与其他地区相比明显偏低，且远远低于全国平均水平。

首先，西藏城镇化率较低，多数居民更多倾向于生活必需品消费而非文化产品方面。2019 年西藏居民人均消费支出 13029.21 元，其中文化娱乐

消费支出199.7元，仅占人均消费的1.53%[①]。其次，近10年来，进藏旅游者人数远超过西藏人口数量。2020年，全区累计接待国内外游客3500万人次，是西藏人口数量的近10倍。文化产业的消费需求大部分靠入藏旅游者带动，受制因素较多。

表5 分地区全国居民人均文化娱乐消费支出（单位：元）[②]

区域 年份	2015	2016	2017	2018	2019
全　国	760.1	800	849.6	827.4	848.6
重　庆	653.7	681.4	768.2	764.4	790.3
宁　夏	612.6	652.4	643.8	754.9	767
内蒙古	828.2	851.4	924.9	737.8	742.1
陕　西	576.7	686.6	669.8	704.5	691.5
四　川	584.7	625.9	716.4	663.5	642.1
青　海	594.6	630	674.9	585.2	605.9
云　南	533.8	540.5	584.9	552.1	549.6
广　西	449	441.7	451.7	523.5	494.6
贵　州	506.5	519.5	554.5	477.2	484
甘　肃	438.5	485.8	519.5	520.3	470.4
西　藏	144.3	151.7	156.9	200.4	199.7

（六）空间分布不均，产业结构相对单一，文化企业盈利能力较弱

西藏地域广阔，各地市文化资源丰富且独特。由于各地区经济发展水平不同，导致文化资源开发与分布存在差异性，呈较分散状态。在文旅融合的发展模式下，西藏各地区旅游业发展的差异性也在影响着文化产业的发展状况。由于地理位置特殊，气候条件优越，经济发展水平较好，西藏拉萨、林芝、日喀则3个城市吸引了80%入藏旅客，带来了较高的旅游收入。而山南、昌都、那曲、阿里地区的游客数量相对较少，文化产业分布不平衡。

① 西藏居民人均教育文化娱乐消费支出情况3年数据解读报告2020版。

② 数据源自《文化及相关产业统计年鉴》。

如表 6 所示，统计行业范围为文化制造业、文化批发和零售业及文化服务业，从数据中可以明显看出，西藏文化相关行业不论从企业数量、从业人员数量、企业规模及盈利情况来看，均明显落后全国地区。总体来说，反应出文化企业在发展中投融资渠道不宽，产业结构单一，产业融合度不高，经营主体竞争力较弱，盈利能力弱等问题。

表 6　分地区文化及相关产业法人单位主要指标（2018 年）[①]

区域 指标	法人单位数 （万个）	从业人员 （万人）	资产总计 （亿元）	营业收入 （亿元）	主营业务收入 （亿元）
四　川	7.41	72.3	8398.9	4206.3	3165.2
重　庆	6.05	55.8	5962.5	3137.8	1952.5
陕　西	5.19	42.9	5376.4	1594.5	1044.2
云　南	4.35	31.4	3628.1	1163.4	735.4
贵　州	3.28	26.5	4985.7	790.1	364.3
新　疆	1.76	11.4	1688.9	666.9	233.1
甘　肃	1.94	13.4	1332.6	227.5	109.3
青　海	0.67	4.3	334.9	99.8	60.5
宁　夏	0.53	4.6	362.4	90.6	49.5
西　藏	0.31	3.3	487	223	11.2

（七）专业技术人才较为欠缺，创新能力较弱

任何产业的发展都离不开人才，文化产业作为“朝阳产业”，更需要优秀的复合型人才。西藏文化产业发展过程中存在文化文物人才队伍综合素质不高、创新能力不强的现象，艺术创作、文化经营管理、文物考古研究和管理等高层次人才严重匮乏，一方面，西藏文化产业从业人员数量较少。据统计，2020 年西藏各行各业就业人数达到 193 万人，第三产业就业人数 94 万人，其中文化、体育和娱乐业从业人数仅 7 万人[②]，仅

① 数据源自《中国文化及相关产业统计年鉴 2020》。

② 数据源自《西藏自治区第七次全国人口普查公报》。

占西藏各行业就业人数的3.62%。另一方面，文化企业科技创新能力弱。截止2020年11月，全区大专以上文化程度员工401980人[①]，占总人口的11.01%。虽然较“十三五”时期的9%有所增加，但总体文化素质仍然较低。导致西藏文化企业中大部分员工仍然从事基础工作，如从事劳动生产，而研发、管理、设计、策划等人才缺失，削弱了西藏文化企业科技创新能力。

“十四五”时期我国文化产业仍处于大有可为的重要战略机遇期。要立足中华民族伟大复兴战略全局和世界百年未有之大变局，坚持西藏建设成为“重要中华民族特色文化保护地”的战略定位，坚定文化自信，大力实施“文化兴藏”战略，推进文化强区建设。提高社会文明程度，推动形成适应新时代要求的思想观念、精神面貌、文明风尚、行为规范。推动文化和旅游深度融合，积极开展对外文化交流，全方位提升西藏文化产业发展实力。

五、西藏文化产业的高质量发展

发展文化产业是社会主义市场经济条件下满足人民群众多样化精神文化需求的重要途径，是推动经济结构战略性调整的重要支撑点和转变经济发展方式的重要着力点。文化产业作为西藏特色支柱产业，具有重要意义。新时期为推进西藏文化产业可持续高质量发展，应充分把握发展机遇，发挥特色优势。

（一）“一带一路”发展机遇促进西藏文化产业持续繁荣发展

“‘一带一路’格局中的文化资源更加丰富、更加多元、更易进行价值的整合，拓展了文化产业发展的新领域，更有利于推动中华文化走向世界。根据合作国家的文化资源特性，建构不同价值形态的文化产业合作发

---

① 数据源自《西藏自治区第七次全国人口普查公报》。

展平台，通过产业资本来发展不同国家与民族之间的有竞争力的文化业态，从而实现互联互通，这是我国文化产业拓展极为重要又极具战略前瞻性的突破口与重要抓手。”积极的开放政策，广泛的对外文化交流合作，西藏以更加包容开放的姿态，积极推动旅游文化、特色农牧、天然饮用水等产业经贸洽谈，不断增强与祖国内地省市和世界各国的开放合作、交往交流。“十四五”时期，西藏深入参与环喜马拉雅经济带建设，青藏公路、川藏公路、青藏铁路、拉林铁路、拉日铁路以及民用航空等综合立体交通的建成和运行，西藏不断扩大着对外开放的步伐。“一带一路”使不同文化背景、不同宗教信仰、不同民族、不同国家和地区的人们联系到一起，西藏文化产业在这种多元化的文化、社会背景下将获得更加多元的机遇与发展平台。

（二）“藏羌彝文化走廊”建设加速西藏文化产业内向联动

“藏羌彝文化走廊”具备大量的优质文化资源与市场商品资源，是西藏文化产业与之进行有效对接，甚至是延续和拓展的有力基础。同时，西藏是“藏羌彝文化走廊”地理区域的进一步延伸，借助这种地理区域的优势西藏可实现文化产业的拓展和延伸。再者，以西藏生态旅游为基础和核心的文化产业不但能够有效对接该文化走廊相关产业，而且能够在视觉、听觉、味觉等各个方面进一步进行拓展，这就是西藏文化产业魅力所在。最后，结合无障碍旅游区建设，进一步延伸“藏羌彝文化走廊”，推动陕、甘、青、藏经济合作区和大香格里拉生态旅游区建设，进一步整合七地（市）文化产业资源，提升规模效应与集约效应，西藏文化产业的主动积极作为不可缺少。

（三）“互联网 +”为西藏文化产业发展注入鲜活动力

在大数据时代，利用“互联网 +”推进文化产业发展已成为时代的必然要求。成熟的大数据技术，使互联网可以为传统民族文化资源的活态传承提供大数据支撑，为民族文化产业的创意提供鲜活的素材与灵感，为产业走出去战略提供最有利的平台与媒介。互联网不仅推进和开拓了市场，而且整合了资源，逐步实现区域内文化元素的融合，打造出了一些多点联动、互相带动的高质量文化旅游产品。

（四）新时代西部大开发构建新格局，西藏文化产业迎来全面发展

《关于新时代推进西部大开发形成新格局的指导意见》的出台，对于促进西部地区协调发展、决胜全面建成小康社会、开启全面建设社会主义现代化国家的新征程，具有十分重要的意义。高质量发展是西部大开发新阶段的政策主线，“十四五”时期，是西藏补齐短板，实现产业升级的关键时期。西部大开发战略的实施将促使人才和资金加速向西部汇集，西藏的经济规模、产业自我发展能力和消费市场将不断提升，有助于推动西藏特色文化产业的全面发展。

（五）文化旅游深度融合，持续助力高原特色产业发展

文化旅游融合在带动经济发展，实现民生改善，促进民族交往方面具有巨大贡献，同时，文旅融合发展需要大量基础设施建设作为支撑，主要表现在乡村旅游、特色旅游产业和西藏“大交通”的快速发展。西藏以乡村空间环境为依托，以乡村独特的民俗风情、生活形式和乡村风光等为内容，大力发展乡村旅游，涌现了拉萨乃仓、好客藏家、德吉藏家等一批品牌民宿和达东村、秀色才纳、扎叶巴、行者·黑帐篷等一批特色文化旅游产品。“冬游西藏·共享地球第三极”、西藏林芝第十九届桃花旅游文化节、7条红色旅游线路发布等活动的实施，2021年上半年，西藏“大交通”的快速发展为旅游业注入新动力，交通运输沿线集聚效应和辐射效应持续提升，新的区域经济增长效应进一步凸显，拉动藏东南旅游经济发展、推动自治区全时全域旅游的基础条件得到较大提升。《文成公主》《金城公主》等藏文化经典剧目的演出，创新多元的文旅融合方式，能够挖掘、整理西藏自古以来各民族交往交流交融的历史事实，以群众喜闻乐见、通俗易懂的方式宣传和讲述，让旅游成为文化传播与推广的过程，让各族群众看到民族的走向和未来，深刻认识到中华民族命运共同体是西藏文旅融合

的重要发展方向。

新时期将充分发挥旅游业在推进稳定发展生态强边和促进各民族交往交流交融方面的优势作用，以文塑旅，以旅彰文，做好西藏自治区“十四五”文化产业发展规划，着力推进“重要的世界旅游目的地”建设，着力发展全域旅游，着力推动文化产业高质量发展，为建设团结富裕文明和谐美丽的社会主义现代化新西藏贡献文化力量。

第三篇　案例篇

第六章　西藏现代服务业典型案例

一、金融服务业案例

（一）西藏金融支持创业创新工作取得积极进展

中国人民银行拉萨中心支行认真贯彻落实党中央、国务院对西藏工作的决策部署，高度重视、全面引导银行业金融机构加大对西藏实体经济的支持力度，建立和完善金融支持“双创”政策体系和工作机制，为实施创新驱动发展战略、促进创业带动就业工作、维护西藏的发展稳定作出了积极贡献。

1. 推动“大众创业万众创新”金融服务工作措施及成效

中国人民银行拉萨中心支行为促进创业带动就业工作，形成大众创业、万众创新的良好氛围，结合西藏实际情况，牵头制定《中国人民银行拉萨中心支行西藏自治区财政厅西藏自治区人力资源和社会保障厅关于进一步做好创业担保贷款工作的实施意见》（拉银发〔2016〕126号）、《中国人民银行拉萨中心支行关于进一步做好创业促就业金融服务的指导意见》，在原有的政策基础上，对创业企业和个人申请担保贷款的条件、贷款额度等进行了明确，为开展创业担保贷款、激发万众创业热情、促进充分就业提供了政策支撑。以金融联席会、银企对接会、入校园、进基地等多种宣传形式，引导金融机构认真落实创业担保贷款有关的政策措施。灵活多样地创新信贷模式，为创业人员提供有力的信贷支持。截至目前，西藏电视台、西藏人民广播电台、新华社西藏分社等19家媒体大力宣传了“双创”系列活动，共登报26次，为金融推动创业促就业工作营造了良好的氛围。

2. 存在的问题

（1）创业担保基金落地较难。在现行信贷政策条件下，抵质押资产是否充足是决定银行贷款的主要条件。由于初创企业缺乏资产和抵质押物，往往选择投资规模小的项目，欠缺抵押担保能力，贷款损失风险增加，严重制约了其获得贷款的能力。

（2）银行与创业者之间信息不对称。一方面是大学生等创业者创业初期缺乏金融知识，加上获得鼓励创业的金融支持政策宣传及培训的途径少，很多创业者还不了解相关金融优惠政策；另一方面，由于创业就业群体并不是呈现集中式，而是分布在各行各业，所以金融机构并不能清晰地了解这些创业群体的信用情况，这使得双方沟通交流和项目对接方面的难度有所增加。

（3）创业者运用现有融资渠道不充分，融资方式简单。当前社会融资渠道丰富多样，比如风险投资、天使投资、众筹、P2P、互联网金融等，还有股权融资和专利权质押等模式，但目前西藏创业主体由于自身条件和传统思维影响，考虑融资成本因素，更多偏向政府扶持资金和财政担保贴息的银行贷款，对社会化融资渠道不予考虑，导致创业者融资方式相对单一。

3. 政策建议

一是各地（市）加快设立创业担保基金，合理配置人员，有效运作担保基金，解决融资担保难的问题。筹集建立财政创业担保基金，以财政手段撬动金融资源，向创业、创新领域配置。二是创业者充分运用好各种融资渠道，如风险投资、天使投资等，吸引社会资金进入高校毕业生创新创业领域。三是加强金融政策宣传，充分运用现有信贷产品，满足一般创业者信贷资金需求。四是搭建信息交流平台，加强信用体系建设和信息交流共享，促进融资需求对接。

（二）西藏扎实推动“两权”抵押贷款增量扩面

2015年12月，西藏自治区经全国人大批准曲水县成为农民自有住房抵押贷款试点县，曲水县和米林县作为土地承包经营抵押贷款试点县。自试点成立后，全区主要进行了土地出让速度提升、设立专门服务中心以支持土地流转工作以及推广“双权”抵押贷款产品推广等工作，各项工作正在有序推进。

1. 总体情况

进行试点工作以来，全区发放“双权”抵押贷款共有201笔，共计4665万元。2018年末，我区“双权”抵押贷款户数为53户，同比增加40户；贷款余额841万元，比上年增长39.93%。其中农村承包地使用权抵押贷款户数23户，增加21户；贷款余额324万元，比上年增长39.66%。农民自有住房抵押贷款户数30户，比上年增加19户；贷款余额517万元，比上年增长40.11%。

2. 工作成效

一是对农村产权进一步明确。以“有权必有证、权证可抵押”为目标，将“确实权、颁铁证、能流转、惠百姓”作为工作原则，将确权颁证这一主要工作办牢办实，以更好完成抵押贷款工作。目前，曲水县宅基地使用权、住房所有权确权率100%，宅基地使用权、住房所有权颁证率100%。

二是对农村资产进一步盘活。目前西藏部分景区的基础设施的建设情况已经落后于西藏旅游业的快速发展。西藏金融机构根据当前这一现状主动作为，深入村庄开展业务，通过以农村承包地经营权作为担保，开展了扶持景区贫困户进行商业经营活动如农家乐等。

三是流转交易等行为进一步理顺。曲水县针对土地流转过程中遇到的一系列问题积极变革，建立土地流转服务中心提供流转合同样本等服务并指导签订、报送、审核服务及后续变更登记和变更手续。

四是金融扶贫路径进一步拓宽。传统的西藏农牧区“四卡”虽然一直以来发挥着重要的信贷作用，是农牧民主要的信贷来源，但同时也限制着其它信贷产品的发展。通过联动“两权”抵押贷款，使贫困户、产业扶贫项目、龙头企业等利益主体能够更加紧密的联结在一起，为农牧民提供更高额度的信贷资金支持。

五是促进农牧民增收。截至 2018 年底，共发放土地经营抵押贷款 38 笔 369 万元，农民自有住房抵押贷款 53 笔 1205 万元，有效解决了金融机构贷款难、工业大户资金不足的问题。抵押贷款的实际问题为地方经济发展提供了创新的金融支持。

六是促进农村现代化。随着“两权”抵押贷款试点的深入推进，农牧民的小农经济意识逐步淡化，传统的农牧民“恋田”情节逐步弱化，通过对农村土地等财产权的利用，不断满足农牧民的扩大经营需求，促进农牧民摆脱土地的羁绊，加快推进农牧业现代化进程。①

（三）金融助推西藏脱贫攻坚成效显著

脱贫攻坚战打响以来，西藏银行业金融部门围绕实现 60 多万贫困人口，74 个深度贫困县脱贫摘帽的目标，对金融服务进行深化细化，针对性地为建档立卡户、扶贫产业、重点项目的金融服务需求进行精准服务，金融精准扶贫已成为西藏“六位一体”大扶贫格局中政策支持最强、资金投入最大、覆盖范围最广的重要方面，金融助推西藏脱贫攻坚成效显著。

2019 年 12 月末全区金融精准扶贫贷款余额 1288.83 亿元，2016 年以来年均增速达到 22.8%，显著高于各项贷款平均增速（15.6% 左右），占全区各项贷款比重达到 27.9%。

1. 精准扶贫信贷资金投入多

截至 2019 年，全区精准扶贫贷款余额已经达到了 1288.83 亿元，是全

① 2019 年西藏自治区金融运行报告 . 中国人民银行拉萨中心支行货币政策分析小组 . 2019.

区贷款总规模的 25.89%，相较于 2016 年同期增长 3.47 倍，是西藏 2019 年 GDP 的 80%，从全国范围来看，这一投入规模也是全国之最。

2. 贫困群众到户贷款覆盖广

到 2019 年底，全区建档立卡贫困户到户贷款余额 80.41 亿元，较 2016 年同期增长 63.34%。贷款户数 19.12 万户，覆盖了 76.05% 的建档立卡贫困户，超过了全国水平 30 余个百分点，实现了除五保户、低保户外的建档立卡贫困户全覆盖。自 2015 年以来，全区扶贫小额信贷累计发放 75.38 亿元，余额 32.72 亿元。

3. 金融服务产品种类创新多

农业银行、邮储银行、工商银行、西藏银行等分别推出了“精准扶贫贷款证”“扶贫富农贷”“藏宿贷”“藏惠贷”等金融产品；浦发银行成功承销了西藏首笔“扶贫债”。各大银行根据西藏实际情况进行精准扶贫，通过对自身产品的不断创新，力度不断加大，为西藏脱贫攻坚提供坚实资金保障。

4. 贫困地区普惠金融辐射广

普惠金融惠及西藏全区所有 230 多万农牧民群众。截至 2019 年 12 月末，全区县域银行业金融机构家数超过 80 家，县域服务网点超过 250 家，县级服务网点已经实现全部覆盖；乡镇网点 420 家，乡镇网点覆盖率达到 74%。累计设立助农取款服务点 5821 个，覆盖乡镇 684 个、行政村 4991 个，覆盖率分别达到 100% 和 88%[①]。集银行网点、综合金融服务站、农牧民及中小微企业征信服务、金融消费者权益保护、农牧区保险服务等多层次有机结合的普惠金融体系在西藏全域正逐步构建完成。

5. 金融助推脱贫攻坚内涵深

以实现金融服务“八个全覆盖”为西藏金融扶贫奋斗目标，渗透至血

① 尕藏才旦，焦涛 . 促进西藏乡村振兴的金融支持研究 [J]. 西藏大学学报 (社会科学版),2021,36(01):141–147.

脉细梢、镌刻至思想深处，引领金融助推脱贫攻坚的方方面面，从建档立卡贫困户到扶贫产业项目，从金融宣传到政策落实，确保在西藏脱贫攻坚战中金融服务没有真空，没有死角。

（四）创建西藏自治区小微客户融资服务平台优化小微客户融资服务

2019 年 12 月 18 日，为切实优化小微客户融资服务，建立“全覆盖服务、全流程跟踪、全口径对接、全身心投入”的小微客户融资服务长效机制，人民银行拉萨中心支行在现有中小企业融资需求监测的实践基础上，多方学习，借鉴先进成熟平台模式，优化中小企业融资服务，掌握小微融资真实情况下，开发上线了“西藏自治区小微客户融资服务平台”（网址 http://www.xzcredit.org.cn），实现了小微客户贷款需求“有求必应、合规授信、应贷尽贷、全程留痕”的目标要求。

12 月末，已有 12 家区内小微企业通过平台提出融资需求申请并获得融资，金额达 3054.98 万元。

1. 融资服务平台的主要特点

一是做实服务手段，实现信贷档案的全覆盖。推动银行机构强化服务意识，落实主办银行责任，对所有接触到的有信贷需求或在本行开立基本账户的小微客户，全部建立信贷服务档案，主动对接信贷需求。

二是强化信贷管理，实现信贷服务的全流程跟踪。及时监测银行对接小微客户的全过程，精准把握货币信贷政策传导效果及存在梗阻，进而提高货币政策工具运用效率，实现精细化窗口指导。

三是增加申贷渠道，实现信贷供需的全口径对接。通过融资服务平台，方便企业线上申贷，银行线下对接、线上反馈，有效提高银企对接效率，提升企业获贷率。

四是回应社会关切，促进银行机构全身心投入。金融管理部门通过及时掌握并发布企业的真实融资需求以及银行机构的办理情况，帮助社会各界客观评价银行的小微信贷服务质量，激励银行机构不断提升服务水平。

2. 融资服务平台的目标要求

一是有求必应。针对提出资金诉求的企业，申请条件一律放松，即无论是否线上或线下申请、申请是否规范、是否在本行开设的基本账户都要建立其专门信贷服务档案，并且需将受理、授信、放贷等流程进度严格按规定时间向企业进行反馈。通过有效互动和及时响应，改善银企关系，提高对接效率。

二是合规授信。针对部分小微企业可能存在较高的财务风险。银行等金融机构在接收这部分贷款申请时要进行精准判断，判断是有效需求、潜在需求还是无效需求。根据不同情况进行分类管理，按级别对应放贷并审慎管理。

三是应贷尽贷。银行充分履行社会责任，对符合信贷审批条件的合理融资需求，做到应贷尽贷，无正当理由不可随意拒贷。人民银行将加强监督指导，增强货币信贷政策导向效果。

四是全程留痕。针对小微客户申请对接、调查评估、评级授信、贷款发放等情况，融资服务平台进行全流程记录。同时对整个融资过程的透明情况进行不断提高，使金融管理部门能够更清楚掌握小微客户融资的真实情况，及时制定或调整政策。

（五）“十三五”期间西藏辖区支付服务环境显著改善

“十三五”期间，人民银行拉萨中心支行始终坚守“支付为民”的理念初心，统筹推进金融基础设施建设，不断健全辖内支付服务体系。通过多措并举，攻坚克难，“十三五”期间西藏辖区支付服务环境得到显著改善，有效促进了辖区经济社会发展。

1. 支付清算网络体系更加健全

大小额支付系统、网上支付跨行清算系统、境内外币清算系统等重要业务系统均与全国同步上线并保持安全稳定运行，确保了资金汇划实时到账，提高了资金周转效率。2020 年末，全辖区共有 330 个银行机构加入支付系统，其中直接参与者 1 个（西藏银行）、间接参与者 322 个、代理间接参与者 7 个（林芝民生村镇银行 1 个，堆龙民泰村镇银行 6 个），县域网点支付清算系统覆盖率达 100%。2020 年，全区大、小额支付系统共处理业务 392.1 万笔、金额 1.6 万亿元，较 2015 年分别增长 136.6%、65.9%。

2. 现代化电子支付工具广泛应用

拉萨市作为全国 100 个移动支付便民工程示范城市，紧密围绕商圈、菜市场、食堂、医院、高校等场景，推动移动支付在衣食住行多领域广覆盖，持续改善移动支付受理环境。2020 年末，对辖区内 19 个商圈、13 个菜市场、48 个食堂、5 个景区共计 3.8 万台移动支付受理终端进行标准化改造。助力“智慧城市”建设，开展公交、停车场、“银校通”“银医通”“支付 + 政务服务”等项目建设，全面优化用户支付体验。2020 年末，已完成拉萨、昌都、日喀则、山南、那曲五个地区 70 条线路 672 辆公交车辆支付终端受理改造，全部支持挥卡、闪付、扫码等支付方式，并且在昌都市八宿县完成首个县域公交项目改造，实现全辖 30 个大型停车场“无感停车”场景应用，将“非税收入收缴电子化系统”嵌入政府政务平台，实现党费、物业费、天然气、有线电视、水电、交通罚没等十余项非税费用线上缴纳。2020 年末，辖区内银行卡在用发卡量 1133.5 万张、布放 POS 机具 3.8 万台，是 2015 年的 2.7 倍和 2.2 倍；移动支付用户数 302.5 万户、交易笔数 1.1 亿笔，是 2015 年的 5.4 倍和 9.7 倍。

3. 农牧区支付环境明显优化

银行卡助农取款服务有效解决了支付“最后一公里”的问题，满足了农牧民足不出村办理取款、转账、消费等支付业务基本需求。“十三五”期间，经过不懈努力，全区由 2015 年的 3883 个助农取款服务点发展到 2020 年末的 5800 个助农取款服务点，业务量由 7.7 万笔、4100 万元发展到 85.2 万笔、11.3 亿元，业务笔数翻了 11 倍、金额翻了 27 倍，助农取款服务实现了符合条件的乡（镇）、行政村全覆盖。助农服务机具智能化水平不断提升，

“十三五”期间组织银行机构将传统的助农 POS 机全部升级为藏汉双语智能 POS 机。推广建设金融综合服务站，提升农牧区综合性金融服务功能，2020 年末，共建设金融综合服务站 95 个，业务交易 4.2 万笔、金额 6952.3 万元。建设移动支付示范县和金融服务特色小镇，通过示范引领全面带动农牧区支付环境改善，2020 年末，全区共建设 7 个移动支付示范县、8 个金融服务特色小镇、5311 个掌上银行村，有效带动了农牧区支付环境改善，推动了辖区金融包容性增长和城乡支付服务一体化发展。

4. 支付服务市场稳健发展

“十三五”期间，辖区内非银行支付机构快速发展，已备案的支付机构由 2015 年的 8 家发展到 2020 年末的 11 家，特约商户达到 13242 户，有效繁荣了辖区内支付服务市场。强化无证经营支付业务监测预警，与市场监督管理部门建立信息共享机制，通过定期对所推送的工商企业注册信息进行研判，做到“早发现、早预防、早处置”。开展支付机构风险大排查大清理大整治行动，有效防范支付业务风险。开展支付机构从业人员支付结算业务知识测试，进一步提升从业人员综合业务素质。

“十三五”期间，通过多项管理措施，西藏辖区内支付服务市场安全稳定运行且持续健康发展，有效繁荣了支付市场，推进了辖区经济社会发展。

（六）强化小微企业金融服务优化辖区金融营商环境

为进一步构建更具竞争性和包容性的金融服务体系，提高金融服务的覆盖率、可得性、满意度。人民银行拉萨中心支行不断探索创新、完善机制、凝聚合力，在提升西藏金融服务质量，优化金融营商环境，支持西藏实体经济发展等方面发挥了重要作用。

1. 主要做法

（1）对外公示各银行业金融机构金融服务信息。人行拉萨中支联合西藏银保监局印发《关于进一步改进西藏自治区银行业金融服务的指导意见》，指导辖区各银行业金融机构在各行官网、相关报纸等媒体以及各行营业网点进行金融服务信息对外公示，并利用人行拉萨中支官网及“西藏商报”等渠道就各家银行的金融服务内容再次集中对外进行公示，向广大消费者作出明确服务承诺，广泛接受社会各界人士监督。

（2）召开改进小微企业金融服务工作座谈会并印发工作方案。人行拉萨中支组织辖区内各银行业金融机构召开了改进小微企业金融服务工作座谈会，会上对各行西藏差异化贷款管理实情以及业务办理中遇到的重难点问题进行了分析讨论。会后认真研究，反复商讨，印发了《关于进一步加强和改进小微企业金融服务的工作方案》，引导银行业金融机构进一步优化金融服务环节、提升信贷审批效率、压缩办贷时限、减少申贷资料等，促进金融支持稳企业保就业工作。

（3）指导西藏银行业签署小微企业信贷服务公约。人行拉萨中支前往拉萨市首贷服务中心，实地调研小微企业办贷情况、银行窗口基础服务状态等，在切实了解小微企业信贷服务真实状况的基础上制定了《西藏自治区银行业金融机构小微企业信贷服务公约》。为进一步加大对小微企业的信贷支持力度，指导倡议西藏辖区内 14 家银行业金融机构对《公约》内容进行签署，向小微企业做出信贷服务承诺，并在人行拉萨中支官网及“西藏商报”等媒体上进行公示。《公约》明确规定，西藏自治区各银行业机构将积极配合政府相关部门、监管部门和各行业部门做好小微企业金融服务工作，提高小微企业服务机构的服务水平和服务能力，降低服务机构和小微企业的运营成本，满足小微企业的服务需求，实现共同发展目标。

2. 工作成效

西藏辖区金融服务环境得到明显改善。2020 年，银行业金融机构按照人行拉萨中支的要求在营业网点通过合理方式公开服务收费价格、实时利率等信息，包括但不限于申办贷款条件、贷款审批流程、答复时限等。在办理贷款业务过程中，不收集与借款无关的资料，并对照前期相关工作开展情况，贷款业务实现了“程序上简化一些、时间上缩短一些、资料上合并一些”，同时部分银行采取有效措施加大信贷资源向小微、民营企业的倾斜。

3. 努力方向

下一步，人行拉萨中支将继续督促引导辖区银行业金融机构着力改进和深化小微企业金融服务，加大对小微企业的信贷支持力度，持续创造良好的金融营商环境，有效提升小微企业和社会公众对金融服务的获得感，实现扩大企业融资覆盖面，全面提高企业金融服务可得性的目标。

二、餐饮服务业案例

（一）拉萨市落实党政同责，创建国家食品安全示范城市

近年来，拉萨市以国家食品安全示范城市创建为抓手，落实“党政同责”，在常态化疫情防控框架内，统筹制定食品安全监测工作，加强综合治理，着力防范化解风险，维护食品行业市场秩序和社会稳定。作为保持食品行业稳定和发展的重点，保证全市食品安全。2020 年，拉萨市食品安全工作获得区食品安全评级考核第二名。

拉萨市始终将全市食品安全放在重要位置，为此印发了《拉萨市委、市政府领导同志食品安全工作责任清单》，制定了全市创建 2021 年全国食品安全示范城市的办法。开展“护苗”“养老”“农民保护”“网红餐厅整顿”“食用菌整顿”等专项行动，加强季节性食品抽检。市市场监督管理办公室组织对 192 家网红餐饮单位进行检查，责令现场整改 68 家，关闭网上经营 11 家，停业整顿 7 家。

拉萨市实施了一系列改善工程，全面推进质量发展。制定《拉萨市餐饮质量安全提升行动计划 2021–2023 年》，实施餐饮行业质量安全提升系列工程。市市场监督管理局分步推进“明厨亮灶”建设，全市 16184 家餐

饮场所建成“明厨亮灶”，覆盖率达到94%。167家校园食堂建设完成“互联网+明厨亮灶”，占全市校园食堂总数的47%。全市实行量化、资质管理。目前，共有11572项资格和定量评价，评价率为67%。全市评选出5家“餐饮食品安全示范店”和3家“放心肉菜示范超市”。全市对甜茶馆进行了整治改造。累计清理整顿甜茶馆2307家，依法整改116家，举办3期专题培训班，40家“甜茶馆示范店”被推荐“拉萨诚信”。通过实地考察99家甜茶馆，召开精品藏面发展调研会，计划逐步实现同一企业品牌的“六合一”，推动藏面的提升和现代化。

市市场监督管理局相关负责人介绍：“下一步将继续全维度、全领域加强监管，切实守护全市人民舌尖安全，让人民群众的获得感成色更足、幸福感更可持续、安全感更有保障。”[①]

（二）舌尖上的甜香心尖上的守望——西藏饮食文化里的浓浓团结味

茶，在西藏是不可或缺的生活必需品，藏族人家的一天几乎都是以一杯浓香的酥油茶开启的。

位于拉萨市中心八廓街里的桑曲茶馆，每天来往顾客络绎不绝。大铁锅里翻滚着的牛肉汤，餐桌上人们爽朗的笑谈，还有老阿妈举杯抿茶后的惬意……一幕幕生动的场景勾勒出高原人民的生活日常。

一碗藏面，一壶茶，张权禄津津有味地享受早餐。“藏式早餐不仅可口，还很养生。”张权禄来拉萨做生意已有10余年，多年来这个四川成都人已融入当地生活。“我每天都来茶馆，在这里能体验到西藏最鲜活的民俗。”

在茶馆，张权禄结交了不少藏族朋友。“前年我突发脑梗，是我的藏族朋友格桑达瓦及时把我送去了医院，第一时间得到了救治。”张权禄的眼神流露着感激，“我俩的友谊就像这酥油茶一样，酥油和茶叶是分不开的。”

一杯茶看似平淡无奇，背后却凝结了厚重的历史和情感，热气腾腾的

① 赵耀铁．我市食品安全形势持续稳定向好[N]．拉萨日报，2021-07-29.

酥油茶散发出的是浓浓的民族团结味。

西藏直到1963年才有了第一块茶田，此前必需的茶叶都是依靠滇、川、陕等地的马帮通过茶马古道源源不断输送进藏。阿里地区噶尔县故如甲木考古发现了1800年前来自内地的茶叶等实物。

千百年来，南来北往的马帮穿梭在高山深谷间，一条条羊肠小道上留下了马、骡所踩下的深深印迹。蜿蜒在世界屋脊的茶马古道、唐蕃古道等古商道，不仅将内地的茶叶、红糖、日用器皿等运入西藏，还见证着各民族饮食文化的融合。

“酥油茶是藏餐的代表，藏餐则是内地菜系与西藏菜历经千年互相融合的结晶。”西藏自治区烹饪餐饮饭店业协会副会长沈斌说。

作为藏餐大师，沈斌对藏餐文化有着深刻的认识：“与很多菜系发展历程一样，藏餐也是兼容并蓄、博采众长。”早在吐蕃时期，尤其是文成公主进藏后，西藏与中原地区在经济、文化等方面的交流得到极大提升，藏汉饮食文化的交融也随之逐渐深化。

跨越上千年，舌尖上的甜香早已是“你中有我，我中有你”。如今，雪域白条、藏式包子、松茸烧鸡、牦牛酸奶等特色藏餐深受群众喜爱，它们是本地群众招待来自天南海北游客的招牌菜，成为展示民俗的重要窗口。

“随着社会交流交往不断深入以及人民生活水平逐渐提高，西藏美食愈加丰富。川菜、湘菜、粤菜等菜系不断走进高原千家万户，同时，藏餐也在烹饪技艺和食材选择上不断融合创新。”沈斌说。

近年来，藏式火锅逐渐成为西藏餐饮的新招牌。炭火铜锅作加热器皿，牦牛骨汤作锅底，再配以新鲜牦牛肉以及各类蔬菜、菌菇等食材，香气四溢的藏式火锅吸引着不少本地群众以及进藏游客前来品尝。

沈斌告诉记者，藏式火锅与老北京涮羊肉有关联，很大程度上借鉴了后者铜火锅的烹饪方法。近些年，藏式火锅又进一步丰富了食材，茶树菇、秋葵、折耳根等一些新菜品被吸收进来，成为当下炙手可热的餐食。

餐饮业的蓬勃发展，也让越来越多的西藏农牧民加入美食大军中来。在昌都市芒康县盐井纳西民族乡，加加面是一张响亮的名片。加加面，顾名思义就是“不停地加”，每碗一口就能吃完，味道鲜美。“果拉丛”藏家乐老板果拉卓玛说：“每吃一碗，就用一颗小石头计数，来自五湖四海的客人常常会相互比赛谁吃得多。”

作为茶马古道上的重要一驿，芒康县见证了许多民族交往交融的历史，带有西北面食特色的加加面就是其中之一。2010 年，盐井加加面被列入西藏自治区非物质文化遗产名录。

如今，越来越多的盐井纳西民族乡群众把家里装饰一新经营起农家乐，实现增收致富。果拉卓玛的生意也越做越大，目前年收入超过 50 万元，同时她还带动周边 10 名群众就业，一起奔向好“钱”景。

民以食为天，西藏的饮食文化在千百年的民族交流交往交融中，不断走向多元和精进，味蕾享受中蕴含着浓浓的各民族团结情。[①]

（三）西藏居民饮食向营养均衡型转变

为满足不同顾客的需求，藏餐厅将传统的藏餐进行适度改良，做出更符合大众口味的新式藏餐。这家餐厅负责人说：“人参果饭原来放酥油，由于很多外来游客不大适应酥油的味道，我们就用其它油代替。”

在改革开放前，因为高原高寒缺氧等自然条件十分恶劣，再加之生产技术当时比较落后、交通不够便利，西藏无法大面积种植蔬菜，也难以提供品类丰富的食材，人们主要吃糌粑、牛羊肉、奶制品等，存在饮食结构单一、营养不均衡等问题。

西藏自治区第三人民医院院长平措扎西说，传统食物比如糌粑、牛羊肉、奶制品等热量高，适合充饥御寒，但缺少一些维生素，吃多了还容易引发高血压、高血脂、胆囊炎等疾病。

---

① 罗布次仁，王泽昊 . 舌尖上的甜香 心尖上的守望 [N]. 中国民族报 ,2021-07-09(006).

西藏和平解放后，随着社会经济的发展，自治区之外生产的大米、面粉等走进西藏居民家庭，藏族的饮食结构得到改善，但果蔬产品仍然是稀有物。

近年来，西藏大力实施“菜篮子”工程，解决“居民吃菜难”问题。同时，“菜篮子”工程的实施效果被各级政府视为绩效考核的重要内容。

2019 年，西藏蔬菜种植面积达到 38.75 万亩，年产量 77.19 万吨。大城市夏秋季蔬菜自给率达到 85%，冬春季蔬菜自给率达 65%。

西藏自治区农业农村厅种植管理处处长杨建斌说，“近年来，随着西藏蔬菜种植面积的逐步扩大和国外蔬菜的运输，蔬菜需求对于西藏居民原则上是可以实现的。”

藏族人不吃鱼的说法在区外一些地方盛传，但记者在美团 App 里搜索“鱼”和“渔”字，弹出了上百家店铺。在位于拉萨市的巴渔宴鲜鱼府，中午时分记者看到顾客络绎不绝，其中很多还是藏族顾客。

刚从大学毕业的次旺拉姆带着几个朋友正在这里吃饭。次旺拉姆说，在北京上学的时候，她经常跟同学一起去吃鱼、小龙虾等，还喜欢吃海鲜，但喝酥油茶、嚼风干牦牛肉的习惯并没有改变。

西藏自治区烹饪餐饮饭店业协会会长褚立群说，随着西藏人民生活水平不断提高，经商环境日益改善，越来越多外来餐厅亮相雪域高原，丰富了西藏人民的食谱。褚立群说，几十年来，西藏人民的食谱从糌粑、牛羊肉、奶制品拓展到大米、面食，再发展到目前越来越丰富的饮食选择，老百姓的饮食结构更趋多元，生活品质不断提升。

（四）西藏军区后勤部门携手地方打造餐饮配送网上平台

“一键下单，菜品送到哨所。时间迅速，品种多样，新鲜出炉！”“八一”前夕，西藏军区某边防团“里孜戍边模范连”司务长贾咏钦，通过“雪域配送”APP 在手机上进行下单，采购连队下周的蔬菜、肉类、调料等食材。

贾咏钦向记者介绍：“过去，粮食供应要按部就班上报。将要采购的物资送到团里，再由团运送到各个点。一般要半个月才能搞定，由于大部分连队都离团部比较远，所以材料来回扔了很多次，质量很难保证。自从有了‘雪域配送’APP，下单后三天内食材即可送达，边防部队也享受到了现代物流的便利。”

西藏基础设施尤其是边境道路、通信等设施近年来不断完善，高原官兵的生活不断取得新的保障。由于高原气候恶劣，部队分布相对分散，军需物资的供应和分配不可避免地存在困难。针对这一问题，西藏军区后勤部联合西藏当地企业，创新供应模式，共同打造可应用于高原部队餐饮配送的APP。经过一段时期试运行，这款APP具备保密性强，操作简单、配送快捷、结算便利等优势，受到了高原官兵普遍欢迎。

记者在采访中看到，该部门负责人在平板电脑上登录“雪域配送”APP，完成了进货、下单等步骤。交货期及现场派送专车“点到点”。物资送达后，官兵还可以通过APP对送达服务进行评分，确保每一个订单官兵都可以进行监督。

“自从有了‘雪域配送’，餐桌上的食材更加多样，我还在上面拜了个‘师傅’。”某边防连炊事班战士史帅告诉记者。

史帅口中的“师傅”，就是“雪域配送”APP上的烹饪视频教程。记者点击雪域外卖APP上的“食谱卡”，看到有红烧笋、东坡肉、锅包豆腐等菜肴的详细制作说明。史帅道:“教程简单易学，真是个没见过面的‘大师傅’！”[①]

（五）西藏首家麦当劳开业顺丰同城急送为最高海拔门店提供配送服务

2021年7月30日，西藏自治区首家麦当劳餐厅于拉萨八廓商城正式开业，以3650米的高度成为麦当劳在中国境内海拔最高的一家门店。顺丰同城急送作为麦当劳首选的第三方合作伙伴，也将为西藏首店的外卖餐品配送提供保障，助力麦当劳正式进军西藏市场。

---

① 陈武斌，钱晓虎．“雪域配送”直达高原哨所[N].解放军报，2021-08-10(002).

1. 解决餐饮配送难题 共同打造西藏地区标杆

西藏地处我国西部边疆地区，物流运输体系相对落后，即时物流服务发展缓慢。同时，由于汉堡、薯条、冰淇淋等产品的“快餐”属性，运输过程、配送时长等对餐品的口感影响较大，食品安全更需要严格保障，这些都给麦当劳在当地配送业务的开展和进一步扩张带来挑战。

因此，麦当劳在进入西藏市场时依然选择了“老朋友”顺丰同城急送作为配送合作伙伴，为当地消费者打造极致用餐体验，同时传递麦当劳的服务理念和企业文化，推动品牌进入全城百姓生活，也在西藏地区餐饮行业树立起全新标杆。

值得注意的是，顺丰同城急送是麦当劳国内最大的合作伙伴，双方此前在装备、餐箱定制及 Logo 展示等方面都展开了深入合作。在 2020 年的麦当劳“88 金粉节”外送包月活动中，顺丰同城急送运用多元运力模式和智能调度网络，保障活动高峰期餐品的顺利配送，协力创下麦当劳单日外送单量历史新记录。

麦乐送、麦咖啡、甜品站业务总裁 Emily 曾表示，顺丰同城急送和麦当劳拥有相同的文化和价值观，双方不仅通过高效的订单履约能力提供优质服务，做到“以客户为先”，还通过科技实力优化配送效率和运营系统，做到“以共赢为先”。

2. 科技服务双重加成 高原配送更有温度

双方合作在西藏市场的再次落地，得益于顺丰同城急送于 2020 年 8 月 8 日率先开启西藏地区即时物流市场，为拉萨五十多万市民提供高时效的同城即时配送服务。拉萨市区的居民使用顺丰同城急送的帮买、帮送、帮取等服务，平均 1 个小时左右就能送达物品，极大地满足了生活中的急时需求。

顺丰同城急送致力于提供更优质、高效以及定制化的即时配送服务，以智能调度系统为核心，构建起“业务中台 + 配送中台 + 运力中台”体系，处理海量数据，使资源匹配效率整体提升；同时融合驻店运力、商圈运力、全城运力等多元运力模式，打造出更富弹性的运力底盘，通过物流中台订单智能分发、供需实时智能调控、AI 全局统筹调度等技术进一步满足多样化需求，为当地居民生活带来切实便利。

而作为运力组成的重要一环，顺丰同城急送骑士也都经过严格的业务培训，同时可充分实现定制化服务，提供精细化流程，如穿戴特殊服装、使用特制装备，进行针对性放置、操作与信息传达等，让每一次配送都更有温度。

相信麦当劳与顺丰同城急送将通过此次合作迎来新的跨越，实现商业与品牌口碑的共赢。未来，顺丰同城急送也将联合更多品牌和商户进行商业模式上的探索，持续发力为更多行业、更广地域提供专业高效的配送服务，为更多消费者打造高品质的配送体验。

（六）西藏餐饮协会探索扶贫新模式——舌尖上的扶贫

手握厨刀、锅铲翻炒、细火慢炖……西藏现代服务业职业技能培训学校的学生们开始了一天的实操课。

“厨房就是我们的工作室，厨房内的工作是很辛苦的。”国际名厨在西藏现代服务业职业技能培训学校分享自己的学厨之路并告诫学生们，对于厨艺一定要有极致的追求和坚持不懈的精神。

西藏现代服务业职业技能培训学校是在西藏自治区烹饪餐饮饭店业协会职业技能培训中心的基础上于 2016 年升级成立的，学校主要设有烹饪、客房、餐饮、财务、工程、人力资源、餐饮饭店职业经理人、市场营销等专业，专职教师 21 名，兼职教师达 60 余名。

学校自成立以来，始终秉承中华职业教育社“使无业者有业、使有业者乐业”的宗旨，坚持“以人为本，就业优先”的服务理念，充分发挥培训促转移就业、转移就业促增收作用，积极配合西藏自治区人力资源和社会保障厅、西藏中华职业教育社、西藏自治区劳动就业服务局、西藏各地市相关部门开展贫困农牧民、城镇失业人员等的就业创业培训工作。学校年培训农牧民学员 1000 余人，行业从业人员 8000 余人。2012 年 7 月，学校首次承接同心温暖工程国家通用语言培训项目，至今已开展 41 期同心温暖工程国家通用语言培训班，学员共计 4000 余人。

“你们是藏餐的未来，藏餐未来的发展要靠你们！”老师时常这样勉励学生们，要不断挖掘和传承西藏传统餐饮文化。随着西藏市场经济的持续利好，专业人才需求不断增加，西藏现代服务业职业技能培训学校积极探索在经济新常态下就业创业的新特点、新变化，开辟创业培训新模式，扩大培训受众面，打造了农家乐、家庭旅馆创业培训班、厨师长培训班、餐饮住宿行业名师、大师培训班以及藏菜厨师、中式烹调、中式面点、餐饮客房服务员等培训品牌。

西藏这片净土因独特的自然环境造就了许多当地的特色食材，为了让这些特色食材得到“全新演绎”，西藏现代服务业职业技能培训学校不断“请进来、走出去”，与国内外著名餐饮饭店管理领域、知名国际饭店管理集团建立了长期的合作关系，并聘请多名国际名厨进校交流。

“我们不断加强对西藏当地特色食材的再创作，以不同的技法，加工西藏当地的特色食材。”学校负责人说，通过“全新演绎”，希望能让更多人接受藏餐，享受净土食材带来的味觉体验，让藏餐走出西藏，走向世界。

就业是民生之本，是最大的民生工程，学校为了拓宽就业渠道，开展实施西藏中华职业教育社“农牧民实用技能 + 国家通用语言”培训新模式，这很大程度上帮助了参训学员消除了语言障碍，受到了广大学员的欢迎，极大提升了学员就业稳岗率及创业积极性。

据统计，学校共培训城镇失业人员和农牧民转移就业人员 12000 多人，就业率达 80% 以上，稳岗率 60%，同时培训行业从业人员 8 万余人。

积极响应党和政府的号召，西藏现代服务业职业技能培训学校积极开展“双创”工作，并针对精准扶贫进行定点帮扶计划，学校引导扶持创业学员100余人，为使学员创业项目稳步发展，学校对学员创业项目进行5年免费帮扶。创业项目涉及家庭旅馆、藏餐馆、馒头店、甜茶馆等成本小、收益快的经营类型，实现了“一人创业、全家就业”，深受农牧民群众好评。

西藏现代服务业职业技能培训学校为推动西藏脱贫攻坚从“输血”式向“造血”式转变贡献了自己的力量。今后学校将一如既往创新扶贫模式，扩大受益群体，更多更广地造福贫困农牧民群众。（中国西藏网记者王淑 贾华）

（七）杜绝浪费西藏商家推出半份菜和免费打包服务

关注近日，西藏自治区烹饪餐饮饭店业协会牵头下发《坚决制止厨余浪费》倡议书，建议企业在菜单上明确标明菜品重量（主料重量）。目前，很多商家推出了半盘和整盘两种选择，消费者可以根据自己的条件进行选择，而且商家还提供免费的剩菜打包服务。

近年来，西藏餐饮行业商家数量呈现快速增长的趋势，越来越多的市民经常选择外出就餐，但同时餐饮浪费的现象也开始愈发凸显，在聚餐、宴席等场合，相关单位采取多项举措，大力推行文明餐桌，让市民能够自觉地杜绝浪费，合理用餐。

在德吉路的一家火锅店内看到，大多数顾客都可以做到“光盘”，在餐厅的菜单上，商家提供了两种选择，半份和全份。顾客可以根据自己的需要进行选择。“作为防止浪费的重要内容，前期餐饮单位根据有关部门的要求，提出店内用餐新标语，并推出了半盘服务，提醒消费者理性点餐。并提供剩菜等免费打包服务，从源头上减少厨余垃圾的产生，自觉承担起餐饮单位文明餐桌的责任。”该火锅店的负责人说到。“半份的量也不少，一个人吃就够了，既经济又不浪费。”市民李晶说。

多数市民表示，平日吃饭时，点餐要适量，做到没有剩饭剩菜，“我觉得在外就餐，吃不完的食物打包带走很正常，我坚决支持‘光盘行动’。”市民徐筱说。

当然，也有不少消费者表示，点餐时对从未尝过的食物感到好奇，但点餐后发现不符合自己的口味，也会造成一定的浪费。餐饮单位提供半菜和小菜，不仅价格便宜，而且让消费者可以尝试更多菜品。据统计，中国餐饮业人均餐厨垃圾为 93 克 / 人每餐，浪费率为 11.7%。其中，大型餐厅、旅游团、中小学生和公务宴请是餐厨垃圾“重灾区”，大型聚会浪费达 38%。

西藏自治区烹饪餐饮饭店业协会会长褚立群表示：“希望各餐饮企业将制止餐饮浪费纳入到餐饮生产、加工、服务的全过程，引导餐饮企业制止餐饮浪费行为，同时将文明用餐、吃多少点多少、光盘行动等理念融入到消费者的日常生活中。”①

三、西藏养老服务业案例

（一）拉萨市居家养老和社区养老服务改革

1. 改革背景

（1）入选试点城市

2016 年以来，中央财政安排中央专项彩票公益金，连续 5 年在全国 31 个省市自治区以及新疆生产建设兵团的 203 个地区开展了五批次居家和社区养老服务改革试点。通过试点，各地在政府及企业的管理体制机制、养老服务基础数据的摸底与统计、基本养老服务清单、信息化标准化连锁化、医养结合、人才队伍等各方面均进行了有益探索和积极创新，为城乡居家和社区养老服务尤其是大城市、民族地区与农村地区以及城乡养老服务协作等积累了丰富的实践经验，推动了居家和社区养老服务的高质量发展。2020 年初，拉萨市入选全国第五批中央财政支持开展的全国居家和社区养老服务改革试点城市。

① 白晓丹，央金卓玛 . 西藏发出“坚决制止餐饮浪费行为”倡议书 [N]. 西藏商报 ,2020-08-17(A02).

（2）自治区相关政策

21 世纪以来，自治区政府不断推进养老服务市场化、社会化改革，积极引导和鼓励民间资本进入养老服务业、开办养老机构，向老年人提供多种形式的养老服务。2018 年 7 月西藏自治区卫生计生委、区民政厅、区人社厅等部门新近联合印发了《关于推进医疗卫生与养老服务相结合的实施意见》，科学统筹西藏医疗卫生和养老资源，促进西藏基层卫生保健资源转化和完善，更好满足西藏地区老年人健康、保健和养老服务需求。《意见》明确，要建立医养结合制度机制和监管体系，因地制宜，统筹兼顾，到 2020 年实现医疗卫生与老年医疗服务对接。覆盖城乡，形成规模合理、功能合理、全面连贯的综合服务网络。各医疗机构建立绿色通道，提供老人挂号、就医等便民服务。我们为老年人提供全面的健康和养老服务，包括治疗期间的住院治疗、康复期间的护理、稳定的生活护理。2021 年 6 月自治区民政厅印发了《推进居家和社区养老服务工作的实施方案》（以下简称《方案》），通过积极推进居家和社区养老服务工作，不断满足老年人个性化生活需求，提升获得感、幸福感、安全感。《方案》提出，到 2025 年，城市社区居家和社区养老服务覆盖率达到 60% 以上；农牧区社区综合服务中心具备养老服务功能，农牧区建制村居家和社区养老服务达到 50% 以上。《方案》明确，居家和社区养老服务应面向辖区所有老年人提供助餐服务、助医服务、助洁服务、助浴服务、助急服务。条件允许的地方，可以将服务内容拓展到精神慰藉、健康管理、文化娱乐、教育培训、银发顾问、老年康复辅具租赁等。并明确分散供养的特困老人、残疾老人、低保老人、计划生育失独老人、重点优抚对象老人、农村留守老人以及 70 岁以上空巢老人等老年群体应当纳入政府购买服务目录。城市社区主要依托日间照料中心和建立家庭护理床位的形式提供养老服务。农牧区社区主要拓展农村社区综合服务中心的养老服务功能，或试点建立农村幸福大院，开展居家和社区养老服务。鼓励各地市大力培育或引进养老服务的社会组织或企业，承接居家和社区养老服务。在市场监管部门登记注册的养老服务企业，或在民政部门登记注册的社会组织，都可以参与居家和社区养老服务。

2. 具体做法

拉萨作为西藏经济社会发展较好的城市，在养老服务业的发展与推进上始终走在区内前列。

（1）政策支撑，规划引领，积极推进养老服务业发展

2020年初，拉萨市入选全国第五批中央财政支持开展的全国居家和社区养老服务改革试点城市。借此契机，拉萨市全面推进养老服务业发展，全力打造现代化高原养老城市。拉萨市先后研究制定了《关于加快养老服务发展的实施意见》《关于制定和实施老年人照顾服务项目的实施意见》《拉萨市民政局关于加快居家和社区养老服务发展的若干措施》《拉萨市民政局关于开展居家和社区养老服务设施建设的意见》《拉萨市居家和社区养老服务改革试点工作实施方案》。

为高质量完成《拉萨市“十四五”时期民政事业发展规划》《拉萨市“十四五”时期养老事业发展规划》邀请北京市民政局专家赴拉萨指导规划编制工作，同时，市民政局抽调专人成立规划编制专班，配合做好规划编制各项工作。一是北京专家组入驻市民政局与局领导和业务科室负责人进行座谈，研究养老服务发展规划内容。二是北京专家组和市民政局规划编制专班，利用7天时间对各县（区）、乡镇（街道）、村（居）开展实地调研。三是与自治区民政厅领导和各处室负责人座谈，征求意见建议。通过努力，结合拉萨养老服务工作实际，梳理出“养老服务配套政策不完善”等17条问题清单、22条需求清单和重大举措28条。

（2）精准分析老年人养老服务需求，开展养老服务需求调研

养老服务的市场化要求对老年人的养老服务需求进行精准定位，通过分析老年人的养老服务需求并进行充分调研了解以推进居家和社区养老的有效推进。因此，拉萨市城关区和林周县分别以政府购买服务的形式开展

老人需求调研，共计覆盖近 8000 名老人。

拉萨市城关区通过政府购买的方式将老年人需求调研交给社会组织专业机构，其所需的 42 万元政府购买资金通过福利彩票公益金支取。采取走访入户、问卷调查等多种方式，对辖区 12 个街道的常住老年人关于“居家 + 社区养老”相关服务需求进行了大规模调查，对 7156 名 60 岁以上老人进行全覆盖，同时为了更好地满足老年人的一些个性化养老需求，还建立了特殊困难老年人数据库，有针对性、专业性发展居家和社区养老服务模式提供了科学依据。

林周县着眼于老年人的实际生活需要，对辖区内老年人进行全面调研，精准掌握辖区内老年人口结构状况。在调研摸底的基础上，对养老服务需求较多的江热夏乡和甘旦曲果镇 179 名特殊群体老年人是政府购买居家养老服务的服务对象，为他们提供生活照料、医疗保健、家政服务、文化娱乐、心理照料等服务。

（3）积极拓宽社区养老服务资金来源

根据拉萨市民政局财政预算公开数据显示，2019 年拉萨市老年福利支出 30 万元，2020 年拉萨市老年福利支出 33.42 万元，同比上升 11.4%。

拉萨市投入区、市两级福彩公益金 9693.6 万元建设 15 家老年人日间照料中心，目前，已完工并投入使用的 4 家；正在建设的有 9 家，均完成工程量 50% 以上，预计 2021 年内建设完成并投入使用；未开工的两家。老年人日间照料中心项目建设覆盖 5 县 4（区），以城关区、堆龙德庆区等老龄人口较多的区县为重点，均建设有老年人生活服务用房、保健康复用房、休闲娱乐用房、辅助用房以及棋牌室、健身室、午间休息室、康复室等附属设施。

政府购买经办人员服务，整合 600 余万元资金用于政府购买基层经办人员服务项目，招聘 79 名应届大学本科毕业生安排在各乡镇、街道办事处，切实提升基层服务能力和水平，在社会救助、社区养老等工作上实现专人专职、精准高效。

政府购买社会组织服务，多方争取福利彩票公益金 192 万余元，用于政府向社会组织购买养老服务，包括为老年人提供饮食、生活照顾、康复护理、康乐娱乐、精神慰藉等内容。

（4）引入社会力量参与养老服务，助力养老服务业市场化、产业化发展

早在2016年，西藏自治区首家共建民营养老院开始运行，这也代表着拉萨市的社会养老开始迈出市场化的第一步。拉萨市社会福利院与西藏卓玛医院签订协议，推进养老服务机构公办民营社会化发展。西藏夕阳养老康复中心集养老康复、藏医传统文化、中西医于一体，拥有康复理疗、健身、保健按摩、藏药洗浴、娱乐等多功能服务项目。专业医护人员十名、护工四十名，共设一百一十张床位，入住的有偿社会老人已由原来的五人增加至四十五人，月收费标准从三千元至六千元不等。护理员都必须经过统一集中培训才可上岗，给老人进行照料、护理等都必须严格按照流程进行。

2020年7月，拉萨市社会福利院与西藏玉拓趣赞康养有限公司签订“公建民营”机构养老服务协议，整合羊八井水疗中心和康复疗养项目，为拉萨市社会福利院的老年人提供藏医康复和温泉疗养等特色服务，不断丰富服务内容、优化服务手段，吸引更多老年人到机构享受专业养老服务。该公司按照拉萨市民政局要求，同时开展上门巡视探访，目前30余家老年人受益。截至2021年5月，拉萨市社会福利院共收住老年人61人，其中有偿社会老年人41人，民政兜底保障对象20人，预计近期新增入住有偿社会老年人50余人，已利用床位中社会化床位占比为65.52%。

近年来，拉萨市民政局作为行业主管部门，建设扶持社会组织和企业，引入养老机构登记备案制度，引入养老智慧合作。截至目前，扶持引进玉拓趣赞康养有限公司、爱长辈集团、三槐集团3家养老服务企业，培育西藏惠康养老服务中心、拉萨志远社会工作服务中心、西藏益行公益等3个社会组织。在“关爱老年人 享受美好生活”系列行动中，拉萨市民政局通过居家和社区养老服务平台作为依托，积极引导社会组织、志愿者及各类

社会力量进社区、进家庭，为居家老年人提供精准服务，满足基本生活需求。

（5）完善社区养老服务设施，推动居家适老化环境改造

2021 年 3 月，自治区首家居家养老服务站在城关区幸福社区正式投入使用，城关探索实施社区居家养老新模式迈出了重要的一步。幸福社区居家养老服务站是以老年人和社会大众为主要服务对象，以社区养老服务设施和专业养老服务队伍为支撑，整合医疗、家政、餐饮、维修、助残等社会服务资源，为老年人提供休闲、娱乐、康养的服务场所。下一步，服务站还将继续完善社区养老服务模式，为出行困难的老人提供助餐、助洁、助医、助急服务，保障符合要求的老人享受政策带来的福利。

为推进居家养老服务和社区养老服务改革，拉萨市围绕群众需求，着力构建“15 分钟”居家养老基本制度，提升居家养老服务水平。以养老服务为基础，构建完善的养老服务体系，提高养老服务多元化、完善的能力。

（6）尝试探索农村社区居家养老方式

拉萨市曲水县三有村养老驿站选用两间集体商品房作为基础场地，划拨 10 万元村集体经济收入作为建设启动资金。经过甄别筛选，吸纳 23 户 26 名老人入住享受日间照料。驿站为每名老人设立档案，记载有老人的基础信息，家庭基本情况，每天准时测量老人血压，做好身体状况登记。提供电视、健身器材等休闲娱乐设施，每月为老人们过一次集体生日，并为有意愿的老人联系村“扶贫车间”提供简单的手工活。老人得到稳妥照顾的同时，23 户家庭解放出来的劳动力外出务工，实现户均增收 2.6 万余元。

曲水镇曲水村采取“政府 + 村级 + 个人自筹”模式将日间照料中心有效运营，同时，已向县人社局申请两名公益性岗位，加强对日间照料中心服务岗位。并完成了困境家庭机构养老服务需求摸底统计，目前有意愿机构养老的老人 3 名，将补贴资金及时拨付机构。

（7）积极宣传社会养老模式，转变老年人养老意识

老人有养老方面的需求，对社会组织持怀疑、抗拒的态度，通过专业化、

规范化服务，老人们逐渐接受社会养老模式，社区养老服务需求量不断增加。达孜区已完成困境家庭老年人机构养老服务需求摸底统计，目前有意愿机构养老的老人两名，并制定日间照料中心收费标准，低保家庭老人每人每月收400元、低收入家庭每人每月收500元、一般家庭老人每人每月收600元。通过面对面宣传日间照料中心设施设备及服务内容，组织各乡（镇）45名老人参观日间照料中心，老人主动申领机构养老申请表50余份。

（8）完善养老服务标准体系，推动养老服务高质量发展

当前随着社会老龄化不断加剧，民众在养老服务这一方面的需求也在提升，在这一社会背景下养老服务业迅速发展，规模不断提升，但随之而来的是行业没有建立统一的标准，服务质量良莠不齐，缺乏规范、安全性等问题比较突出。养老服务标准的颁布统一了行业标准，使养老机构和从业人员有章可循，在养老标准基础上不断提升服务质量。

拉萨市福利机构标准化建设工作于2017年9月启动。2018年11月，拉萨市福利机构标准化建设试点工作顺利通过评估验收，确定上升为拉萨市福利机构的行业标准。2019年10月，拉萨市达孜区特困人员集中供养服务中心通过第五批国家级社会管理和公共服务标准化试点项目验收，这代表其成为西藏首个国家级养老服务业标准化单位，同时也意味着拉萨市养老服务标准化管理翻开了新的篇章。

在开展养老机构标准化建设试点工作的基础上，自治区民政厅在自治区市场监督管理局的指导下，组织专家团队着手制定我区养老机构地方标准，共确定养老机构管理服务体系18条地方标准（其中：通用基础标准1项，服务提供标准7项，服务保障标准9项、评价改进标准1项）

（9）加强养老服务业人才培养，提升养老服务质量

拉萨市通过实施居家和社区养老服务改革试点，优化养老服务设施布局，完善养老服务体系，培养专业人才，提升养老服务质量。建立养老服务人员培训补贴办法，建立服务机构（企业、社会组织）、社区、采购服

务人员、评估机构等从事养老服务机构和人力资源开发体系建设，打造“学校+机构+家庭”养老服务人才培养实训基地将在拉萨成立养老等专业，由政府出资培训，积极开展“居家养老”服务业务培训，培训包括为居家老年人提供助医、助洁、助浴、助餐、助急“五助”服务，主要包括测量血压、血糖、心率、理发、修剪指甲、清洁衣物、室内打扫、做饭等康复护理、看护、家政和日间照料服务。

四、西藏文化产业案例

（一）西藏“文成公主”大型实景剧的展演概况及内容组成

1. 总体概况

《文成公主》大型实景剧是拉萨市布达拉文旅集团与域上和美集团联合出资打造。这一作品从汉藏历史文化、民族风情和自然景观中挖掘资源，将人工舞台与自然山水完美结合，以高科技手段呈现非物质文化遗产，总时长约 90 分钟，每年共演出 180 场。以藏汉民族交流史为背景，运用现代舞台艺术形式，唱响藏汉和谐美好的千年颂歌，对弘扬文化主旋律、促进民族团结起到促进作用。

第一幕：大唐之韵

唐太宗李世民端坐在气势恢弘的大明宫中央，上百名文武大臣在殿前觐见皇帝。禄东赞作为使者受吐蕃赞普松赞干布派遣前往大唐求婚。唐太宗李世民设置谜题让使者禄东赞解答，禄东赞成功解出谜题从百位“公主”找出真正的那位文成公主。于是唐太宗答应吐蕃的娶亲，文成公主动身从大唐出发。

创作说明：编导团队借鉴大量文献和旧书古籍，创作了盛大的大唐气象。从大明宫的建筑风格，到每个人物的服饰，1300 多年前的唐朝景象都得到了很好的还原。通过国际领先的灯光效果的辅助配合，营造出璀璨瑰丽的大唐景象，呈现出极佳的艺术效果。

第二幕：天地梵音

文成公主从长安启程出发，前往逻些城（今天的拉萨）。路途千里，跋涉山水，文成公主心头涌起浓浓思乡之情，但当她想起自己身上所肩负的重任后，毅然决然地将自己手中的日月宝镜打破，将自己的思乡之情狠心断绝，带着“天下没有远方，人间都是故乡”的伟大情怀，破除千难万险，前往吐蕃。

创作说明：《文成公主》是一部融合了数十种汉藏非物质文化遗产元素的大型情节剧。在演出场地，观众不仅可以听到优美的唐乐，看到地道的藏族舞蹈和戏曲，还可以听到藏族僧侣们念佛的声音。后者首次出现在戏剧表演中，具有独特的音乐感染力。

第三幕：藏舞大美

文成公主一行人一路带着释迦牟尼十二岁等身像、书卷典籍、绫罗绸缎、金鞍玉缰等前往吐蕃。带着美丽的遐想，文成公主在梦中与松赞干布相会。

创作说明：果卓等藏族民族舞蹈在舞台上的表演，结合人工舞台以及充满技术含量的视听技术，将传统歌舞元素与现代舞元素加以融合结合成优美的动作，生动地向世人展示了藏族舞蹈的独创性、宗教性和神秘性。

第四幕：高原之神

松赞干布为迎娶从大唐远道而来的文成公主，带领吐蕃的百姓们修建布达拉宫。百姓们用欢乐轻快的“谐钦”舞蹈，颂扬松赞干布所作出的伟大功绩；用盛大的“打阿嘎”祝福他迎娶大唐公主。

创作说明：布达拉宫作为松赞干布和文成公主爱情的见证已经成为汉藏和谐相处的象征。在藏族人心中高原之神的松赞干布和作为和平与幸福的使者文成公主二者千百年来早已融为一体。舞台上，数百名吐蕃百姓，手持木夯，跳起盛大的“打阿嘎”，在他们的期许中，布达拉宫悄然显现。

第五幕：藏汉和美

松赞干布最终迎娶文成公主，霎时间圣光照耀天下，万众敬仰。汉藏联姻的辉煌时刻来临，历史在此刻揭开新的篇章。

创作说明：情景剧在最后一幕再次被推向高潮，原创的藏族歌舞与大唐的盛世之音彼此交融。

2. 演出特点

（1）藏族歌舞与现代舞美妙融合

该剧深深植根于汉藏历史文化、民族风情和自然景观资源，综合运用了唐代歌舞和藏族古舞、藏戏、念佛等多种艺术形式。

（2）三维仿真布景打造最大最华美的舞台

大型情景剧《文成公主》打造的舞台布景规模在一般情景剧中是难以想象的。比如其中一个场景叫“逻些城”，全长 160 米，容纳了大昭寺、小昭寺、布达拉宫等建筑的模拟场景，相当于还原了 1300 多年前的拉萨城。其中，立体仿真的“布达拉宫”长 40 米，高 20 米。

（3）国内唯一使用传送步道的大型实景剧

现代科技是提升舞台艺术高度有效手段，该剧为了营造出演员一直在不断行走的感觉还将机场常见的传送步道移植到舞台上，而这一做法在国内目前也是十分少见的。

3. 亮点盘点

（1）卓舞

“卓舞”藏语称“腰鼓舞”，是藏族舞蹈中难度最大的舞蹈。它由许多人共同参与，舞蹈形式为圆形。节奏慢快，曲调低慢，舞姿刚劲奔放。气势磅礴，极显阳刚之美。

（2）果卓舞

果卓舞，在藏语中意为圆圈歌舞，它是随着藏族生产生活的发展而诞生并不断发展变化的，有打青稞、捻羊毛、喂牲口、酿酒的劳动歌舞，有歌颂英雄的歌舞，有表现藏族风俗习惯、男婚女嫁、新屋落成、迎宾待客的歌舞。

（3）打阿嘎

藏族群众在夯屋顶时，一边劳动、一边唱歌的场景。“打阿嘎”时，劳动者分成两组，劳动时统一节奏步调，歌声此起彼伏。

（4）牛皮船

牛皮船是藏族古老的水上交通工具，形似喇嘛庙内的大铜锅，在剧中使用，不仅还原了1300多年前文成公主进藏的真实状况，也能让观众现场感受到藏文化的独特魅力。

（5）藏戏

高2.5米，宽2米的巨型蓝面具，藏戏演出时，有的要戴藏戏面具，包括温巴面具、人物面具和动物面具，从面具的造型和色调上区别人物性格的善、恶、忠、奸。其他就是一般的粉面与红脂，没有复杂的脸谱。

第四篇　政策及展望篇

第七章　西藏现代服务业高质量发展的对策建议

一、西藏高质量发展现代服务业取得的历史经验

（一）西藏经济社会发展的基本政治保障——中国共产党的正确领导

坚持中国共产党的领导是中国特色社会主义政治制度的最大优势，同时，其也为西藏各族人民实现经济社会水平持续健康稳定发展提供了根本的政治保证。首先，中国共产党带领西藏人民建立了中国特色社会主义制度，为和平解放西藏，解放西藏社会生产力夯实了政治基础。正是在中国共产党的领导下，西藏各族人民推翻了政教合一的封建农奴制度，经历和平解放和民主改革，历史性开辟了西藏人民当家做主的新局面。同时，党中央在西藏实施民族区域自治制度，切实保证了西藏少数民族同胞的合法权益，又对加强民族团结，维护祖国统一意义重大。其次，坚持党的领导，是推动西藏各族经济社会实现历史性跨越，走上了中国特色社会主义发展道路，让西藏各族人民安居乐业的根本保障。历史经验指明，发展是动力，唯有发展是实现西藏长期稳定的最终归宿。中国共产党始终将发展摆在西藏社会治理的战略位置，先后在西藏推进社会主义改造、改革开放等举措。在每一个发展的关键时期，都以西藏各族经济社会发展实际情况为出发点，在与实际发展趋势动态匹配中，不断探索和创新改革发展的路径，逐步优化改革发展政策内容，带领和激励西藏各族人民实现西藏经济社会持续健康发展。至此，在党的领导下，西藏各族人民日益丰富的物质需求基本得到了满足、精神产品供给日益多元化、人民的幸福感也呈现出指数式增长。这无异于强化了西藏各族人民对中国共产党的政治认同感，坚定了西藏各

族人民创建团结、富裕、文明、和谐、美丽的社会主义现代化新西藏的强大决心。

（二）西藏经济社会发展的基本前提——坚决维护祖国统一和民族团结

对于统一的多民族国家来说，维护祖国统一和民族团结尤为重要，因为这是保证经济社会长期稳定，促进社会和谐，增强国家凝聚力，提升国家综合国力和竞争力的根本前提和必要基础。毛泽东主席曾明确指出："我们伟大的革命事业必定胜利的基本保证少不了全国各族人民的团结"。邓小平同志多次明确提出："汉族离不开少数民族，少数民族也离不开汉族"。在此基础上，江泽民同志提出："汉族离不开少数民族，少数民族离不开汉族，各少数民族之间也互相离不开"。胡锦涛同志提出："全国各民族只有团结奋斗，才能有力推动实现共同繁荣，才能有力推动促进共同发展，实现共同富裕"。这一切无不体现党中央在民族问题上的基本观点和方针：即中华民族是多元一体的伟大民族，各民族只有像石榴籽一样紧紧抱在一起，加强民族团结和坚定维护祖国统一，才能实现各民族共同繁荣发展。

习近平总书记明确指出："维护祖国统一和加强民族团结是西藏工作的着眼点和着力点，核心任务是实现社会持续稳定和长治久安"。这一论点提纲挈领地表明党中央对实现西藏经济社会高质量发展目标的战略部署。纵观位于我国西南边陲的西藏，疆域辽阔，少数民族众多。筑牢中华民族共同体意识，维护祖国统一，加强各民族团结互助、共同繁荣、生死与共意识，是凝心聚力，在较为稳定的场域推进西藏各项事业稳步前进，实现西藏长治久安和高质量发展的应然要求。为此，雪域高原各族儿女，应在党中央的坚强领导下，勇做维护祖国统一和民族团结的拥护者、捍卫者及驱动着，创建全域各族团结、和谐、和睦新局面。

（三）西藏经济社会发展的重要支撑——党中央特殊关心和全国对口支援

回望援藏发展史，西藏经济社会持续健康发展取得了实质性进展与党中央的特殊关怀和全国各族人民的鼎力支持密切相关。在 1979 年全国边防会议上，对口援藏政策正式被明确。这30多年来对口援藏一直是党中央给予西藏的一项特殊政策。这一期间，援藏政策也随西藏发展状况而动态调整，大体上包括援藏主体、援藏内容、援藏机制和方式等方面的改革。如援藏主体由中央一元主导逐步向中央、地方、企业、社会等立体式、多元式援藏转变；援藏内容从最初强调项目式统筹发展逐渐过渡到综合帮扶式援藏，具体包括干部、经济、人才、技术等全方位的支撑；援藏机制也更加强调西藏各族人民发展的内生动力的培育，主要体现在“输血式”到“造血式”的转型发展；援藏方式也从“粗放式”援藏向“精准式”援藏，逐步演变为全面援藏。综上所述，援藏政策的实施，为西藏经济社会实现健康跨越式发展持续不断地输入新思想、新观念，为西藏缩小与其他兄弟省市的差距，改善和提升西藏各族人民的民生福祉提供人力、物力、财力等各个方面的鼎力支持，是西藏高质量发展的坚实物质基础。

（四）西藏经济社会发展的凝心聚力之策——坚持发展经济和改善民生

民主改革前，西藏因长期受政教合一的封建农奴制的影响，社会生产力发展水平低，经济发展基础十分薄弱，底层百姓的基本权利受到漠视，基本生活难以保障。旧西藏将人民分为三个阶级九个层次，上等阶层命如黄金，社会底层群众命如草芥，农奴和奴隶长期承受残酷的经济剥削，大多数不仅没有财产反而负债累累。民主改革后，党中央在第一次西藏工作座谈会中提出对西藏实行“休养生息”政策，强调要以改善人民生活为根本出发点和落脚点，从西藏实际出发，积极组织和推动群众恢复生产，逐步提升生产力、发展西藏经济。从上世纪50年代至今，西藏人口得到了极大的恢复，基础设施建设逐步完善，基本民生保障稳步提升。首先在人口方面，据第六次全国人口普查数据显示，截止2011年西藏的人口增至300多万，是改革开放前的三倍，其中藏族人口271.64万人，约占西藏人口总数的90%。其次，在基础设施方面，如今的西藏，公路、铁路、航空等交通网络已基本建立，乡镇通畅率普遍提高。邮电、通信、互联网事业也都经历了从无到有，从有到全覆盖的历史性发展。在加强民生保障，增强民生福祉方面，事关城乡居民切身重大利益的基本民生事业扎实推进，成绩显著，如历史性消除绝对贫困、就业率稳居全国前列、养老保险、医疗保险等基本普及、科教文卫服务能力全面提升等都是有力的证据。西藏和平解放 70 多年来，历届中央政府始终坚持人民至上的宗旨，不断加大西藏经济发展和民生改善的力度，着力解决西藏各族人民群众最迫切关心之事，促使西藏各族人民的生活更加安全、便捷、舒适，切实增强了西藏各族人民的幸福感、安全感和获得感。正所谓为民者，民往之，党中央把改善民生作为西藏发展的逻辑起点，正是凝心聚力之策，强化了雪域高原各族儿女的政治认同感及国家认同感。

（五）西藏经济社会发展的长久之计——坚持科教兴藏和人才强区

纵观国内外区域经济社会健康快速发展的成功经验，如果说财政和政策支持是基础，那科技和人才这两大关键要素的同频共振就是重要支撑和根本保证。因此，西藏的长足发展也必须坚持科教兴藏和人才强区战略。关于这一论点，早在西藏民主改革初期毛泽东主席就指示：“西藏要发展建设就必须得培养自己的民族骨干，甚至培养自己的科学家。”70 多年来，历代中央领导集体也始终根据西藏发展实际情况，坚持发展完善和贯彻落实这一重要思想，不断为西藏培育优秀的少数民族骨干，将各方面的优秀人才都聚集到西藏各项事业的建设中来。同时又整合各类资源，大力推进人才和科技的融合，这对雪域高原长治久安和高质量发展意义重大。

受自然、社会等历史性因素影响，旧西藏文盲率高达 95%，且没有能力建成一所现代意义的高等院校，现代科技和高等教育市场更是一片空白。自 1951 年至 2020 年国家累计向西藏投入教育经费 2239.65 亿元，支持西藏建立和完善现代教育体系，数十年来，西藏教育事业突飞猛进，至 2013，西藏已建立完整的现代教育体系，涵盖学前教育、基础教育、高等教育及特殊教育、职业教育等多层次、多方面，全面、显著地提升了西藏国民素质。

同时，实施15年公办义务教育，小学学科教学课程教案开班率、中学数化生教案完成率、国家职业技术学校目录规定课程开班率均达到100%，高中毕业阶段教学教育普及如期完成。自2015年以来，通过组织实施全国教育优秀人才“组团式”援藏，西藏援藏教育人才水平不断得到有效巩固提升。截止2020年底，西藏全区共有各级各类学校3195所，其中有827所小学，143所中学，中等职业以上技术教育学校12所，7所普通高等学校，各级各类学校在校生共计79万余人，此外，还有约9.2万藏族学生在区外就读。近三年的学术入学率，学前教育达到87%，小学达到99.93%，初中、高中、高等教育分别达到106.99%、90.2%和56.14%，县域义务教育实现基本均衡持续科学有序发展，义务教育巩固率95.03%，新增劳动力人均受教育年限提高到13.1年。政府、社会、企业通过多渠道着力解决高校应届毕业生就业，连续5年平均就业率保持在95%以上，2020年甚至首次达到99%。科技平台建设和人才队伍优化相互耦合，共同发展，持续同步实现稳步提升。现已拥有各类专业技术人才达9.2万人，科技进步对经济增长的直接贡献率达到45.6%。此外，在中央和兄弟省市人才帮扶政策下，从内地引进大批高层次技术人才、优秀科研人员等，这对于聚集持久性的动力，促进西藏经济社会发展，推进西藏现代化进程，具有重要意义。

二、西藏现代金融服务业支持政策

人民银行 银监会 证监会 保监会《关于金融支持西藏经济社会发展的意见》

为全面贯彻落实习近平总书记系列重要讲话、深刻学习领会中央第六次西藏工作座谈会精神，人民银行、银监会、证监会、保监会在深入开展专题调研的基础上，联合印发了《关于金融支持西藏经济社会发展的意见》（下简称《意见》），提出“十三五”时期金融支持西藏经济社会发展的24项政策意见。该《意见》对西藏全面建成小康社会这一重大发展战略目标和任务具有重要指导意义。

《意见》以西藏经济社会发展和长治久安为根本目的，根据地方实际需求，为西藏提供多元化、差异化的金融政策支持。鼓励和支持金融机构在西藏的纵深发展，包括机构数量、服务范围等组织布局深度和广度的完善。以货币政策、信贷政策、金融扶贫开发政策、外汇管理政策等金融政策工具为杠杆，加大和提升对西藏基础设施、“三农”、小微企业等领域，以及特色产业、生态环保等项目的金融支持力度。支持西藏企业和金融机构继续以多层次股票市场为重点发展壮大，以债券市场拓宽资金渠道，支持保险机构立足西藏实际，在重点领域创新产品和服务。同时，加强西藏支付、信贷等金融基础设施建设，促进普惠金融发展。《意见》营造了良好的金融政策环境，加快发展西藏养老服务业，进一步推进西藏经济社会发展和长治久安。

三、西藏养老服务业支持政策

在老龄化越来越严重的当今社会，养老问题变得也越来越突出，政府对养老事业的重视也不断加强，国家出台的各类养老事业的政策文件逐年增多，对养老服务行业的扶持力度也日渐增强。西藏自治区在国家政策框架内，也积极响应，相继出台了系列养老事业政策文件，积极推动西藏养老服务业的健康有序发展。

（一）养老产业政策体系模型图

第五次人口普查结果显示我国进入老龄化社会后，国家开始布局老龄事业的发展。2000 年出台《中共中央关于加强老龄工作的决定》中就提出了养老产业政策法规的框架与服务体系。2006 年《关于加快发展养老服务业意见的通知》将养老服务业作为老龄事业发展的重点。随后《关于全面推进居家养老服务工作的意见》（2008）、《中华人民共和国国民经济和社会发展第十二个五年规划纲要》（2011）、《国务院办公厅关于印发社会养老服务体系建设规划（2011–2015）的通知》（2011）、《中华人民共和国老年人权益保障法》（2012）等将养老服务提升到国家经济社会整体规划的高度乃至国家战略层面。这之后，与养老有关的政策措施密集出台，有总体规划的政策文件如《国务院关于加快发展养老服务业的若干意见》《关于进一步做好养老服务业发展有关工作的通知》等，也有一系列扶持性和规范性的政策文件，如《养老机构管理办法》《国务院办公厅关于制定和实施老年人照顾服务项目的意见》《财政部、民政部、人力资源社会保障部关于运用政府和社会资本合作模式支持养老服务业发展的实施意见》等。弗布克大健康研究中心将我国的养老产业政策按照产业链条及功能模块划分为五大模块。

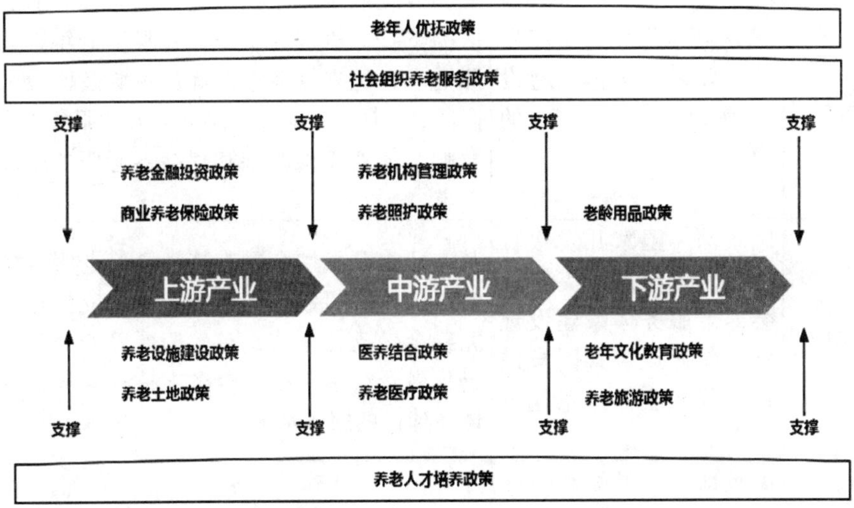

养老产业政策体系模型图

（二）国家层面的养老服务业相关政策

国家关于养老服务业发展的相关政策文件大致分为以下几类：

第一类：总体规划指导文件；

第二类：扶持鼓励类文件；

第三类：规范管理类文件。

本书对国家出台的关于养老服务的相关政策文件做如下梳理：

年份	文件名	摘要
2006	国务院办公厅转发全国老龄委办公室和发展改革委等部门关于加快发展养老服务业意见的通知	首次提出养老服务
2008	国务院办公厅转发全国老龄委办公室和发展改革委等部门关于加快发展养老服务业意见的通知	发展养老服务业要按照政策引导、政府扶持、社会兴办、市场推动的原则，逐步建立和完善以居家养老为基础、社区服务为依托、机构养老为补充的服务体系。
2011	国务院办公厅关于印发社会养老服务体系建设规划 (2011–2015 年) 的通知	社会养老服务体系建设应以居家为基础、社区为依托、机构为支撑，着眼于老年人的实际需求，优先保障孤老优抚对象及低收入的高龄、独居、失能等困难老年人的服务需求，兼顾全体老年人改善和提高养老服务条件的要求。
2012	民政部　国家开发银行关于贯彻落实《支持社会养老服务体系建设规划合作协议》共同推进社会养老服务体系建设的意见	基本建立开发性金融支持社会养老服务体系建设的体制机制，稳步扩大信贷支持规模，完善金融支持模式，有效拓展养老服务业市场化融资渠道，提升金融支持社会养老服务体系建设的服务水平。
2012	民政部关于鼓励和引导民间资本进入养老服务领域的实施意见	
2013	国务院关于加快发展养老服务业的若干意见	到 2020 年，全面建成以居家为基础、社区为依托、机构为支撑，功能完善、规模适度、覆盖城乡的养老服务体系。
2013	民政部关于推进养老服务评估工作的指导意见	到“十二五”末，力争建立起科学合理、运转高效的长效评估机制，基本实现养老服务评估科学化、常态化和专业化。

年份	文件名	摘要
2014	商务部关于推动养老服务产业发展的指导意见	探索多元化发展的居家养老服务体系，努力使城市居家养老服务网络实现全覆盖，服务设施不断充实，服务内容和形式不断丰富，服务队伍不断扩大。
2014	关于加快推进健康与养老服务工程建设的通知	到2020年，全面建成以居家为基础、社区为依托、机构为支撑，功能完善、规模适度、覆盖城乡的养老服务体系，每千名老年人拥有养老床位数达到35–40张。
2014	教育部 民政部 发展改革委 财政部人力资源社会保障部 卫生计生委 中央文明办共青团中央 全国老龄办关于加快推进养老服务业人才培养的意见	基本建立以职业教育为主体，应用型本科和研究生教育层次相互衔接，学历教育和职业培训并重的养老服务人才培养培训体系。培养一支数量充足、结构合理、质量较好的养老服务人才队伍，以适应和满足我国养老服务业发展需求。
2014	民政部 国家标准委 商务部 质检总局 全国老龄办关于加强养老服务标准化工作的指导意见	基本建成涵盖养老服务基础通用标准，机构、居家、社区养老服务标准、管理标准和支撑保障标准，以及老年人产品用品标准，国家、行业、地方和企业标准相衔接，覆盖全面、重点突出、结构合理的养老服务标准体系；基本形成规范运转的养老服务标准化建设工作格局。
2015	国务院办公厅转发卫生计生委等部门关于推进医疗卫生与养老服务相结合指导意见的通知	到2020年，符合国情的医养结合体制机制和政策法规体系基本建立，医疗卫生和养老服务资源实现有序共享，覆盖城乡、规模适宜、功能合理、综合连续的医养结合服务网络基本形成，基层医疗卫生机构为居家老年人提供上门服务的能力明显提升。
2015	发展改革委 民政部关于规范养老机构服务收费管理促进养老服务业健康发展的指导意见	

年份	文件名	摘要
2016	国务院办公厅关于全面放开养老服务市场提升养老服务质量的若干意见	到2020年，养老服务市场全面放开，养老服务和产品有效供给能力大幅提升，供给结构更加合理，养老服务政策法规体系、行业质量标准体系进一步完善，信用体系基本建立，市场监管机制有效运行，服务质量明显改善，群众满意度显著提高，养老服务业成为促进经济社会发展的新动能。
2017	财政部　民政部关于印发《中央财政支持居家和社区养老服务改革试点补助资金管理办法》的通知	
2017	关于加快推进养老服务业放管服改革的通知	坚持问题导向，创新工作思路，进一步调动社会力量参与养老服务业发展的积极性，降低创业准入的制度性成本，营造公平规范的发展环境，培育和打造一批品牌化、连锁化、规模化的养老服务企业和社会组织。
2017	国务院办公厅关于制定和实施老年人照顾服务项目的意见	发展居家养老服务，为居家养老服务企业发展提供政策支持。
2018	财政部 民政部 人力资源社会保障部关于运用政府和社会资本合作模式支持养老服务业发展的实施意见	政府和社会资本合作提供养老服务的供给能力大幅提高、质量明显改善、结构更加合理，市场活力和社会创造力得到充分激发，多层次、多样化的养老服务市场初步形成。养老服务业成为推动经济社会发展的新动能。
2018	民政部办公厅关于进一步做好养老服务领域防范和处置非法集资有关工作的通知	建立周密、高效、实用的养老服务领域金融风险监测预警体系。
2018	中国银保监会关于印发《个人税收递延型商业养老保险资金运用管理暂行办法》的通知	

年份	文件名	摘要
2019	国务院办公厅关于推进养老服务发展的意见	支持养老机构运营社区养老服务设施，上门为居家老年人提供服务。将失能老年人家庭成员照护培训纳入政府购买养老服务目录，组织养老机构、社会组织、社工机构、红十字会等开展养老照护、应急救护知识和技能培训。
2019	关于印发《城企联动普惠养老专项行动实施方案（试行）》的通知	围绕“政府支持、社会运营、合理定价”，按约定承担公益，深入开展城企合作。国家通过中央预算内投资，支持和引导城市政府系统规划建设养老服务体系。城市政府通过提供土地、规划、融资、财税、医养结合、人才等全方位的政策支持包，企业提供普惠性养老服务包，向社会公开，接受监督。城市政府和企业双方签订合作协议，约定普惠性服务内容及随 CPI 等因素动态调整价格机制，扩大养老服务有效供给，满足社会多层次、多样化需求，增强人民群众获得感、幸福感和安全感。
2019	关于养老、托育、家政等社区家庭服务业税费优惠政策的公告	
2019	民政部关于进一步扩大养老服务供给 促进养老服务消费的实施意见	
2019	住房和城乡建设部关于发布行业标准《养老服务智能化系统技术标准》的公告	
2019	民政部关于印发《养老服务市场失信联合惩戒对象名单管理办法（试行）》的通知	
2019	自然资源部关于加强规划和用地保障支持养老服务发展的指导意见	围绕居家为基础、社区为依托、机构为补充、医养相结合的养老服务体系建设，合理规划养老服务设施空间布局，切实保障养老服务设施用地，促进养老服务发展。

年份	文件名	摘要
2019	关于做好医养结合机构审批登记工作的通知	
2019	民政部关于加快建立全国统一养老机构等级评定体系的指导意见	到 2022 年，全国统一的养老机构等级评定体系基本建立，养老机构服务质量有新提升，公众对养老服务的安全感、满意度进一步提高。
2019	关于深入推进医养结合发展的若干意见	强化医疗卫生与养老服务衔接。
2019	《养老护理员国家职业技能标准（2019 年版）》	
2020	《养老机构服务安全基本规范》	
2020	国务院办公厅关于建立健全养老服务综合监管制度促进养老服务高质量发展的意见	建立健全养老服务标准和评价体系，实施养老机构服务质量、安全基本规范等标准，引领养老服务高质量发展。
2020	关于印发《养老服务体系建设中央补助激励支持实施办法》（2020 年修订版）的通知	
2020	民政部 国家发展改革委 财政部 住房和城乡建设部 国家卫生健康委 银保监会 国务院扶贫办 中国残联 全国老龄办关于加快实施老年人居家适老化改造工程的指导意见	2020 年底前，采取政府补贴等方式，对纳入分散供养特困人员和建档立卡贫困人口范围的高龄、失能、残疾老年人（以下统称特殊困难老年人）家庭实施居家适老化改造，为决战决胜脱贫攻坚提供兜底保障。“十四五”期间，继续实施特殊困难老年人家庭适老化改造，有条件的地方可将改造对象范围扩大到城乡低保对象中的高龄、失能、残疾老年人家庭等。各地要创新工作机制，加强产业扶持，激发市场活力，加快培育公平竞争、服务便捷、充满活力的居家适老化改造市场，引导有需要的老年人家庭开展居家适老化改造，有效满足城乡老年人家庭的居家养老需求。

年份	文件名	摘要
2020	人力资源社会保障部 民政部 财政部 商务部 全国妇联关于实施康养职业技能培训计划的通知	2020 年至 2022 年，培养培训各类康养服务人员 500 万人次以上，其中养老护理员 200 万人次以上。
2020	养老机构管理办法	
2020	民政部办公厅关于印发《培育发展社区社会组织专项行动方案（2021–2023 年）》的通知	通过购买服务、委托项目等方式，提升社区社会组织参与提供健康、养老、育幼等社区服务的能力。
2020	关于开展示范性全国老年友好型社区创建工作的通知	探索建立老年友好型社区创建工作模式和长效机制，切实增强老年人的获得感、幸福感、安全感。到 2025 年，在全国建成 5000 个示范性城乡老年友好型社区，到 2035 年，全国城乡实现老年友好型社区全覆盖。
2020	五部门印发《关于促进老年用品产业发展的指导意见》的通知	到 2025 年，老年用品产业总体规模超过 5 万亿元，产业体系基本建立，市场环境持续优化，形成技术、产品、服务和应用协调发展的良好格局。
2020	住房和城乡建设部关于发布行业标准《养老服务智能化系统技术标准》的公告	
2021	国务院办公厅关于促进养老托育服务健康发展的意见	
2021	民政部 国家开发银行关于“十四五”期间利用开发性金融支持养老服务体系建设的通知	支持具备条件的养老服务机构运营社区养老服务设施，发展社区嵌入式养老服务，完善社区居家养老服务网络，推动构建城市地区“一刻钟”居家养老服务圈。
2021	民政部办公厅 财政部办公厅关于组织实施 2021 年居家和社区基本养老服务提升行动项目的通知	推动项目地区以项目实施为契机，整体撬动和推进本地区基本养老服务体系建设，形成符合本地实际的基本养老服务清单，探索建立居家和社区基本养老服务高质量发展制度机制。

年份	文件名	摘要
2021	住房和城乡建设部等部门关于推动物业服务企业发展居家社区养老服务的意见	推动和支持物业服务企业积极探索“物业服务 + 养老服务”模式，切实增加居家社区养老服务有效供给，更好满足广大老年人日益多样化多层次的养老服务需求。
2021	工业和信息化部 民政部 国家卫生健康委关于印发《智慧健康养老产业发展行动计划（2021–2025 年）》的通知	到 2025 年，智慧健康养老产业科技支撑能力显著增强，产品及服务供给能力明显提升，试点示范建设成效日益凸显，产业生态不断优化完善，老年“数字鸿沟”逐步缩小，人民群众在健康及养老方面的幸福感、获得感、安全感稳步提升。
2021	国家卫生健康委办公厅关于开展老年医疗护理服务试点工作的通知	
2021	中国银保监会办公厅关于规范保险公司参与长期护理保险制度试点服务的通知	
2021	商务部等 14 部门关于印发《家政兴农行动计划（2021–2025 年）》的通知	鼓励有意愿的家政企业开展养老托育服务，参与普惠养老、托育专项行动。加快实施老年人居家适老化改造工程，支持家政企业拓展适老化改造业务。落实家政进社区支持政策，加强社区家政服务设施建设，支持家政企业在社区设立服务网点。支持符合条件的家政服务机构承接社区养老等服务设施运营。
2021	关于印发《“十四五”积极应对人口老龄化工程和托育建设实施方案》的通知	到 2025 年，在中央和地方共同努力下，坚持补短板、强弱项、提质量，进一步改善养老、托育服务基础设施条件，推动设施规范化、标准化建设，增强兜底保障能力，增加普惠性服务供给，提升养老、托育服务水平，逐步构建居家社区机构相协调、医养康养相结合的养老服务体系，不断发展和完善普惠托育服务体系。

年份	文件名	摘要
2022	国务院关于印发“十四五”国家老龄事业发展和养老服务体系规划的通知	推进养老服务体系建设，强化政府保基本兜底线职能，促进养老服务多业态创新融合发展。老年人教育培训、文化旅游、健身休闲、金融支持等服务不断丰富，围绕老年人衣食住行、康复护理的老年用品产业不断壮大，科技创新能力明显增强，智能化产品和服务惠及更多老年人。
2022	国家发展改革委关于印发《2022年新型城镇化和城乡融合发展重点任务》的通知	探索社区综合服务设施“一点多用”，统筹设立托育服务设施、养老服务站、家政服务网点、体育健身设施、微型消防站、维修点、食堂、公共阅读空间，补齐养老服务设施短板，建设智能快件箱（信包箱）。发展社区商业，发挥个体工商户贴近社区优势，加大低成本场地安排和物流配送等配套政策帮扶力度。
2022	国务院办公厅关于印发“十四五”城乡社区服务体系建设规划的通知	重点强化社区养老、托育、助残服务供给，做好对困难群体和特殊人群关爱照护，推动社区与居家养老服务协同发展。
2022	国家卫生健康委 国家发展改革委等9部委关于开展社区医养结合能力提升行动的通知	依托符合条件的医疗卫生、养老等乡镇社区服务机构，有效利用现有资源，提升居家社区医养结合服务能力，推动基层医疗卫生和养老服务有机衔接，切实满足辖区内老年人健康和养老服务需求。

从上表也可以看到，近几年国家对于养老服务业的相关政策文件数量相当多，对养老服务业发展的支持力度等也逐步增大，相关扶持政策、规范性文件等也越来越明晰。这些对于养老服务业的发展提供了利好环境。

（三）西藏养老服务业相关文件

西藏自治区政府紧跟国家政策意见，在国家各类政策文件的基础上也积极制定本地区养老服务业发展规划及相关扶持推进政策，本着“促进老年福利事业快速发展”，发挥养老服务业在“推动经济发展、促进就业、改善民生、调整优化产业结构、维护社会稳定等”方面的作用，自治区政府大力推进养老服务业的发展，取得了一定的成效，相信在后续相关政策文件完善规范下，西藏的养老服业必将进入快速发展时期，成为最具发展潜力的行业。

西藏自治区政府在养老服务的整体规划指导方面的文件为《关于加快发展养老服务业的实施意见》，该意见制订了短期发展目标及相关措施，2020年目标期之后的关于养老服务业的未来发展没有专门的文件，但在政府工作报告和未来十四五时期发展规划中都有所涉及，使老年人能够安享晚年是政府的工作重点之一。拉萨市在整个自治区的养老服务发展与布局中位居前列，各项关于促进养老服务的政策文件比较多且具体，相关活动举措也切实可行，如《拉萨市居家和社区基本养老服务提升行动项目实施方案》等。养老服务的规范类文件，西藏自治区的地方法规文件较少，大多都是依据国家相关政策法规，仅有《养老机构标准体系建设指南》等少数文件，这些也只是解决了养老服务中最基本的养老院硬件设施等的建设规范等问题，涉及服务标准及质量的规范类政策文件较少。2021年《关于建立养老服务补贴制度的通知》文件的出台，对于养老服务业的发展利好，相应的补贴制度对于吸纳社会力量参与养老服务供给有推动作用，有利于促进养老服务业的发展。

年份	文件	摘要
2005	西藏自治区实施《中华人民共和国老年人权益保障法》办法	
2015	西藏自治区人民政府关于加快发展养老服务业的实施意见	到2020年，基本建立以居家养老为基础、社区服务为依托、机构养老为支撑覆盖城乡的养老服务体系，并实现养老服务与医疗、家政、保险、教育、健身、旅游等相关领域互动发展。

年份	文件	摘要
2016	西藏自治区人民政府办公厅关于印发西藏自治区老年教育发展规划（2016—2020年）的通知	到2020年，基本形成覆盖广泛、灵活多样、特色鲜明、规范有序的老年教育新格局。
2018	西藏自治区卫生计生委、民政厅、人社厅等部门新近联合印发了《关于推进医疗卫生与养老服务相结合的实施意见》	到2020年，西藏自治区将基本建立符合区情的医养结合体制机制和政策法规体系，医疗卫生和养老服务有序衔接，资源共享。
2018	《拉萨市高龄老人健康养老的实施意见》	
2020	《拉萨市居家和社区养老服务改革试点工作实施方案》	通过实施居家和社区养老服务改革试点，优化养老服务设施布局，完善养老服务体系，培育专业人才队伍，提升养老服务质量，促进养老服务产业加快发展，探索形成可推广、可复制、可持续的养老服务模式，为全区养老服务发展提供可借鉴的试点经验。
2020	养老机构标准体系建设指南	地方法规
2021	自治区民政厅联合自治区财政厅印发《关于建立养老服务补贴制度的通知》	明确养老服务运营补贴、服务对象养老补贴等内容。
2021	西藏自治区人民政府办公厅关于印发西藏自治区老年人传统服务兜底保障方案的通知	组织、引导、便利城乡社区组织、机构和各类社会力量进社区、进家庭，建设改造一批社区便民商业服务设施、老年人日间照料中心等设施，为居家老年人特别是高龄、空巢、失能、留守等重点群体，提供生活用品代购、餐饮外卖、家政预约、代收代缴、挂号取药、上门巡诊、精神慰藉等服务，满足基本生活需求。

年份	文件	摘要
2021	西藏自治区关于切实解决老年人运用智能技术困难的实施方案（2021-2022 年）	到 2022 年底前，老年人享受智能化服务水平显著提升、便捷性不断提高，线上线下服务更加高效协同，解决老年人面临的“数字鸿沟”问题的长效机制基本建立。
2021	《西藏自治区老年人日间照料中心运营管理办法（试行）》	
2021	自治区民政厅印发《农村幸福院建设管理的指导意见》	
2021	拉萨市民政局关于印发《拉萨市居家和社区基本养老服务提升行动项目实施方案》的通知	2022 年 12 月底前，完成 241 张失能、部份失能老年人家庭养老床位建设，开展居家上门服务不少于 482 人次（不含后续服务次数），建成市级智慧养老服务平台 1 个，培育和扶持一批能为居家老年人提供家庭养老床位建设和居家上门服务的专业能力强、服务质量优、可持续稳定发展的养老服务机构，满足多元化养老服务需求。
2021	西藏自治区国民经济和社会发展第十四个五年规划和二〇三五年远景目标纲要	深化公办养老机构改革，推动养老机构结构化调整。完善居家养老措施，加快发展家政服务业，优化社区养老设施布局，大力发展农村互助养老服务。
2022	政府工作报告	2022 年工作重点：建立以居家为基础、社区为依托、机构为补充的多层次养老服务体系。
即将出台	《西藏自治区老年人能力评估办法》《西藏自治区养老机构和养老服务设施星级评定管理办法》	

四、西藏文化产业支持政策

传达党的十八届六中全会精神、中共中央关于制定国民经济和社会发展“十三五”规划的建议、国务院关于推进文化创意与服务设计有关产业融合发展的若干意见、中央第六次西藏工作座谈会、第五次全国文化援藏工作会议精神、西藏自治区党委连续三届（七、八、九）全国委员会精神以及西藏自治区“十三五”时期国民经济和社会发展重要计划纲要。

（一）国家重大战略

1.“一带一路”倡议 。

2013 年 9 月 7 日，习近平主席首次提出了“一带一路”倡议构想。2015 年 1 月 18 日在自治区十届人大三次会议《政府工作报告》中提出，将加快对接“一带一路”。以西藏为中心，西北方向与“丝绸之路经济带”相连，正南方向与南亚沿海地区，即“21 世纪海上丝绸之路”相交，是面向南亚开放的重要通道，地处“一带一路”的交汇点。西藏可主动介入“一带一路”，并借助茶马古道、唐蕃古道、藏羌彝文化产业走廊、G318 中国最美景观大道，加快发展西藏文化产业，为西藏跨越式发展带来重要机遇，也为西藏文化产业的发展奠定坚实的基础。

2.“两屏、两区、五地、一路”战略。

中央第六次西藏工作座谈会中，党中央将“两屏、四地”的战略定位拓展为“两屏、两区、五地、一路”。即构筑一道国家与生态安全保护的重要屏障；打造公共服务均等化、各民族大团结的典型示范区；建成具有战略资源储备、高原特色农产品、地方民族特色文化保护、世界旅游目的地和“西电东送”续源等重要基地，并把西藏作为面向南亚开放的重要渠道。

3.“依法治藏、长期建藏”战略。

区党委第八届七中全会重点强调了“依法治藏、富民兴藏、长治久安、凝人心、夯基础”的重要方针，体现了以习近平同志为核心的党中央治藏战略，更能充分体现“治国必治边、治边先稳藏”的重要战略方针，符合西藏各族人民的新期望，这为西藏文化产业的长期顺利发展提供了坚实的政治基础、指导思想和重要遵循。

4.“西部大开发”战略。

西部大开发是中国的一项重要发展策略。它的归根结底是“利用余下的东部沿海地区的经济发展力，大力发展和提高西部地区经济社会水平，巩固边防安全”。国家将继续加大对西部的扶持力度，重点抓好基础设施建设、改善民生、保护生态环境和发展地方特色产业，着力解决两块“短板”——交通和水利，改善西部地区的运输，让更多的人建设与开发西部。国家一系列重大战略在多方面关注西藏发展，利用带状发展方式整体带动西藏政治、经济和文化建设，充分发挥西藏在国家生态安全屏障功能中的地位，保护与发扬西藏优秀传统文化，保障国家的文化安全。从国家的诸多重大战略可以看出，西藏作为我国西南重要的边疆民族地区，已经成为了重点开发建设的地区。

（二）国务院及相关部委发布的文件

近年来，国务院及相关部委出台了一系列发展文化产业的政策，主要体现在对文化企业改革、文化体制改革、电影产业、演艺产业、旅游产业、展览业、互联网、对外文化贸易、创意设计与服务等文化产业主要领域的定位与思考，以上政策表明：中央政府根据我国文化产业的发展，对其发展重新诠释了定位目标，体现了符合新时代文化产业发展的内在要求，推动文化产业的发展发挥了至关重要作用。

1.特色发展

党的十七届六中全会明确提出：“挖掘城市文化资源，发展地方特有文化产业，打造特色文化城市”。《国家文化改革发展“十二五”规划纲要》进一步提出：“应积极响应国家号召，鼓励当地相关文化部门大力支持和发展文化遗产、旅游、特色文化服务等相关产业，打造隶属于地方民族文化活动的特有品牌”。文化部和财政部联合下发了关于推动发展特色文化等相关产业的文件，以上是落实党中央发展特色文化产业战略部署的重要举措，具有极其深远的重大意义。

2. 融合发展

经过一段时间的能量蓄囤，文化产业逐步呈现溢出效应，它不仅积极拓展和涵盖，而且容纳外来势力的渗入。其中，跨界一体化已在多领域、多层次开展，凸显了三大一体化趋势。第一，与科学技术相结合。文化产业以“三创”为根本手段，一直活跃于最宽广的科技创新领域。2014 年，文化部和财政部在《藏羌彝文化产业走廊总体规划》方案中提出：“要积极推动和扶持科技融入园区基地和骨干企业的一体化发展，开展数字文化产业等重大项目，重点研发、推广和应用文化产业的核心技术，加强文化科技创新体系建设和人才培养等。”第二，与资本的整合。近几年，金融对文化产业的支持和参与，均表现出积极的态度。在政府关于深化文化金融合作的意见中，文化部、中国人行和财政部联合提及创设文化金融合作试验田等一系列措施。由于文化产业特有的特点——高附加值，其特征吸引了投资者的眼球，并在该领域源源不断地入驻大量资金和人力资源。极大地有益于推动文化产业的规模化、专业化、集约化发展。第三，与实体经济一体化发展。近几年，随着我国“四化”（工业、信息、城镇和农业现代）进程的加快，文化创意与实体产业的关系越发亲密，是一个不可分割的整体，以内容为核心的产业升级转型，日益离不开文化创意的支持。2014 年，国务院发布了《关于促进文化创意与设计服务业及相关产业融合发展的若干意见》，重点推进创意设计与装备制造、消费品、建筑、旅游、信息、文化体育和农业等一系列特色产业，制定了一系列惠民利民的政策，积极开发文化创意，优化产业结构，提高产品附加值，改善人民生活质量、增强文化软实力等方面具有重要意义。

3. 协调发展

发展特色文化产业，极大地促进了与科技的高度融合，体现了传统文化和新兴文化产业协同发展的意图。前、后者的侧重点不同，一个是传统文化产业，另一个则是新兴文化产业。突出表现在：一是国有文化和民营文化企业相互促进、协调发展。让更多的社会力量和民间资本参与机制，大力将其引入文化产业。在国家允许的范围内，使社会资本投资形式多样化，鼓励和引导地方政府或企业联合参与文化产业，尤其是开发实施重大文化产业项目和建立文化产业园区，在投资审批、贷款、用地、税收、融资、发债、外贸、申请专项资金等方面给予扶持，促进民营文化与国有文化企业共同进步与协调发展。二是大小型文化企业协同发展。一方面，持续着眼于打造文化航母。国务院下发关于《经营性文化事业单位转企和进一步支持文化体制改革中文化企业发展两项规定》（国办发（2014）15 号文）的通知，鼓励国有文化产业投资基金，将其作为文化领域的引领者，分股投资重点领域的文化企业。创新投资基金模式，让其充分发挥引导和杠杆的作用，推动文化企业“三跨”并购重组（跨区域、跨行业、跨所有制），使国家文化安全的保护行之有效。另一方面，地方政府应鼓动发展微型文化企业。文化部、工信部和财政部联合发布了关于《大力支持微型文化企业发展的实施意见》，把微型文化企业的创新发展能力作为重要内容，提出并完善相应的配套设施，迅速培育和建设相应的要素市场与文化品牌、提供有针对性的具体措施（囊括创业服务、管理咨询等机构）的发展。三是整合东、中、西部地区文化产业协调发展。文化部和财政部联合发文：推动地方特色文化产业发展，并启动相关项目。这项工作虽面向全国，但在中西部地区成效相当显著，由于依托具有地方特色的民族文化资源发展该产业，不仅是欠发达地区和农村的现实抉择，更是充分发挥自身优势。2014 年，文化部和财政部联合建设了藏羌彝文化产业走廊，依托纵越七省区（陕、青、甘、川、云、贵、藏）历史上的民族迁徙通道，优先扶持文化产业的发展。这条走廊转型为文化产业带，发挥了惠民利民富民的重要作用。出台国家层面“一带一路”文化产业规划，以及一批重大文化产业项目的实施，也将成为区域文化产业发展的主力抓手。四是国内外市场协调发展。2014年，国务院印发关于《加快发展对外文化贸易的意见》（国发[2014]13号），必须坚持政策导向、以企业为主体、以市场化运营为辅、创新文化内涵、打造“走出去”的文化模式，着力创造文化出口新的竞争优势，必然促进国内外文化市场的协调发展。“三大”（特色、融合、协调）发展的相互交错，充分体现了我国现代化文化产业发展的特点：特有性、超越性和共性。目前，文化产业从内容、模式和结构三个层面构成了文化产业的核心，让文化产业发展初期呈现出科学、理性、高质量发展的特征。这一发展模式不仅是西藏特色文化产业跨越弯路时，继续保持高速发展的重要保证；也是维持可持续发展的重要保证。

（三）自治区出台的相关文件

自2011年以来，自治区先后出台了一系列重要文件，都是关于发展文化产业的。2011年，西藏自治区财政厅、自治区党委宣传部联合制定颁布了《西藏自治区文化产业发展专项资金管理暂行办法》；2012年区党委在《贯彻落实的实施意见》，强调要合理构建产业区域布局，精心实施项目带动战略，大力培育文化市场，着力推进文化体制改革。2014年，自治区文化厅、中国人民银行拉萨支行及自治区财政厅联合制定下发了《文化与金融协作发展实施意见》；同年，自治区文化厅制定了《西藏自治区文化产业示范基地评选命名管理暂行办法》等一系列关于发展文化产业的政策性文件。2015年，西藏自治区人民政府办公厅发布了关于《全面促进文化与旅游的高度整合，加快发展特色文化产业意见》，将文化发展纳入区域经济社会发展的总体布局；2020年，提出并计划将文化产业发展成为区域支柱产业。

（四）各级领导的重要讲话

2015年8月，在党中央召开的第六次西藏工作座谈会上，习近平总书记提出了建设新西藏的蓝图。我们必须牢牢把握西藏依法治国的重要原则，其中包括治藏方略、富民兴藏、长期建藏、凝人心、夯基础。此次座谈会，李克强总理提出了“五个结合”，即充分发挥把政府与市场相结合，依靠外部力量和激发内部力量，打造成对内对外开放的新格局，重点发展建设新城镇和新农村，即保护生态和开发建设相融合。2015年9月8日西藏自治区成立50周年庆典上，中共中央政治局常委、全国政协主席、中央代表团团长俞正声强调，充分贯彻落实好中央第六次西藏工作座谈会精神和习近平总书记重要讲话精神，把会议提出的各项任务落到实处；文化部部长雒树刚在2016年全国文化厅（局）长会议上指出，要着力树立和落实创新、协调、绿色、开放、共享的新发展观理念，培育和践行社会主义核心价值观，努力构建优秀的中国传统文化传承体系，努力完善公共文化服务体系、文化产业体系和文化市场体系，努力将中国优秀传统文化“走出去”，努力实现“十三五”文化改革与发展的良好开篇。

五、西藏现代服务业高质量发展的对策建议

前文从金融、养老、餐饮等领域的服务业和文化产业来分析和描述西藏的现代服务业，从发展历程到现有情况对西藏现代服务业进行了回顾。本章将在前文基础上总结现代服务业深层次原因，找出西藏现代服务业真正发展的原因。为西藏现代服务高质量发展提出建议。

促进现代服务业，除了重点发展自治区提出来的现代金融、文化娱乐、养老服务、餐饮服务等服务领域，还要支持发展潜力隐藏深的产业，如：物流、旅游、社区和信息服务等。正因西藏特有的地理人文环境，所以各级政府要更深层次地提高科技和生产服务水平，对提升现代服务业的比重

和水平有着深远意义。

（一）调整现代服务业内部结构，确定重点发展领域

与区外相比，西藏的生产制造业一直处于滞后状态，欲想提高生产服务业水平，生产性科技型企业要以科技信息现代化为主要支撑，不断提高生产效率，为科技企业内部孵化成为科技企业创新服务基地，进一步加快提高现代信息服务业技术发展所占规模。全盘依托青藏铁路和那曲物流中心大力发展西藏现代化物流，实现西藏流通服务行业的转型升级，进一步加快拓展物流配送和服务网络，为西藏引进知名商贸企业品牌、出口地方特色产品提供便利的发展空间。发展现代信息技术服务业要充分依托青藏铁路运输信息网络、大数据和云计算，同时还要大力发展藏汉译文软件、政务和网络安全等信息服务业，加强现代服务业的技术现代化与智能化管理。同时，针对西藏科技发展滞后状态的现实情况，相关政府部门要统筹投入资金，建设科技生产力促进中心、高新技术创新服务管理中心、咨询创新服务管理中心等各类科技服务机构，为推动全区现有的生产制造行业做好前期准备、技术升级、科学管理和信息支撑。

（二）构建科学的空间布局，促进现代服务业协调发展

本着“结构合理、创新有效、统筹兼顾”的原则，科学谋划西藏全区空间布局，为西藏现代科技服务业的特色与未来规模化的发展做足准备。充分利用青藏与拉萨相结合的铁路货运的重要区位优势，拉萨作为西藏经济发展中心，要以拉萨为特色产业发展中心重点辐射周边，具体实施方案如下：一是合理安排规划统筹建设拉萨市区商业中心，同时整合餐饮、娱乐、购物等特色大型商业街。二是西藏拥有得天独厚的高原自然资源，充分利用它带动传统生产业和制造业快速发展，形成独特的产业综合经济开发区。三是围绕拉萨啤酒和藏药产业，以带动西藏特色产业的快速发展。四是依托藏东矿产资源，发展商贸物流、交通运输等现代科技服务业。五是充分利用计算机网络、云计算、大数据等新兴信息技术，带动科技信息现代服

务产业的协调发展，实现现代科技信息服务模式创新，同时大力发展商贸、旅游、物流、信息等现代化服务行业。

（三）着力提升西藏服务业人才标准化服务水平

在行业标准化相关专业人才培养工作方面，我们一方面从高校集中招收标准化相关专业人才，另一方面积极邀请一批标准化行业专家来西藏各地指导和帮助培训标准化专业管理人员。从专业人才培养工作方面大力推进西藏标准化工作体系建设。建立一个面向西藏的国家化标准化服务平台，与其他发达地区实现企业共享资源，组织一批标准化研发管理团队，形成独具特色的完全符合西藏战略发展的行业标准化服务体系。各级政府部门要对地方实施统一标准化条例修订单位试点提供专项资金支持，扩大地方试点工作范围，推动现代服务业地方标准化规范发展，促进地方现代社会服务业快速健康发展。加快完善统计监测体系，加大政府政策支持投入力度。积极构建现代服务业地方统计监测管理体系，完善地方统计调查管理体系，整合地方统计部门资源。建立健全科技、文化、金融等产业领域调查制度，加强拉萨、那曲物流中心重点特色产业统计调查监测，探索创新信息服务、旅游服务等领域统计调查方式，提高全区对服务业统计调查的重视程度。加快制定拉萨市和地委服务业综合发展总体规划，明确重点发展现代服务业的发展重点、总体目标和产业布局。积极培育科技创新孵化创业基地，建设特色鲜明的现代服务业集聚区。积极引进软件信息服务、金融服务相关专业人才，加强高级管理人才培养。制定有利于发展现代服务业的优惠政策，鼓励重点生产性产业信息化发展，构建针对重点产业融资支持协调机制。

（四）加大科技人才对外引进和专业工作培养力度

一是面向其他高校（除西藏）招聘专业人才，充实西藏现代服务业专业人才。二是充分利用内地援藏培训渠道，采取“请进来、走出去”的方式加强技术培训。一方面是通过邀请内地现代服务业专家进藏培训指导，采取“传帮带”的方式，培养一批专业性的技术人员和管理人员；另一方面从西藏选拔更多现代物流服务业技术人才到内地培训，参与服务领域项目建设工作，学习先进工作方法和经验，推动西藏现代服务业高质量发展。

（五）扩大政策宣传力度，加大政策扶持力度

加大相关企业宣传政策扶持优惠力度，充分调动相关企业员工的积极性，不断完善各项宣传工作政策联动机制，自治区各级政府不仅要及时组织出台指导性文件，还要及时组织出台相应的扶持政策，引导公共财政的资金带动作用，对在建和实施中的项目和单位给予资金支持。建议重点设立现代服务业奖，设立服务业专项资金，加大对现代服务业示范单位的扶持力度，扩大试点范围，增加试点数量，推动现代服务业快速发展。

后　记

“西藏特色产业高质量发展系列丛书”重大委托课题之子课题——《西藏现代服务业高质量发展研究报告（2021）》是由西藏民族大学和中国人民银行拉萨中心支行等单位共同承担西藏文化传承发展省部共建协同创新中心委托课题的一部研究报告，课题也得到了西藏自治区旅游发展厅、西藏自治区民政厅等单位的大力支持。现代服务业涵盖范围颇广，为完成课题研究任务，课题组成员多次深入西藏各地市、深入到各个领域进行调研，收集各类文献资料，并得到西藏各地市广大干部群众的大力支持，在此深表感谢！

《西藏现代服务业高质量发展研究报告（2021）》子课题完成之际，心生感慨！现代服务业内容涵盖范围广，与其他子课题研究内容有交叉、重叠的内容，还得突出西藏自治区自身特点和符合自治区客观实际，本书仅选取了现代服务业的几个角度，以管窥豹，尝试探索西藏自治区现代服务业发展路径。目前，没有专门团队和机构专注于西藏现代服务业研究，收集的文献并不系统，案例较为散乱，本次研究也是对西藏现代服务业的归纳总结的一次尝试，深入的领域有限，研究程度尚浅，后期仍有不断完善之处。

接到研究任务之后，课题组成员积极响应、团队配合默契、真抓实干，努力完成本课题的内容。本书由西藏民族大学秦国华教授主持，全体课题组成员等共同完成，其中第一篇由秦国华教授与课题组成员共同完成，行业篇中的金融服务业、养老服务业、餐饮服务业、文化服务业分别由刁力、何妍、张鹏、李越行完成，编写组对以上人员深表敬意和感谢！

感谢西藏民族大学管理学院对本书搜集材料给予的大力支持，感谢西藏三农公司董事长班久次仁和西藏阳光庄园董事长马吉峰在本书撰写过程中给予的大力支持。最后感谢中国人民银行拉萨中心支行吴玲、西藏文化和旅游厅相关同志、西藏餐饮协会褚立群、西藏自治区民政厅王大军、拉萨市城关区两岛街道甲玛林卡、王娇霞以及西藏民族大学陈刚、陈娅玲、杨坤等对本书做出的贡献。感谢西藏文化传承发展协同创新中心对本书编写给予的大力支持和鼎力资助。特此感谢西藏民族大学刘凯教授、陈敦山教授、张传庆教授对本书撰写的悉心指导。

由于工作量大和时间仓促，加之编写组水平有限，书中难免出现纰漏之处。希望本书能够抛砖引玉，有助于读者了解西藏现代服务业产业发展状况。同时，敬请广大读者指正赐教！

课题组

二〇二二年三月